Leuchtende Bauten: Architektur der Nacht
Luminous Buildings: Architecture of the Night

Leuchtende Bauten: Architektur der Nacht
Luminous Buildings: Architecture of the Night

Hrsg. **Eds.** Marion Ackermann und **and** Dietrich Neumann

Texte von **Texts by**
Marion Ackermann, Hollis Clayson, Jean-Louis Cohen, Sandy Isenstadt, Julian LaVerdiere,
Thomas A. P. van Leeuwen, Dietrich Neumann, Margaret Maile Petty, Simone Schimpf,
Cara Schweitzer, Wolf Tegethoff, Hervé Vanel

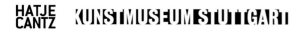

Inhalt **Contents**

Wir danken den Leihgebern der Ausstellung herzlich
We very much wish to thank the lenders of the exhibition

Altenburg, Lindenau-Museum
Jutta Penndorf

Amsterdam, Claus en Kaan Architecten Amsterdam / Rotterdam
Felix Claus, Kees Kahn, Gebhard Friedl

Amsterdam, UN Studio
Ben van Berkel, Caroline Bos, Astrid Piber, Markus Berger

Berlin
Ascan Pinckernelle

Berlin, Akademie der Künste, Baukunstarchiv
Dr. Wolfgang Trautwein, Dr. Petra Albrecht, Heidemarie Bock

Berlin, Berlinische Galerie,
Landesmuseum für moderne Kunst, Fotografie und Architektur
Prof. Jörn Merkert, Dr. Eva-Maria Barkhofen, Dr. Ursula Müller

Berlin, Bildarchiv Preußischer Kulturbesitz
Hanns-Peter Frentz

Berlin, Staatliche Museen zu Berlin, Kunstbibliothek
Prof. Dr. Bernd Evers

Berlin, realities:united
Jan und Tim Edler

Bonn, Deutsche Post Bauen GmbH
Uwe Moog, Peter Mengelkoch

Bregenz, *Kunsthaus* **Bregenz**
Eckhard Schneider, Dr. Rudolf Sagmeister

Chicago, The Art Institute of Chicago
James Cuno, Martha Thorne, Lori Boyer

Chicago, University of Illinois at Chicago, Richard J. Daley Library
Mary Case, Patricia K. Bakunas

Den Haag, Collection Gemeentemuseum Den Haag
Wim van Krimpen

Frankfurt, Deutsches Architektur Museum
Prof. Dr. Ingeborg Flagge, Dr. Wolfgang Voigt, Inge Wolf

Hamburg, BECKEN Investitionen & Vermögensverwaltung
Dieter Becken

Itzehoe, Wenzel Hablik Museum
Simone Laubach

Jena, Städtische Museen
Holger Nowak, Erik Stephan

Köln
Bruno Wellmann

Köln, Archiv Wim Cox
Wim Cox

München
Sammlung Dietmar Siegert

München, Architekturmuseum der Technischen Universität München
Prof. Dr. Winfried Nerdinger, Dr. Inez Florschütz

München, Münchner Stadtmuseum
Dr. Ulrich Pohlmann

New York, Columbia University, Avery Architectural and Fine Arts Library
Gerald Beasley, Janet Parks

New York, Columbia University, Rare Book and Manuscript Library
Jean Ashton, Jennifer Lee

New York, Museum of Modern Art
Glenn D. Lowry, Christian Larsen

New York, Museum of the City of New York
Susan Henshaw-Jones, Robert R. Macdonald

New York, Office for Visual Interaction, Inc. (OVI)
Enrique Peiniger

New York, Whitney Museum of American Art
Adam D. Weinberg

Nürnberg, Stadtarchiv
Dr. Helmut Beer

Paris
Collection Éléonore de Lavandeyra-Schöffer

Paris, Bibliothèque Nationale de France
Jean-Noël Jeanneney, Noëlle Guibert, Nathalie Leman

Paris, Galerie Marc Maison
Daisy und Marc Maison

Paris, Institut Français d'Architecture
David Peyceré, Nolwenn Rannou, Corinne Bélier

Paris, Musée national d'Art moderne – Centre Georges Pompidou
Bruno Macquart

Paris, Musée d'Orsay
Serge Lemoine, Caroline Mathieu

Philadelphia, Venturi, Scott Brown and Associates, Inc.
Robert Venturi, John Izenour, Andrea Abramoff

Princeton, University School of Architecture
Stan Allen, Amy Herman

Rotterdam, Casanova + Hernandez Architecten
Helena Casanova, Jesús Hernández

Rotterdam, Netherlands Architecture Institute (NAI)
Aaron Betsky, Martien de Vletter, Saskia von Stein

Rotterdam, NOX
Lars Spuybroek

Rovereto, Mart – Museo di Arte Moderna e Contemporanea di Trento e Rovereto
Dr. Gabriella Belli

Sonneberg, Deutsches Spielzeugmuseum
Dr. Ernst Hofmann, Friederike Lindner

Stuttgart, Haus des Dokumentarfilms, Landesfilmsammlung Baden-Württemberg
Dr. Reiner Ziegler

Stuttgart, Sammlung DaimlerChrysler
Dr. Renate Wiehager

Stuttgart, Sammlung Landesbank Baden-Württemberg
Lutz Casper

Stuttgart, Staatsgalerie Stuttgart
Prof. Dr. Christian von Holst, Dr. Ulrike Gauss, Dr. Ina Conzen

Stuttgart, Stadtarchiv
Dr. Roland Müller

Ulm, Ulmer Museum
Dr. Brigitte Reinhardt

Wiesbaden, Galerie photonet
Dr. Klaus Kleinschmidt

und allen, die nicht namentlich genannt werden möchten.
as well as all those who prefer to remain anonymous.

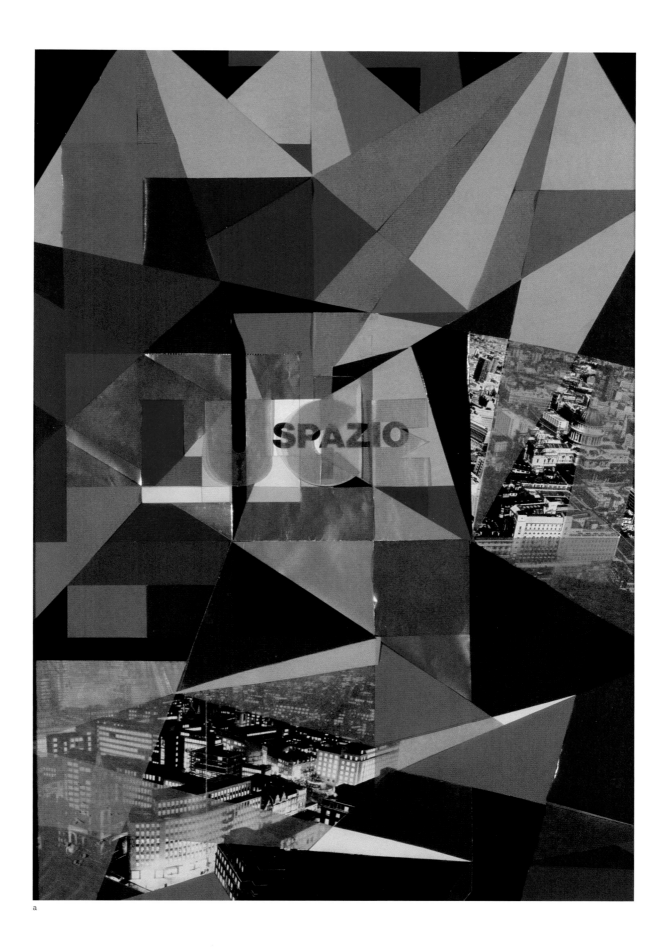

a

Marion Ackermann

Wenn die Dunkelheit einbricht, erstrahlt der Neubau des Kunstmuseum Stuttgart und setzt einen gewichtigen Akzent im nächtlichen Stadtbild (Abb. b). An einem solchen Ort der Entwicklungsgeschichte der Nachtfassade nachzugehen leuchtet buchstäblich ein. Leuchtende Bauten – seien sie von innen erhellt oder von außen angestrahlt, in weißes oder farbiges Licht getaucht, als glühende Körper oder in grafischer Kontur gekennzeichnet – bilden das Thema dieser Publikation. Mit »Leuchtende Bauten: Architektur der Nacht« widmet sich erstmals eine umfangreiche Ausstellung dem Thema der Architekturillumination.

Mit der im ausgehenden 19. Jahrhundert einsetzenden Elektrifizierung veränderte sich das Bild der Städte: Die wichtigen Straßenzüge wurden akzentuiert, das künstliche Licht modellierte die Fassaden unter stärkerer Hervorhebung ihrer plastischen Struktur, beleuchtete Schaufenster konkurrierten um die Aufmerksamkeit der nächtlichen Flaneure. Der Lebensrhythmus verschob sich zunehmend mehr in die Nachtstunden. Die gestalterische Konzeption der Nachtfassade trat dabei als ebenbürtig neben die der Tagfassade. Bevor die verschiedensten Arten des künstlichen Lichts zum Einsatz gelangten, waren bestimmte ästhetische Erfahrungen durch Illuminationen – besonders aus der Zeit des Barock – schon vorgeprägt. Es findet sich beispielsweise die für das Thema der Nachtarchitektur so wichtige Unterscheidung zwischen Konturbeleuchtung und malerisch-flächiger Beleuchtung des architektonischen Körpers bereits in Goethes berühmter Beschreibung der Beleuchtungen des Petersdomes in Rom: »Die schöne Form der Kolonnade, der Kirche und besonders der Kuppel erst in einem feurigen Umrisse und, wenn die Stunde vorbei ist, in einer glühenden Masse zu sehn, ist einzig und herrlich.«[1]
Die aufwändigen Illuminationen und prachtvollen Feuerwerke des 17. und 18. Jahrhunderts waren immer an den flüchtigen Augenblick gebunden. Doch auch im Zeitalter der Elektrizität sind aufgrund hoher Stromkosten oder schwieriger technischer Bedingungen viele Bauten nur temporär beleuchtet. An Schanghais spektakulär illuminierter Uferpromenade The Bund gehen jeden Abend um 22.30 Uhr die Lichter aus. Für die Lichtarchitektur mit ihrem ausgeprägt ephemeren Charakter gilt in noch stärkerem Maß als für die Geschichte der Architektur des 20. Jahrhunderts im Allgemeinen, dass die formal kühnsten, modellhaften Entwürfe und

a   Nicolai Diulgheroff, *Luce-Spazio*, 1930, Collage auf Karton, Mart – Museo di Arte Moderna e Contemporanea di Trento e Rovereto, Rovereto

9

Konzepte am intensivsten rezipiert worden sind – man denke an Ludwig Mies van der Rohes für einen Zeitraum von wenigen Monaten angelegten Barcelona-Pavillon (1929) oder Le Corbusiers letztlich unbewohnbare Villa Savoye in Poissy (1928 – 1931) –, und nicht unbedingt die Bauten, die den harten Bedingungen der Realität dauerhaft standhielten.

Aufgrund der Flüchtigkeit ihrer Erscheinung ist die Nachtarchitektur auf unterschiedliche Dokumentationsmedien angewiesen. Während Illuminationen in früheren Jahrhunderten in stilisierten Stichen festgehalten wurden, spielen seit dem ausgehenden 19. Jahrhundert die Fotografie oder der Film hierbei die wesentliche Rolle. Doch auch beleuchtete Architekturmodelle, lithografierte Postkarten, gezeichnete Entwürfe, minutiös gemalte Darstellungen oder architektonische Leuchtskulpturen tragen zum multimedialen Spektrum bei. In der Gegenwart kommen Computersimulationen, teilweise sogar ganzer Fassadenteile, hinzu. Die Grenzen zwischen künstlerischer Interpretation und dokumentarischer Fixierung der Phänomene sind oftmals fließend. Werke mit künstlerischem Anspruch bilden nicht selten zugleich die einzige Quelle der Überlieferung historischer Inszenierungen.

Die Ausstellung »Leuchtende Bauten: Architektur der Nacht« setzt mit den großen Pariser Weltausstellungen von 1889 und 1900 ein, auf denen die Elektrizität für ein internationales Publikum öffentlich zelebriert wurde, sei es mit den Elektrizitätspalästen, die als wirkmächtige Symbole des Fortschritts dienten, oder in den spektakulären Leuchtexperimenten rund um den Eiffelturm, die neue Perspektiven auf die Stadt ermöglichten. Einige Jahre später – während des Ersten Weltkrieges – wurde die Ausleuchtung des Himmels zu einer neuen realen und schrecklichen Erfahrung der Menschen und, ästhetisch vorbereitet durch die jahrhundertealte Tradition der Feuerwerksdarstellung, zu einem zentralen Thema der Kunst. Strahlenbündel, die von den Flakscheinwerfern zur Unterstützung der Flugabwehr an den Nachthimmel geworfen wurden, tauchen als Motiv bei den englischen Vortizisten, den italienischen Futuristen wie auch den deutschen Expressionisten auf – wobei es besonders bei Letzteren zu einer Spiritualisierung des Lichts kommt. Die schon vor 1914 wirksame Metaphorik, bei der das Licht mit dem Geistigen gleichgesetzt und als antagonistischer Widerpart zur festen, harten, undurchdringlichen Materie betrachtet wird, wirkt im Expressionismus noch bis in die 1920er Jahre hinein nach. Hermann Finsterlin (1887 – 1973), Wenzel Hablik (1881 – 1934), Hans Scharoun (1893 – 1972), Rudolf Schwarz (1897 – 1961) und Bruno Taut (1880 – 1938) entwarfen »Kathedralen des Lichts« und Lichtdome als Architekturfantasien.

In einem neuen, für die Ausstellung erstellten, farbig leuchtenden und 100 x 70 cm großen Modell ist Bruno Tauts Glashaus in der Ausstellung präsent. Deren Titel ist von einem seiner utopischen Entwürfe aus der Reihe *Alpine Architektur* (1919) abgeleitet, der mit »Scheinwerfer und leuchtende Bauten« bezeichnet ist. Das Aquarell zeigt von innen heraus farbig strahlende Architekturen und Leuchtkegel, die in verschiedene Richtungen projiziert werden, Farbfelder bilden, die sich überschneiden und eigens definierte Lichträume schaffen (siehe S. 139). Auch in der ebenso programmatisch für unsere Ausstellung stehenden Collage des italienischen Futuristen Nicolai Diulgheroff (1901 – 1982) *Luce-Spazio* (Licht-Raum; Abb. a) aus dem Jahr 1930 überlagern sich oberhalb einer schwarz-weißen Luftbildaufnahme einer Stadt verräumlichte und somit gewissermaßen materialisierte Lichtfelder in einer subtil abgestuften Farbigkeit, welche die Stunde der Dämmerung als »blue hour« anzeigt.

In den 1920er Jahren avancierte die Nachtfassade zum zentralen Anliegen der Architekten, die avantgardistische technische und ästhetische Lösungen für die Städte suchten. Gerade in Stuttgart gab es damals viele Experimente und Installationen mit Licht, wie beispielsweise die eindrucksvolle Übersetzung der Architektur des Tagblatt-Turmes (siehe S. 70) und die Inszenierung des Stuttgarter Lichthauses Luz, Erich Mendelsohns Kaufhaus Schocken sowie der Entwurf des Büro- und Bankgebäudes von Mies van der Rohe (siehe S. 82) beweisen. In vielen Gemälden von Reinhold Nägele (1884 – 1972) aus jener Zeit ist die Lichterstadt Stuttgart (Abb. c) ebenso detailliert festgehalten wie die Nachtbeleuchtung der »Pressa«-Ausstellung in Köln (1928) oder der Times Square in New York (Abb. 40; S. 135).

Die Weltausstellungen blieben die wichtigsten Experimentierfelder und Vorläufer neuer Beleuchtungsarten. Die farbigen Flutlichter setzten sich erstmals 1929 in Europa durch, auf der Weltausstellung in Barcelona. In Chicago 1933, in Paris 1937 und schließlich in New York 1939 steigerte sich das Lichterspektakel immer weiter. Volksfest und Propaganda lagen in jener Zeit nicht weit auseinander: Auf den Reichsparteitagen in Nürnberg setzte Albert Speer die auf Flutlicht beruhenden Lichtdome geschickt für die nächtlichen Inszenierungen ein (siehe S. 110).

Vor dem Zweiten Weltkrieg lässt sich deutlich eine Unterscheidung zwischen amerikanischer und europäischer Architekturillumination treffen. Die Wolkenkratzer in den Vereinigten Staaten von Amerika verlangten nach anderen Lösungen für die effektvolle nächtliche Beleuchtung als die historisch gewachsenen europäischen Innenstädte. In Europa waren es hingegen die speziellen Bauaufgaben, wie das Kino (siehe S. 116) oder das Kaufhaus (siehe S. 112), die besondere Nachtfassaden hervorbrachten. Nach 1945 fällt diese kontinentale Unterscheidung nicht länger ins Gewicht. Stattdessen beschäftigten sich Lichtkünstler wie Nicolas Schöffer (1912 – 1992) in den 1970er Jahren mit kybernetischen Lichtbauten und entwarfen ganz neue Stadtutopien (siehe S. 84). Weltweit finden sich heute alle denkbaren Formen von leuchtenden Bauten mit Medienfassaden, interaktiven Zonen und wechselnden Ansichten. Diese aktuelle Bandbreite lässt sich an prominenten Bauwerken wie der Allianz-Arena von Herzog & de Meuron in München, dem Grazer Kunstmuseum mit seiner Medienfassade von realities:united oder den New York Times Headquarters von The Renzo Piano Building Workshop (siehe S. 76) ablesen.

Die aktuelle Frage, wie innerstädtische Beleuchtungskonzepte – angesiedelt zwischen Kommerz und ästhetischem Anspruch – aussehen können, rückt dabei besonders ins Blickfeld. Das urbanistische Thema der Stadtgestaltung durch Licht ist von größter Aktualität: In Deutschland, in der Schweiz, in den Vereinigten Staaten und in Asien werden in jüngster Zeit ausgefeilte Lichtkonzepte für Städte entwickelt. Dabei müssen Entscheidungen getroffen werden, welche Teile der Stadt mit Licht akzentuiert werden und welche Bereiche dunkel bleiben. Eine ganz neue Rhythmisierung und Bewertung sind damit verbunden. Während in früheren Jahrhunderten die Städte im Gesamterscheinungsbild viel dunkler waren – nur die Repräsentationsbauten, das Schloss, die Kirche waren zeitweise beleuchtet –, sind es heute im Allgemeinen die Verkehrsknotenpunkte, Bahnhöfe, Flughäfen, Vergnügungsstätten, Kaufhäuser, Kinos, Tankstellen und die Litfasssäulen, die am hellsten erstrahlen.

Der Stuttgarter Lichtmasterplan, der seit einigen Jahren unter Anknüpfung an die historische Tradition der 1920er und frühen 1930er Jahre erarbeitet wird, sieht eine Neustrukturierung des Stadtbildes durch folgende Maßnahmen vor: die Heraushebung des Cityringes durch farbige Lichtakzente, die Betonung der Verbindungsbereiche zwischen den Stadtquartieren (»Sprungbretter«) in west-östlicher Richtung sowie der linearen Wegeachsen in nord-südlicher Richtung. Zu Letzteren gehören die Einkaufsmeile Königstraße, die durch eine »exzellente nächtliche Gestaltung der Schaufenster«, die Ausleuchtung der Eingangssituation am Bahnhof und die Rhythmisierung durch Schlossplatz und Türme herausgehoben werden soll. Nicht nur die »wichtigen Plätze mit starkem Eigencharakter«, sondern auch die Hinterhöfe, dunklen Zonen, Parkhäuser und »sicherheitsbedenklichen Bereiche mit wenig Akzeptanz und Frequenz« sollen durch Beleuchtung und Lichtkunst aufgewertet werden. Die Auswahl der anzustrahlenden Einzelgebäude erfolgt nach historischer und architektonischer Bedeutung, wobei die überzeugende Rekonstruktion der originalen Konturbeleuchtung des Tagblatt-Turms von 1928 bereits seit November 2005 abgeschlossen ist. Für die Entwicklung des äußerst komplexen Lichtmasterplanes spielen neben der Gestaltung auch die Aspekte der Sicherheit, Wirtschaftlichkeit, ökologischen Verträglichkeit und selbstverständlich der Finanzierung eine wesentliche Rolle.

Die erfolgreiche Umsetzung geht mit Neubewertungen, Auf- und Abwertungen von Bereichen der Stadt einher. Dies stellt einen Balanceakt dar – zwischen einer dunklen Stadt, die von jeher mit dem Unheimlichen und Bedrohlichen verknüpft war, und der hellen Stadt, der man Lichtverschmutzung und das Verdrängen der Nacht vorwirft.

Je tiefer man in das Thema der Illuminationsarchitektur eintaucht, desto komplexer erscheint es. Denn selten werden die Bezüge zwischen physikalisch-technischen Errungenschaften, geistesgeschichtlichen Tendenzen, Veränderungen des ästhetischen Empfindens und der Wahrnehmung sowie urbanistischen Fragestellungen so sehr als untrennbare und untergründig wirksame Verknüpfungen wahrgenommen wie bei der Geschichte der »Leuchtenden Bauten«. Über einen historisch-chronologischen Rundgang lässt sich in der Ausstellung im Kunstmuseum Stuttgart die Entwicklung von den utopischen Entwürfen des Expressionismus über die Nachtarchitektur in den 1920er und 1930er Jahren und den Weltausstellungen in Europa und Amerika sowie in den Nachkriegsentwürfen bis in die Gegenwart nachvollziehen. Die Konzeption des Buches ermöglicht einen anderen Zugang zum Thema, indem Lichtprojekte, die zumeist aus verschiedenen zeitlichen Epochen stammen, einander dialogisch gegenübergestellt werden. So werden Annäherungen an das Thema über aktuelle Fragestellungen ermöglicht, und zugleich werden die historischen Lösungen in ihrer Brisanz und Gültigkeit vor Augen geführt. Die Paarungen lenken den Blick zudem auf gattungs- und medienübergreifende Strukturen. Es wird deutlich, wie viele verschiedene Lösungen bei gleicher Aufgabenstellung hervorgebracht werden können. In diesem Band werden darüber hinaus die Ebenen der Technik, also der Beleuchtungsarten, der Bautentypen und schließlich der Visionen beziehungsweise Utopien in unterschiedlichen Fallbeispielen und aus den Perspektiven verschiedener Autoren jeweils separat abgehandelt.

Für das Kunstmuseum Stuttgart ist es eine glückliche Fügung, Dietrich Neumann, der an der Brown University in Providence (USA) lehrt, als den Spezialisten für das Thema der Nachtarchitektur und als Hauptkurator unseres gemeinsamen Projektes gewonnen zu haben. Seine Forschungen sowie seine Kontakte zu Leihgebern bildeten die unabdingbare Voraussetzung für die Vorbereitung der Ausstellung, die auch einen wissenschaftlichen Anspruch erhebt. Seine unerschöpfliche Begeisterung sowie seine offene Haltung und Neugier ließen die Arbeit mit ihm außergewöhnlich bereichernd werden. Zur erfolgreichen Verwirklichung von Ausstellung und Publikation trugen aber ganz entscheidend auch die Intensität und Geduld bei, mit der unsere Kuratorin Simone Schimpf beide Vorhaben wissenschaftlich wie auch organisatorisch für das Kunstmuseum umsetzte. Ebenso muss Nicole Tonnier an dieser Stelle genannt werden, die als Registrar eine logistische Höchstleistung vollbrachte, indem sie die Vielzahl der Leihgaben koordinierte, die aus unterschiedlichen Ländern stammen. Simone Schimpf und mir oblag die Aufgabe, aus dem reichen Material zur Nachtarchitektur eine auf unser Haus als Kunstmuseum zugeschnittene Ausstellung zu machen, welche die eingangs beschriebene äußerste Komplexität des Themas auf sinnliche Weise visuell erfahrbar werden lassen sollte. Auf die Inszenierung, so auf die Lichtführung innerhalb der Ausstellung, war besonderes Augenmerk zu legen, aber vor allem galt es, die verschiedenen Ebenen der Dokumentation und Präsentation durch künstlerische und nichtkünstlerische Medien zu reflektieren.

Allen privaten und öffentlichen Leihgebern sei dafür gedankt, dass sie sich für unser Ausstellungsprojekt von den teilweise fragilen Werken oder Modellen für einige Zeit getrennt haben. Der Herausforderung, beleuchtete Modelle für zehn zentrale, in der Ausstellung thematisierte Bauten zu schaffen, nahmen sich mit großer Begeisterung Professor Wolfgang Knoll, Ildiko Frels und Martin Hechinger sowie ein Team von Architekturstudenten vom Institut für Darstellen und Gestalten an, das zur Fakultät für Architektur und Stadtplanung der Universität Stuttgart gehört. Ihnen allen sei hiermit ein ganz besonderer Dank ausgesprochen.

Für die engagierte Unterstützung bei der Entwicklung der Ausstellungsarchitektur danken wir Ulrich Zickler, dem es immer gelingt, den Weg von der Vision zur Realisierung behutsam zu weisen. Wieder haben Sascha Lobe und Kathrin Löser vom Gestaltungsbüro L2M3 mit großer Freude den Katalog gestaltet. Dieser ist aufgrund der schon vielfach bewährten Zusammenarbeit mit Annette Kulenkampff, Ute Barba und Christine Müller vom Hatje Cantz Verlag, Ostfildern rechtzeitig vollendet worden, obwohl ihnen einiges an Geduld abverlangt wurde. Gedankt sei des Weiteren allen Autoren sowie Christiane Wagner für das deutsche und Ingrid Bell für das englische Lektorat.

Marion Ackermann, Direktorin des Kunstmuseum Stuttgart

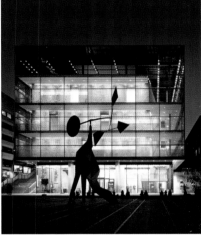

b

b   Hascher Jehle Architektur, Kunstmuseum Stuttgart, 2004

1   Johann Wolfgang von Goethe, *Italienische Reise*, Hamburger Ausgabe, hrsg. von Erich Trunz, Bd. 11, 11. Aufl., München 1982, S. 353.

Marion Ackermann

When darkness falls, the new building of the Stuttgart Art Museum glows, adding substantial luster to the cityscape at night (fig. b). Investigating the history of lighted architecture in just such a place is literally illuminating. Luminous buildings—whether lit from within or without, dipped in white or colored light, shown as glowing corporeal entities or in graphic contours—comprise the subject of this publication. *Leuchtende Bauten: Architektur der Nacht* is the first such book devoted to a comprehensive exhibition on the theme of architectural illumination.

With the introduction of electricity at the end of the nineteenth century, the urban image began to change: the most important streets were accentuated, artificial light modeled façades by strongly emphasizing their sculptural structure, sparkling shop windows competed for the attention of passersby at night. More and more, life moved deeper into the evening hours. Architects gave as much thought to the concept of a building's appearance at night as they did to its daytime look. Before the many different kinds of artificial light came into use, particular aesthetic experiences with light—particularly from the Baroque era—had already been conceived. For instance, the difference between contour lighting and a painterly kind of surface lighting, so very important for the subject of nighttime architecture, was mentioned by Goethe in his famous description of the illumination of St. Peter's Cathedral in Rome: "To see the beautiful shape of the colonnades, the church, and especially the dome, first in a luminous outline and—when the hour is over—in a glowing mass, is a unique and splendid experience."[1]

The elaborate illuminations and splendid fireworks of the seventeenth and eighteenth centuries were always bound to the fleeting moment. However, in the age of electricity as well, many buildings were only lit temporarily due to high costs of electricity or difficult technical conditions. Along Shanghai's spectacularly lit promenade, The Bund, the lights go out every evening at 11:30 p.m. When compared to the history of twentieth-century architecture in general, there seems to be more truth to the claim that, in terms of light architecture, with its highly ephemeral character, the boldest, most model-like designs and concepts enjoyed the most intense reception. Ludwig Mies van der Rohe's short-lived Barcelona Pavilion (1929) or Le Corbusier's ultimately uninhabitable Villa Savoye in Poissy (1928–31) come to mind. We do not necessarily recall the buildings that managed to meet the demands of reality under difficult conditions.

Due to the temporary quality of its appearance, nighttime architecture relies upon different kinds of media for documentation. Whereas in previous centuries illuminations were captured in stylized engravings, since the late nineteenth century photography and film have played the most essential roles. However, illuminated models, lithograph postcards, drawings, minutely executed paintings, or architectural light sculptures also contribute to the multimedia spectrum. In the present time, computer simulations—some depicting entire sections of façades—are also used. The boundaries between artistic interpretation and the straight documentation of phenomena often fluctuate. Frequently, artistic works are also the only documents of historical scenes.

The *Leuchtende Bauten: Architektur der Nacht* exhibition begins with the great World's Fairs in Paris in 1889 and 1900, where electricity was openly celebrated by an international public—whether as electric palaces, which were powerfully effective symbols of progress, or in the form of spectacular electrical experiments centered on the Eiffel Tower, which permitted new perspectives of the city. A few years later, during the First World War, the illumination of the skies became a new, real, and terrible experience. Aesthetically prepared for by the centuries-old tradition of fireworks displays, it became a central theme of art. Light cast on the night skies by anti-aircraft spotlights appears as a motif in the works of the English Vorticists, the Italian Futurists, and the German Expressionists—in works by the latter group in particular, the light is spiritualized. Already effective before 1914, the metaphor of placing light on an equal par with the spiritual and regarding it as an antagonistic opponent to solid, hard, impenetrable material was employed in Expressionism as late as the nineteen-twenties. Hermann Finsterlin (1887–1973), Wenzel Hablik (1881–1934), Hans Scharoun (1893–1972), Rudolf Schwarz (1897–1961), and Bruno Taut (1880–1938) designed architectural fantasies such as "cathedrals of light" and light domes.

Taut's glass house is presented in the exhibition as a new, colorfully lit model measuring 100 x 70 cm. Its title is derived from one of his utopian designs from the 1919 *Alpine Architektur* (Alpine Architecture) series, which is marked by "spotlights and luminous buildings." The gouache depicts buildings and spheres of light that emit a colorful glow from within, projecting in various directions and forming color fields that overlap and define their own illuminated spaces (see p. 139). In the 1930 collage by Italian Futurist Nicolai Diulgheroff (1901–1982), *Luce-Spazio* (Light-Space) (fig. a), which fits equally into the exhibition's program, there is a black-and-white aerial photograph of a city. Above it, fields of segmented and therefore somewhat materialized light overlap in subtly layered tones, signaling twilight, the "blue hour."

In the nineteen-twenties the façade at night became a central concern of architects who sought avant-garde technical and aesthetic solutions for cities. Right here in Stuttgart there were many experiments and installations dealing with light in those days, such as the impressive Tagblatt Tower architecture (see p. 70), the setting for the Lichthaus Luz, Erich Mendelsohn's

Schocken department store, and van der Rohe's design for an office and bank building (see p. 82). In many of Reinhold Nägele's paintings (1884–1972) of that time, Stuttgart is captured in detail as a city of light (fig. c); he also depicted Cologne and its illuminated *Pressa* exhibition in 1928, as well as New York's Times Square (fig. 40; p. 135).

The World's Fairs remained the most important places to experiment with new types of lighting. In Europe, colored floodlights first became popular at the 1929 World's Fair in Barcelona. In Chicago in 1933, in Paris in 1937, and finally in New York in 1939 the spectacles of light continued to increase in splendor. In those days, there was not much distance between folk festivals and propaganda: at the Nazi rallies in Nuremberg, Albert Speer cleverly created a dome of light using spotlights for the nightly displays (see p. 110).

Before the Second World War, there was a clear difference between the ways Americans and Europeans lit architecture. The skyscrapers in the United States of America required other methods of effective nighttime lighting than did the historically evolved European cities. In Europe, on the other hand, special buildings such as cinemas (see p. 116) or department stores (see p. 112) gave rise to special nighttime façades. After 1945 this difference between the continents was no longer significant. Instead, artists working with light, such as Nicolas Schöffer (1912–1992), created entirely new urban utopias with cybernetic illuminated structures in the nineteen-seventies (see p. 84). Throughout the world today there are all kinds of luminous buildings with media façades, interactive zones, and changing surfaces. The present-day spectrum can be seen in prominent structures such as the Allianz Arena by Herzog & de Meuron in Munich, the Graz Kunstmuseum with its media façade by realities: united, or the Renzo Piano Building Workshop's *New York Times* headquarters (see p. 76).

This means that we must look specifically at the current question of what lighting concepts—lying somewhere between commerce and aesthetic merit—for inner cities might look like. The urban theme of metropolitan lighting design is highly contemporary: in Germany, Switzerland, the U.S.A., and Asia, sophisticated lighting concepts for cities have been recently developed. Decisions must be made in the process, such as which parts of the city will be accentuated and which areas will remain dark. This is accompanied by an entirely new rhythm and hence, a re-evaluation. Whereas in previous centuries, cities in general were much darker—only representative buildings such as castles or churches were illuminated for certain periods—the brightest zones are now traffic intersections, train stations, airports, entertainment centers, department stores, cinemas, gas stations, and advertising.

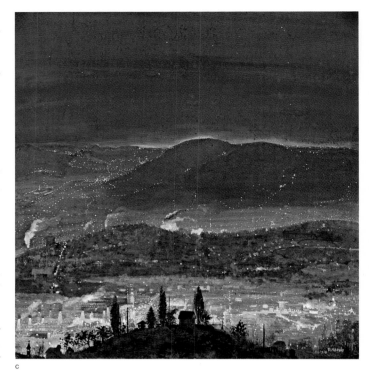
c

A master plan for illuminating Stuttgart has been under development for several years. It is based in the historical traditions of the twenties and early thirties, and foresees the restructuring of the city's image through the following: highlighting the city ring with accents of colored light, and emphasizing both the areas where city districts connect ("springboards") in a west-east direction, and the linear traffic axes running in a north-south direction. One of the latter, the Königstrasse shopping area, is supposed to be spotlighted via "excellent design for shop windows at night," the illumination of the entrance to the city starting at the train station, and the structuring of the Schlossplatz and towers. Yet it is not just the "important squares with strong, unique characters" that will be played up through light and light art, but also the courtyards, dark zones, parking garages, and "possibly unsafe, little-used areas." Buildings were chosen to be lit based on their historical and architectural significance, and it was decided in November 2005 to reconstruct the original 1928 contour lighting for the Tagblatt Tower. The development of this extraordinarily complicated master plan involved not only design, but also such important aspects as security, economy, ecological sustainability, and of course, available funds.

Successful implementation must be accompanied by reassessments of the city's various districts. This, of course, requires a balancing act, between a city in darkness—something that has always seemed uncanny and threatening—and a city bathed in light, which has been accused of visual pollution and the repression of night.

The deeper we go into the topic of illuminated architecture, the more complex it seems. Seldom are the connections among physical/technical achievements, historical humanist tendencies, changes in aesthetic attitudes, perception itself, and urban issues regarded as inseparable, profoundly effective links, as is the case here in the history of these "luminous buildings." Through a chronological tour of history, the exhibition here at the Kunstmuseum Stuttgart allows the visitor to imagine the development from the Expressionists' utopias and the nighttime architecture of the twenties and thirties, to the European and American World's Fairs, to designs after 1945 to the present day. This publication takes a different

c   Reinhold Nägele, *Stuttgart vom Kriegsberg bei Nacht,* 1938, Eitempera auf Hartfaser, Sammlung Landesbank Baden-Württemberg

1   Johann Wolfgang von Goethe, *Italienische Reise* Hamburg Edition, Erich Trunz, ed., vol. 11, 11th edition (Munich, 1982), p. 353.

approach in dealing with the theme, since projects involving light—most of them from different epochs in time—face each other in a dialogue. This makes it possible to access the theme using current issues as well, yet at the same time historical solutions are shown in all of their explosive, valid force. In addition, these pairings draw attention to structures where genres and media intersect. It becomes clear how many different solutions for the same task can arise.

The Kunstmuseum Stuttgart has been fortunate in persuading Dietrich Neumann, a specialist in illuminated architecture and a professor at Brown University in Providence, Rhode Island (U.S.A.), to act as chief curator for this joint project. Both his research and his contacts to lenders were indispensable in preparing this exhibit, which also has a scientific aspect. His untiring enthusiasm, open-minded attitude, and curiosity made working with him an extraordinarily enriching experience. Additionally, the intensity and patience with which curator Simone Schimpf pursued her scholarly and organizational work for the Kunstmuseum were key to the success of both the exhibition and the catalogue. We must also mention Nicole Tonnier here. As registrar, her logistical achievements—coordinating all of the many loans that came from different countries—were fabulous. Simone Schimpf and I had the task of taking the treasure trove of material on nighttime architecture and tailoring it to make an exhibition that would suit our building as an art museum—an exhibition that would allow visitors to have a meaningful visual experience of the extremely complex theme described above. It was important to pay attention to the setting as well as to the way light was used in the exhibition, but it was crucial to reflect upon the various levels of documentation and presentation in artistic and non-artistic media. Sometimes, the many ways the perspectives of different artists fragmented the theme seemed to oppose the stringent demands of a consistent narrative—yet that was precisely the appeal of the project.

We would like to thank all of the private and public lenders for agreeing to part for a time from their works or models, some of which are very fragile. The challenge of making illuminated models for ten central buildings featured in the show was taken up with great enthusiasm by Wolfgang Knoll, Ildiko Frels, and Martin Hechinger and a team of architecture students at the Institut für Darstellen und Gestalten, part of the Fakultät für Architektur und Stadtplanung at the University of Stuttgart. Here, we would like to express our particular thanks to them all.
For his firm support in developing the architecture for the exhibition, our thanks go to Ulrich Zickler, who is always good at finding the path from vision to realization. Once again, it was a pleasure to have Sascha Lobe and Kathrin Löser of L2M3 design the catalogue. It was completed in time thanks to the tried-and-true cooperation of Annette Kulenkampff, Ute Barba, and Christine Müller of Hatje Cantz Publishers, Ostfildern—even though some demands were made upon their patience. Moreover, we would like to thank all of the authors, as well as Christiane Wagner and Ingrid Bell for copyediting the German and English texts, respectively.

Marion Ackermann
Director of the Kunstmuseum Stuttgart

max osborn, 1930

Dietrich Neumann

»Im ganzen wird man sagen können, daß nun das Licht als lebendige, bewegliche Macht die eigentliche Wirklichkeit der nächtlichen Stadt geworden ist und fast von Tag zu Tag mehr wird. [...] Es bleibt [...] noch Unendliches als Möglichkeit für die Zukunft übrig: ein wahrer Taumel des Lichtes, dem kein erträumter Glanz aus alten Märchen gleichkommt, wird die Großstadt der Zukunft erhellen. [...] eine durchaus phantastische Welt, die im Entstehen ist, ein Reich, an dem sich die Unzerstörbarkeit, ja die ungebrochene Entwicklungsfähigkeit lebendigster Kräfte gegenüber der Nüchternheit des zweckhaften Lebens aufs neue beweist. [...]«[1]
Walter Riezler, 1927

Zitate wie dieses finden sich häufig in der umfangreichen Literatur über die Erfahrung der nächtlichen Großstadt in den 1920er Jahren. Schriftsteller und Feuilletonisten berichteten begeistert von der Lichtreklame, den »Architekturen des Augenblicks«[2] (Franz Hessel), freuten sich an den »Nachtmärchen der modernen Großstadt«[3] (Max Osborn) oder verfielen dem »Straßenrausch«[4] (Siegfried Kracauer). Wir können heute, gut 80 Jahre später, die Wirkung der nächtlichen Lichterfülle auf die Besucher im Herzen der Metropolen immer noch nachvollziehen (Abb. a). Bilder der werbenden Lichtflut in den heutigen Einkaufszentren von New York, Tokio oder Schanghai zeigen, wie wenig sie von ihrer Faszination seit den 1920er Jahren eingebüßt hat.
Aus zahlreichen Artikeln jener Zeit wissen wir, dass manchen Architekten und Kritikern unter den nächtlichen Flaneuren beim Anblick der Lichtreklamen noch andere Gedanken durch den Kopf gingen: Wie wäre es, wenn man die Lichtreklame mit Hilfe der Architektur zähmen könnte, ja vielleicht sogar durch ihre Integrierung eine bessere Baukunst schaffen würde? Könnte man letztendlich das Licht an den Fassaden von Werbezwecken lösen und als neues Baumaterial zur reinen, immateriellen »Lichtbaukunst« der Zukunft führen?
Seit mehr als einem Jahrzehnt zeigt sich nun wieder bei vielen Architekten eine vergleichbare Begeisterung für eine Baukunst, die ganz bewusst das künstliche Licht als zentrales Entwurfselement einsetzt. Dank zahlreicher neuer Technologien und einer weltweit vernetzten Baukultur sind in den letzten Jahren viele Bauten entstanden, die wie die ultimative Erfüllung der frühen Lichtutopien wirken. Zweifellos ist die Lichtarchitektur das Gebiet, auf

dem sich heute die aufregendsten und grundlegendsten Entwicklungen und Paradigmenwechsel der zeitgenössischen Architektur vollziehen. Im Rückblick auf die letzten hundert Jahre, in denen elektrisches Licht den Architekten als »Baumaterial« zur Verfügung stand, erscheinen die Debatten der 1920er Jahre als ein wichtiger Teil einer Vorgeschichte, die bis heute relativ wenig bekannt ist.[5] Das Kunstmuseum Stuttgart hat es sich zum Ziel gesetzt, erstmals Aspekte dieser Geschichte in einer Ausstellung zu präsentieren. Beispielhaft werden wichtige Projekte und Bauten der letzten hundert Jahre in Modellen und Zeichnungen, zeitgenössischen Fotografien und populären Darstellungen vorgestellt und durch den Blick zahlreicher Maler und Fotografen auf die nächtliche Stadt ergänzt.

Die Entdeckung der Nacht   Die Architekten haben die Nacht erst sehr spät für sich entdeckt. Während Schriftsteller seit Jahrhunderten die Geheimnisse der Dunkelheit beschrieben, Komponisten Musik für nächtliche Aufführungen konzipierten und man Nachtdarstellungen in der Malerei seit dem 14. Jahrhundert kennt,[6] haben Baumeister vor dem Ende des 19. Jahrhunderts kaum darüber nachgedacht, wie ihre Bauten nachts wirkten und ob man sie etwa auch für die Stunden der Dunkelheit planen sollte.
Freilich gab es in der Barockzeit gelegentlich Festarchitekturen, die zu dem Zweck entworfen worden waren, dass sie als Höhepunkt der entsprechenden Veranstaltung in Flammen aufgingen. Der französische Visionär Étienne-Louis Boullée (1728–1799) hatte für sich im 18. Jahrhundert eine »Architektur der Schatten« reklamiert.[7] Doch erst seit dem Ende des 19. Jahrhunderts standen dank der Elektrizität zum ersten Mal verlässliche und dauerhafte Lichtquellen zur Verfügung, mit denen man planen und rechnen konnte. Im 20. Jahrhundert dann haben Architekten ernsthaft damit begonnen, die nächtliche Erscheinung ihrer Bauten in Betracht zu ziehen.
Auf den Weltausstellungen in Paris (1889 und 1900) und Chicago (1893) wurden aufwändige Gebäudeilluminationen aus Tausenden von Glühbirnen an den Gesimsen und Pilastern der Ausstellungspaläste angebracht. Wenn sie bei Dämmerung angeschaltet wurden, riss der Anblick die überraschten Besucher zu Begeisterungsstürmen hin. Die Architektur selbst freilich war nicht auf die nächtliche Wirkung hin konzipiert worden, sondern folgte meist der üblichen neobarocken Fülle des Fin de Siècle. Doch mancher aufmerksame Besucher bemerkte die nächtliche Veränderung dieser Architektur. So notierte der deutsche Kunstkritiker Julius Meier-Graefe auf der Pariser Weltausstellung im Jahre 1900 beglückt, dass nachts alle Paläste »in Lichtträger verwandelt« wurden. Und – wichtiger noch in seinen Augen – die nächtliche Szenerie enthalte Hinweise auf eine zukünftige Architektur: »Schon heute kann man sich in die Zukunft träumen, wenn man die Ausstellung bei Nacht durchwandelt [...] Dann verblassen die kleinen Engelchen und Konsölchen, all der kleine, kleinliche Zierat, gespenstig im Dunkeln; was bleibt, sind die großen Umrisse, das ungeheuerlich Massige dieser Schöpfung. Ganz von selbst vollzieht dann die Nacht das, was wir von der neuen Baukunst erwarten: Konzentration und Größe.«[8]
Die ersten Überlegungen zur Nachtarchitektur entstanden also zeitgleich mit den Anfängen der Architektur der Moderne, die sich ab 1900 langsam aus der Dekorationskunst des Jugendstils entwickelte. Nach dem Ersten Weltkrieg folgte in Deutschland eine kurze Phase, in der expressionistische Visionen farbig leuchten-

der Sakralbauten entworfen wurden (Abb. b), und die Klassische Moderne wird dann in den 1920er Jahren international als umfassender Architekturstil mit eigenen Raumvorstellungen, Konstruktionsweisen, Darstellungsformen und Theorien greifbar. Doch Überlegungen zum architektonisch wirkungsvollen Einsatz des elektrischen Lichts ließen sich nicht unmittelbar in die zentralen Theorien der Moderne integrieren. Ganz im Gegenteil, sie schienen den wichtigsten Anliegen moderner Architekten diametral entgegengesetzt, denen es um die Betonung von Konstruktion, Material, Funktion und Raum ging sowie den gesunden Einfluss von »Licht, Luft und Sonne«. Die Planung mit künstlichem Licht zielte ja auf ephemere, nächtliche Effekte, auf eine äußere Wirkung, unabhängig von der Struktur und Aufgabe des Baus. Aber man spürt in der Begeisterung vieler Architekten für die nächtliche, oft als märchenhaft empfundene Beleuchtung auch die Sehnsucht nach denjenigen Aspekten, die in der Strenge der Neuen Sachlichkeit keinen Platz gefunden hatten. So wurde das Entwerfen mit künstlichem Licht geradezu zu einem notwendigen Korrektiv für die Nüchternheit der Moderne.

In Deutschland erreichte die Debatte zur »Lichtarchitektur« in der zweiten Hälfte der 1920er Jahre einen ersten Höhepunkt. Die Bemühungen der Beleuchtungsindustrie waren sicher nicht ganz unschuldig daran, dass die Rolle des künstlichen Lichts in der Stadt und bei der Entwicklung der modernen Architektur zu einem zentralen Thema der Zeit wurde. Zahllose Kritiker, Lichtgestalter und Architekten machten konkrete Vorschläge zum Zusammenschluss von Reklame und Architektur. Man einigte sich schnell darauf, dass horizontale Fensterbänder mit »Gesimsbeleuchtung« saubere Reklameschriften ermöglichten, dass eine geschickte Innenraumbeleuchtung den Fensterrhythmus bei Nacht betonen konnte und dass hinterleuchtete Opalglasscheiben architektonische Effekte setzen und Werbeschriften tragen konnten. Geschäftshäuser der Gebrüder Luckhardt und Erich Mendelsohns in Berlin oder der leuchtende Monolith des »De Volharding«-Baus in Den Haag von Jan Willem Eduard Buys (1889–1961) wurden oft als gelungene Beispiele genannt (Abb. h).

Der Berliner Regierungsbaumeister Hans Pfeffer fasste die Entwicklung zusammen: »Zuerst verwuchs die Lichtwerbekunst immer enger mit den sie tragenden Bauten. Bald aber verzichtete man auf ganze Architekturglieder zugunsten künstlerisch bedeutender Lichtträger. Ganze Häuser entstanden, bereits vollkommen im Gedanken an diese Lichtkunst gestaltet. [...] Und schon sieht man die Ansätze, die hier in eine große Zukunft weisen: zur absoluten Lichtarchitektur. Diese reine Lichtbaukunst wäre eigentlich die letzte ausdenkbare Stufe unserer Bauentwicklung überhaupt [...].«[9] Der Berliner Stadtplaner Martin Wagner setzte diese Gedanken fort und stellte sich vor, dass am Berliner Alexanderplatz in Zukunft »ein herausflutendes Licht bei Nacht [...] ein gänzlich neues Gesicht des Platzes« erzeugen würde, denn »Farbe, Form und Licht (Reklame) sind die drei Hauptbauelemente für neue Weltstadtplätze.«[10]

Mit der Veranstaltung »Berlin im Licht« vom 13. bis 16. Oktober 1928 erreichte die Begeisterung für das nächtliche Berlin und seine Beleuchtung einen Höhepunkt.[11] »Vier Tage lang«, so hieß es, »wird ganz Berlin, diese mitreißende, blühende Weltstadt, ihren Bewohnern und Gästen eine Vorstellung bieten, die in Farbe und Glanz, Schönheit und Eleganz alle Zentren dieser Welt überbietet.«[12] Zahllose Bauten waren angestrahlt, Firmen installierten Leuchtwerbung, und die Lufthansa organisierte nächtliche Rundflüge über Berlin. Kurt Weill komponierte und textete ein Lied mit dem Titel »Berlin im Licht« zu diesem Anlass (angeblich mit Bertold Brechts Hilfe): »Zum Spazierengehen genügt das Sonnenlicht, doch um Berlin zu sehn, genügt die Sonne nicht. Das ist kein lauschiges Plätzchen, das ist 'ne ziemliche Stadt. Damit man alles sehen kann, da braucht man schon einige Watt.«[13] Dieses Lied wurde auf Berlins erstem »Lichtball« am 16. Oktober 1928 uraufgeführt. Ähnliche Veranstaltungen wurden um diese Zeit in fast allen deutschen Großstädten organisiert.

Freilich gab es in der Weimarer Zeit auch Stimmen, die der Lichterfülle kritisch gegenüberstanden. Dem Berliner Feuilletonisten Hermann Kesser merkte man zum Beispiel bei seiner trefflichen Beschreibung des Potsdamer Platzes von 1929 deutlich die gemischten Gefühle an, mit denen er vor der mächtigen Präsenz der Lichtreklame im Stadtbild und vor der Herrschaft des Handels über den Nachthimmel kapitulierte: »Hebt einer die geradegerichteten Augen vom Pflaster empor, so trifft er auf rollende Flammenworte, blühendes Lichtfarbenspiel und Goldregen-Phantasien. Die Fassaden sehen dich freigiebig und wortreich an. [...] Der Horizont ist mit Reklame besetzt. Der Himmel ist Handel. Die wirklichen Sterne sind nicht zu sehen. Sie sind in den Weltraum hinausgeflohen, wollen die Konkurrenz mit dem künstlichen Licht nicht aufnehmen.«[14] Die keineswegs unbegründete Sorge um den zunehmenden Verlust des Sternenhimmels als Folge der Lichtverschmutzung, der sich heute unter

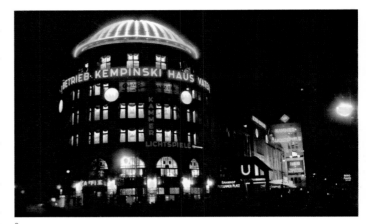

a

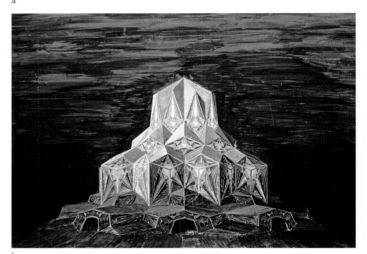

b

anderem die 1988 gegründete International Dark Sky Association mit Sitz in Tucson, Arizona widmet, war also auch in den 1920er Jahren schon ein Thema. Der britische Schriftsteller G. K. Chesterton erklärte nach einem Besuch in New York 1922, dass er in künstlerischer Hinsicht nichts gegen Lichtreklamen und beleuchtete Hochhäuser einzuwenden habe. »Wenn ein Kind diese bunten Lichter sehen würde, würde es vor Freude tanzen [...]«, schrieb er. Doch wandte er sich gegen die »Farben und Feuer« am Broadway, weil sie seiner Meinung nach deren potenzielle »symbolische Kraft« banalisierten. Große Feste, königliche Hochzeiten oder kirchliche Feiertage hätten durchaus ein Anrecht auf Licht und Farbe. »Doch inzwischen hat man die tiefe Bedeutung solcher Farben und Lichter völlig vernichtet. Die Leute wollen mit dieser Art der Beleuchtung kaum noch wichtige Dinge ausdrücken, weil sie ständig benutzt wird, um kleinliche Dinge zu verkünden.«[15]

Die Nationalsozialisten eigneten sich sofort nach dem Machtantritt 1933 den Begriff der »Lichtarchitektur« an und beanspruchten die absolute Kontrolle über die Erscheinung der nächtlichen Stadt. Albert Speers »Lichtdome« auf mehreren Parteiveranstaltungen ab 1934 und der Olympiade in Berlin zwei Jahre später nutzten ganz bewusst den berauschenden Effekt, der von der kommerziellen Lichtinszenierung bekannt war, für eine demagogische Massenindoktrinierung (siehe S. 110).

Unbeirrt davon hielt die Avantgarde an ihrem Glauben an das künstlerische Potenzial von Lichtinszenierungen fest. So schreibt, schon aus dem englischen Exil im Jahre 1936, der ehemalige Bauhaus-Lehrer László Moholy-Nagy (1895–1946) in einem Aufsatz zur Lichtarchitektur: »Ich habe unzählige Projekte entwickelt, aber kein Architekt war bereit, ein Lichtfresko, oder eine Lichtarchitektur in Auftrag zu geben [...] Es ist Zeit, daß sich jemand der dritten Dimension annimmt, und mit Hilfe von Material und Reflektionen Lichtstrukturen im Raum schafft [...] Für die Zukunft stellen wir uns Lichtspiele auf den großen Festveranstaltungen kommender Generationen vor. Von Flugzeugen und Zeppelinen aus wird man ein Schauspiel gigantischer Illuminationen betrachten, voller Bewegung und fortwährender Verwandlung beleuchteter Areale, die neue Erfahrungen und neue Lebensfreude bieten werden.«[16]

In den Vereinigten Staaten von Amerika entwickelten sich gleichzeitig Alternativformen zur schrillen Lichtreklame in Form von sorgsam orchestrierten Farblichtspielen an den Spitzen der Hochhäuser (Abb. i). Kritiker und Architekten sprachen vom »Malen mit Licht«, von »Theater in der Luft«, von einer Synthese aus Architektur, Malerei und Film und der anspruchsvollsten Kunstform der Moderne. Der Architekt Raymond Hood zum Beispiel hatte als einer der Ersten in den 1920er Jahren mit der bald sehr populären, farbigen Flutlichtbeleuchtung experimentiert; ihm ist auch der schöne Ausdruck der »Architektur der Nacht« zu verdanken. Seiner Meinung nach waren »[...] die Möglichkeiten der Nachtbeleuchtung bislang überhaupt nicht ausgeschöpft worden. Die Zukunft hält noch weit fantastischere Entwicklungen bereit als alles, was jemals auf der Bühne geleistet worden ist. Eines Tages wird man die nächtliche Beleuchtung von Gebäuden ebenso eingehend studieren, wie Gordon Craig und Norman Bel Geddes die Bühnenbeleuchtung studiert haben. Man wird alle nur erdenklichen Mittel zur Erzeugung von Effekten ausprobieren – Farben, verschiedene Lichtquellen und -lenkungen, Muster und Bewegungen [...]«[17] Der prominente Architekturkritiker Douglas Haskell reklamierte gleichzeitig die Nacht als den Ort der amerikanischen Moderne, angeregt durch Hugh Ferriss' dunkle Zukunftsvision The Metropolis of Tomorrow (siehe S. 144): »Man hat sich daran gewöhnt, von ›Moderne‹ zu sprechen, als ob es nur eine gäbe, dabei ist sie längst zweigeteilt: Die Europäer bekommen den Tag, wir die Nacht [...] Jahrtausende mit all ihren Stilwechseln sind vergangen, doch erst in diesem Jahrhundert kam das elektrische Licht, das – in weitaus stärkerem Maße als das vertraute Dreigespann aus Stahl, Glas und Beton – die Grundlagen aller Architektur verändert hat.«[18]

Die Unterschiede zwischen Europa und den Vereinigten Staaten, die Haskell hier beschwört, waren freilich andere. Während es auf beiden Seiten des Atlantiks vor dem Zweiten Weltkrieg ein praktisches und theoretisches Interesse an der Entwicklung der Lichtarchitektur gab, verurteilten die Europäer in den Vereinigten Staaten oft den ungezügelten Überschwang der Lichtreklame und die Vorliebe für die farbige Flutlichtbeleuchtungen der Hochhäuser, die die Architekten der Moderne als Kitsch empfanden. So schrieb Wassili Luckhardt beispielsweise: »Man betrachte daraufhin die Art, wie solch ein Hochhausentwurf dargestellt wird: als leuchtende Gralsburg gegen dunklen Nachthimmel. – So findet man auch häufig Hochhäuser, die nachts rot oder blau angestrahlt sind und der Traumburg ›Walhall‹ ähnlicher sehen als einem modernen Nutzbau.«[19]

Unmittelbar nach dem Zweiten Weltkrieg ließen die frische Erinnerung an die Verdunkelungen und Flakscheinwerfer und die vielerorts drängenden anderen Probleme die Lichtarchitektur zunächst in den Hintergrund treten. Doch die potenzielle Rolle des Lichts in der Stilentwicklung der modernen Architektur, insbesondere als korrektive Begleiterscheinung der Neuen Sachlichkeit, war nicht vergessen. Bereits 1943 hatten der französische Maler Fernand Léger, der spanische Architekt José Luis Sert und der Schweizer Architekturhistoriker Sigfried Giedion im amerikanischen Exil ein gemeinsames Manifest verfasst, in dem sie eine zeitgenössische Monumentalität proklamierten, die die moderne Architektur bislang nicht hervorgebracht hätte:[20] Nachts sollten »Farben und Formen auf weite Oberflächen« projiziert werden, wobei diese »substanzlose Architektur« auf das »Gefühlsleben« der Massen Einfluss nehmen und den zukünftigen modernen »Stadtzentren monumentale Qualitäten verleihen« sollten.[21] Noch 1951 wurden diese Ideen in modifizierter Form diskutiert, als der 8. CIAM-Kongress im englischen Hoddesdon sich mit der Wiederbelebung der Stadtzentren befasste (sowohl Giedion als auch Sert waren anwesend).[22]

Wenige Jahre später, 1957, stellte Gio Ponti, der Architekt des Pirelli-Hochhauses in Mailand, seine Vorstellungen einer zukünftigen Lichtarchitektur vor: »Beleuchtung wird ein zentrales Element räumlicher Architektur werden [...] Durch vorgeplante Selbstbeleuchtung wird diese Architektur ungeahnte formale Nachteffekte hervorrufen, Illusionen von Räumen, von Leere, von anderen Volumen, Gewichten und Oberflächen.« Die farbige, amerikanische Flutlichtbeleuchtung lehnte er als primitiv und barbarisch ab. Sie habe nichts mit Architektur zu tun. Stattdessen »[...] werden wir Künstler leuchtende, körperhafte Formeinheiten entwerfen. Wir werden eine neue nächtliche Stadt erschaffen.«[23] Von ähnlichen Vorstellungen angespornt, begann einige Jahre später der französische Künstler Nicolas Schöffer mit der Arbeit an seinem leuchtenden, blinkenden Tour Lumière Cybernétique, den er 1963 der Öffentlichkeit als Modell vorstellte (Abb. 16; S. 65).

Die vergängliche Kunst der Architekturbeleuchtung hatte mehr noch als andere geschichtliche Phänomene unter der Kurzlebigkeit ihrer Spuren zu leiden und der daraus resultierenden, erstaunlich gründlichen kollektiven Vergesslichkeit. Mehrmals während des 20. Jahrhunderts wurde sie als neues zukunftsweisendes Phänomen vorgestellt und diskutiert und geriet dann wieder in Vergessenheit. Nach den Verdunkelungen des Zweiten Weltkriegs erinnerte man sich kaum noch der Lichteuphorie der 1920er und 1930er Jahre. Der neu aufkeimende Enthusiasmus der 1950er und 1960er Jahre erschien wie ein völliger Neubeginn, nur um ebenfalls wieder vergessen zu werden, als die Energiekrise 1973 der Architekturbeleuchtung ein vorläufiges Ende bereitete. Seit den 1980er Jahren hat es nun wieder eine stetige Zunahme an Projekten gegeben, bei denen die nächtliche Erscheinung wichtiger Teil des Baukonzepts war. Zunächst waren diese Projekte (etwa die des Chicagoer Architekten Helmut Jahn) wohl angeregt von dem neuen Interesse an Populärkultur und der Artdéco-Architektur der 1920er und 1930er Jahre, das mit der damaligen Neuorientierung in der Architektur einherging, die wir unter dem Begriff »Postmoderne« zusammenfassen. Seit den 1990er Jahren setzte dann eine Fusion der neuen Lichtanwendungen mit jenen der wieder erstarkten Moderne ein und gleichzeitig eine Aufnahme früherer Ideen.

Lichtarchitektur heute   Heute ist das im ersten Viertel des vergangenen Jahrhunderts entwickelte Vokabular nach wie vor gebräuchlich, wenn auch meist ohne Kenntnis der Vorläufer. Das Zeltdach über dem Innenhof des Berliner Sony Centers (Helmut

Jahn, 2000) leuchtet zum Beispiel jede Nacht in kontinuierlich wechselnden Farbsequenzen, die von dem Lichtkünstler Yann Kersalé (geb. 1955) entworfen wurden (Abb. e). Kersalés Arbeiten hatten in den 1980er und 1990er Jahren dazu beigetragen, das Interesse an dieser Kunstform wieder zu beleben. Sein Ansatz am Potsdamer Platz in Berlin ist durchaus mit den abstrakten, wechselnden Farbspielen an der Spitze amerikanischer Hochhäuser in den 1920er Jahren vergleichbar. Kersalé zeichnet ebenfalls für die Beleuchtung von Jean Nouvels (geb. 1945) Torre Agbar in Barcelona von 2005 (Abb. c) verantwortlich. Dieser runde, gläserne Büroturm glüht nachts als farbiger Monolith und kommt visuell durchaus den expressionistischen Architekturfantasien der frühen 1920er Jahre nahe. Dennoch ist davon auszugehen, dass der Architekt Bruno Taut, der prominenteste Schöpfer solcher gläsernen Visionen nach dem Ersten Weltkrieg, einer Anwendung dieser magischen Formenwelt auf einen profanen Bürohausbau kaum zugestimmt hätte. Da sind die jüngsten Projekte von Casanova + Hernandez für die farbig leuchtenden Volumen des Glasmuseums in Taipei (2004) (Abb. 8; S. 55) oder das Projekt für ein Genter Opernhaus (2004) von Claus & Kaan den ursprünglichen Idealen dieser Jahre näher (Abb. 34; S. 127).

Seit einigen Jahren gibt es Versuche, der Architekturbeleuchtung mit Hilfe von Computerprogrammen größere Vielfalt und Relevanz im urbanen Umfeld zu verleihen. Toyo Itos berühmter Tower of Winds in Yokohama von 1986 gilt als einer der ersten Versuche in diese Richtung. Ein Wasser- und Entlüftungsturm der U-Bahn war mit einem Metallgerüst umgeben worden, in das 30 Flutlichter sowie 12 000 Glühbirnen und Neonröhren eingesetzt worden waren (Abb. j). Ein Computerprogramm nahm dann äußere Einflüsse wie Wind und Straßenlärm auf und setzte sie in Lichtsequenzen um. Kritiker sprachen begeistert von einem »audio-visuellen Seismographen«.[24]

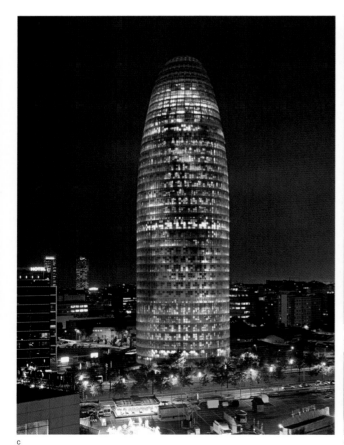

c

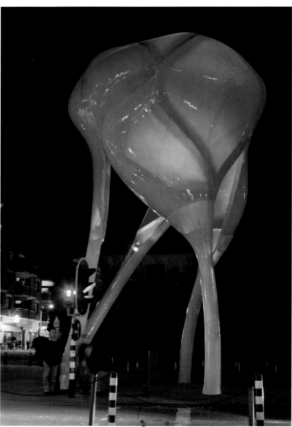

d

c   Jean Nouvel, Torre Agbar, Barcelona, 2005
d   NOX, D-Tower, Doetinchem, 2004

In der kleinen holländischen Stadt Doetinchem verwirklichte Lars Spuybroek mit seinem Architekturbüro NOX im Jahre 2004 eine Installation, bei der die leuchtende Architektur Teil eines interaktiven Beziehungsgeflechtes war. Der 12 Meter hohe Turm aus transluzentem Epoxydharz (der an eine Art vergrößerte Nervenzelle erinnert) war mit einem Computersystem verbunden, das nachts die Farben der Innenbeleuchtung der Skulptur kontrollierte. Die Daten für die Bespielung des Turmes ergaben sich aus den Antworten auf Fragen, die die Bewohner der Stadt jeden Tag per Internet beantworteten. Die nächtliche Farbe der Skulptur richtete sich dann nach der Stimmung der Mehrzahl der Bewohner. Bei überwiegend liebevollen Gefühlen in der Stadt leuchtete die Skulptur rot auf, bei häufigem Ärger grün, bei Glück blau und bei Furcht gelb. Der Turm war das Gefühlsbarometer der Gemeinde (Abb. d).

Die neue Fassade des Galleria Departement Store (2005) in Seoul, Südkorea, die von dem niederländischen Büro UN Studio gestaltet wurde, kann auf den schimmernden Glasschuppen ihrer Außenhaut – dank deren LED-Hinterleuchtung – nachts eine farbige Zusammenfassung der Wetterverhältnisse des Tages abspielen oder riesige Schriftzeichen über die Fassade wandern lassen (Abb. 24; S. 95).

Die wohl tief greifendste Änderung der nächtlichen Stadtlandschaft geht heute von der raschen Verbreitung großer Medienbildschirme aus, auf denen im Allgemeinen Werbefilmsequenzen oder Nachrichtenprogramme laufen. Mit ihnen geht ein wichtiger Paradigmenwechsel einher: die neuen Technologien hellster LED-Lampen ermöglichen den bewegten Bildern der Lichtreklame das effektvolle Abspielen bei Tag.

Selbst für die Filmbilder im Stadtraum lassen sich Vorläufer in den 1930er Jahren finden: So etwa in Oskar Nitschkes Projekt der Maison de la Publicité von 1934 bis 1936 (Abb. 35; S. 130), bei der eine Filmprojektionswand Teil ihrer Medienfassade sein sollte; oder in dem großen Elektrizitätspalast auf der Weltausstellung in Paris von 1937, dessen Außenwand als konkave Projektionsfläche für die erste Breitwandprojektion der Welt diente. Robert Mallet-Stevens (1886 – 1945) hatte sie erbaut. Allabendlich wurden hier abwechselnd abstrakte Farbprojektionen und Jean Epsteins (1897 – 1953) eigens komponierte Filmmeditation *Panorama au fil de l'eau* gezeigt. Der französische Schriftsteller Jean Prévost schlug in der Folge vor, die großen Licht- und Projektionsspektakel der Weltausstellungen in Filmen auf Riesenleinwände vor den Fassaden von 100 Rathäusern zu projizieren, damit die neue Synthese ihre Wirkung entfalten könne.[25]

Wenn auch die Kenntnis dieser fernen Vorläufer heute wenig zum Verständnis der Wirkung dieser brillanten Großbildschirme beitragen kann, so erinnern zumindest die Diskussionen, die sich in letzter Zeit um deren Einfluss entsponnen haben, in ihrer Intensität durchaus an jene der 1920er Jahre. Für den amerikanischen Architekten und Theoretiker Robert Venturi zum Beispiel erfüllt sich jetzt endlich der Traum von einer Architektur als Zeichen. Seit den späten 1960er Jahren hatte er gefordert, dass sich die Architekten von dem engen Korsett der Moderne mit ihrer Ornamentlosigkeit befreien und von der kommerziellen Architektur der Werbeplakate und Lichtreklamen, insbesondere von Las Vegas, lernen sollten: »Hoch lebe die Fassade als Computerbildschirm! Hoch lebe die Fassade, die Licht nicht nur reflektiert, sondern ausstrahlt – das Gebäude als eine glitzernde Informationsquelle, nicht eine abstrakt leuchtende Lichtquelle! [...] Hoch lebe die Ikonografie – nicht in Stein gehauen für die Ewigkeit, sondern ständig elektronisch wechselnd.«[26] Robert Venturis ungebremster Optimismus gehört allerdings zu den Ausnahmen in der jüngsten Debatte, zumal auch seine Hoffnung auf eine neue Ikonografie angesichts der wahllosen Bilderflut auf den Großbildschirmen kaum erfüllbar scheint. Schon 1991 fasste der französische Kulturkritiker und Philosoph Paul Virilio den neuen Einfluss der bewegten Bilder auf die Stadtlandschaft zusammen: »Nach dem Zeitalter der Architekturskulptur leben wir nun in einer Zeit der cinematographischen Künstlichkeit. Sowohl wörtlich als auch in übertragenem Sinne ist die Architektur von nun an nur noch ein Film; [...] die Stadt selbst ist nicht mehr ein Theater im Sinne einer Agora oder eines Forums, sondern das Kino der Stadtlichter [...]«[27]

Die alte Frage nach der Integration von Werbung und Architektur stellt sich vielen Kritikern angesichts der neuen Medienfassaden mit besonderer Deutlichkeit: »Bislang war es immer so, dass Gebäude eindeutig aus Material bestanden. [...] Nun kann die ganze Fassade eines Gebäudes vom Gehsteig bis zum Dach ein digitaler Bildschirm sein, auf dem ständig wechselnde Bilder aufblitzen. Ist es eine Plakatwand? Ist es Architektur? Ist es Kunst? Wer vermag das zu sagen? Ist das nun die Zukunft? Werden wir überhaupt noch wissen, wann wir uns in der Wirklichkeit befinden und wann in einer Simulation? Wird dieser Unterschied seinen Sinn verlieren?«[28], fragte vor Kurzem der Bostoner Architekturkritiker Robert Campbell und wies auf die Gefahren einer solchen digitalen Architektur hin, bei der nicht klar sei, ob sie unter die Baugesetze oder die Vorschriften für Plakatwerbung falle. Der Medientheoretiker William Mitchell stellt ähnliche Fragen nach der Integration der Riesenbildschirme. »Horizontale und vertikale Kamerafahrten können einen Zusammenhang mit der umgebenden Architektur herstellen, doch schnelle Bewegungen und Zooms zerstören ihn [...] Wird das Bild, das an der Außenseite eines Baus ausgestrahlt wird, diesen völlig verschlucken? Werden wir unsere Bauten danach beurteilen, was sich auf dem Großbildschirm abspielt, oder nach der Struktur, die den Bildschirm trägt? Medium oder Message?«[29] (Abb. f)

Eine Konferenz – veranstaltet vom Institute of Network Cultures, Amsterdam, und Urban Research, Berlin – befasste sich im September 2005 am Stedelijk Museum, Amsterdam zum ersten Mal mit »Urban Screens«. Die Teilnehmer diskutierten hier Themen wie die Frage, ob Großbildschirme neue urbane Zentren initiieren könnten, wie man der Kunst auf diesen Bildschirmen eine Koexistenz mit der Werbung sichern könnte und wie die neuen Medien so in die Architektur integriert werden könnten, dass sie eine »intelligente Haut – die vierte Dimension in der Architektur« bilden würden.[30]

Der Größe und Anwendungsform der LED-Bildschirme scheinen kaum Grenzen gesetzt. So wurde im Dezember 2004 am Chanel Ginza Building in Tokio, errichtet von dem amerikanischen Architekten Peter Marino, mit 57 Meter Höhe die größte LED-Fassade der Welt vorgestellt (Abb. k). Das Spezialglas mit variabler Lichtdurchlässigkeit hinter den Leuchtdioden kann abends völlig undurchsichtig erscheinen und so einen dunklen Hintergrund für die Lichtspiele auf der Fassade bieten. Ein Kurator kümmert sich um die Motive der Bespielung.[31] Für den Architekturkritiker der *New York Times,* Herbert Muschamp, ist der geplante Neubau einer Kunst- und Theater-Bibliothek in Brooklyn, New York, das »erste voll entwickelte Meisterwerk für das Informationszeitalter«[32]. Während die dynamischen Formen des Baus von Enrique Norten (geb. 1954) den Kritiker an Erich Mendelsohns Frühwerk erinnern, war es vor allem die Außenhülle aus einer neuen Art von Glas, mit Hilfe derer hier die vollständige Symbiose von Architektur und Bildschirm gelang. Die Glashülle kann einerseits völlig durchsichtig sein und sich andrerseits in eine oder mehrere Videoprojektionsflächen verwandeln (Abb. g).

Unter den Arbeiten der Künstler und Medientheoretiker, die sich mit der Frage auseinander setzen, was man der neuen kommerziellen Bilderflut in der Stadt entgegensetzen kann, sind jene der Brüder Jan und Tim Edler von realities:united besonders aufschlussreich: Am Potsdamer Platz in Berlin installierten sie im Dezember 2005 eine elfgeschossige durchscheinende Medienfassade, die 18 Monate Bestand hatte. Eine Matrix aus ca. 1800 handelsüblichen Leuchtstofflampen war in die Glasfassade des Baus integriert; die Leuchten konnten über ein Computerprogramm einzeln geschaltet und kontrolliert werden. Verschiedene Kuratoren beauftragten Künstler mit Werken für die Lichtfassade. Andreas Broeckmann (geb. 1964), Direktor der transmediale Berlin, gab als erster Kurator bei den Künstlern John DeKron, Rafael Lozano-Hemmer, Jim Campbell und Carsten Nicolai Installationen unter dem Oberbegriff »Die Stadt hat Augen« in Auftrag (Abb. m). Die Oberfläche eines Gebäudes, generell als Projektionsfläche nutzbar, sollte nun umgekehrt als schauendes Objekt begriffen werden. Die Designer der Lichtfassade, Jan und Tim Edler, waren zusammen mit John DeKron die Ersten, die die Medienfassade bespielten. Sie ließen dort »Bilder einer privaten Wirklichkeit« projizieren, Porträtfotos beispielsweise, um zu untersu-

chen, wie »mediale Gebäudeoberflächen beziehungsweise deren Bilder die Wirklichkeit des öffentlichen Raums verändern können und ob in ihnen perspektivisch eine Methode auszumachen ist, die architektonischen Gestaltungsmöglichkeiten zu erweitern.«[33]

2003 hatten die Gebrüder Edler zum ersten Mal ein vergleichbares Konzept eingesetzt: bei dem von den britischen Architekten Peter Cook und Colin Fournier erbauten Kunsthaus Graz. In die gewölbte Glasoberfläche des Baus sind 1000 einzeln steuerbare Leuchtstofflampen eingelassen, die nun bewegliche Schriftzeichen, Symbole und einfache Filme auf der Fassade zeigen können (Abb. l). Ganz bewusst setzen sich die Edlers von den neuesten technischen Möglichkeiten der Lichtreklame und ihrer farbigen Großmonitore ab. In Graz wie auch am Potsdamer Platz demonstrierten sie durch eine Rückkehr zu einfacheren Mitteln, zu körnigen Schwarz-Weiß-Bildern, wie sehr wir uns schon an die betäubende Bilderflut der haushohen Reklame gewöhnt haben.

Das mag das Bewusstsein für die Unterschiede von Kunst und Werbung schärfen und für den ungeheuren Einfluss, den die neuesten technischen Entwicklungen auf den Stadtraum ausüben. Der Kritiker Adolf Behne hatte schon in den 1920er Jahren die Suggestivkraft der übergroßen Werbung erkannt: »Die Front des Geschäftshauses ist keine Architektur mehr, sondern eine Schreibtafel. Die Straße schafft – ein gewaltiges Kollektiv – den neuen Typ Mensch [...] Hier wird den Menschen ihr geistig seelisches Gewand von einem Riesenkonfektionstrust zugeschnitten und verpasst, in rasender Eile.«[34]

Das elektrische Licht im städtischen Raum hat wie kein anderes Medium im 20. Jahrhundert die Grenzen zwischen Kunst und Kommerz, Technik und Utopie, Demagogie und spielerischer Unterhaltung überschritten. Die schon früh für das elektrische Licht beanspruchte Rolle eines zentralen Formgebers der zeitgenössischen Architektur ist heute, 100 Jahre später, mehr denn je Realität geworden.

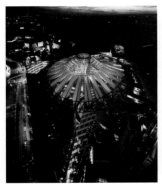

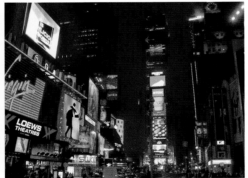

e f

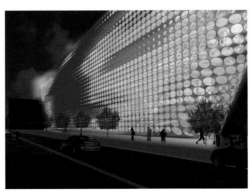

g

e   Helmut Jahn, Sony Center Berlin, 2001, Lichtgestaltung: Yann Kersalé und L'Observatoire International, New York
f   Times Square, New York, 2004
g   TEN Architectos / Enrique Norten, Visual and Performing Arts Library, Brooklyn, New York (2003 –); Computerzeichnung

1   Walter Riezler, »Umgestaltung der Fassaden«, in: *Die Form*, Nr. 2, Februar 1927, S. 33 – 40.
2   Franz Hessel, »Architekturen des Augenblicks«, in: *Das Illustrierte Blatt* (Frankfurt/M.), Beil. zur *Frankfurter Zeitung*, Jg. 15, Nr. 24, 11. Juni 1927, S. 618 – 620, zit. nach: *Franz Hessel, Sämtliche Werke in fünf Bänden*, hrsg. von Hartmut Vollmer und Bernd Witte, Bd. 3: *Städte und Porträts*, Oldenburg 1999, S. 337 – 339.
3   Max Osborn, »Berlins Aufstieg zur Weltstadt«, Berlin 1929, S. 206.
4   Siegfried Kracauer, »Erinnerung an eine Pariser Straße«, in: *Frankfurter Zeitung*, 9. November 1930, zit. nach: Siegfried Kracauer, *Straßen in Berlin und anderswo*, Berlin 1987, S. 7.
5   Ein erster Versuch eines historischen Überblicks wurde vom Autor im Jahre 2002 veröffentlicht, siehe: Dietrich Neumann, *Architektur der Nacht*, München 2002.
6   Als das erste Nachtbild gilt Taddeo Gaddis Florentiner *Verkündigung* von 1330. Siehe: Brigitte Borchhardt-Birbaumer, »Nachtdarstellung in Antike, Spätantike und Mittelalter«, in: Erika Billetter und Hubertus Gassner (Hrsg.), *Die Nacht*, Ausst.-Kat. Haus der Kunst, München, Bern 1998, S. 68.
7   Vgl. Étienne-Louis Boullée, *Architektur – Abhandlungen über die Kunst*, Zürich 1987, S. 69 f.
8   Julius Meier-Graefe, *Die Weltausstellung in Paris*, Leipzig 1900, S. 40.
9   Hanns Pfeffer, »Im Anfang war das Licht«, in: *Spannung. Die AEG Umschau*, II, Nr. 1, Oktober 1928, S. 1 – 5.
10 Martin Wagner, »Städtebauliche Probleme der Großstadt« (1929), zit. nach: *Martin Wagner 1885 – 1957*, Ausst.-Kat. Akademie der Künste, Berlin, 1985, S. 104.
11 Janos Frecot und Klaus-Jürgen Sembach, *Berlin im Licht*, Berlin 2002, S. 4 – 11; »Die Lichtparade«, in: *Licht und Lampe*, 1927, S. 840 [o. Angabe d. Verf.]. Siehe auch: »Berlin Challenges Paris as Center of Light«, in: *Electrical World*, 92, Nr. 18, 3. November 1928.
12 »Berlin im Licht«, in: *Licht und Lampe*, 1928, S. 312 [o. Angabe d. Verf.].
13 »Berlin im Licht« (Hüllentext), auf: Kurt Weill Selections, Tonaufnahme, 1990 [o. Angabe d. Verf.].
14 Hermann Kesser, »Potsdamer Platz«, in: *Die neue Rundschau*, 1929, Bd. II, S. 397 – 409; zit. nach: Christian Jäger und Erhard Schütz, *Glänzender Asphalt. Berlin im Feuilleton der Weimarer Republik*, Berlin 1994, S. 131 – 137.
15 Zit. nach: William Leach, *Land of Desire: Merchants, Power, and the Rise of a New American Culture*, New York 1993.
16 László Moholy-Nagy, »Light Architecture«, in: *Industrial Arts*, I/1, Frühling 1936, London; »Letter to Fra. Kalivoda«, in: *Telehor, International Revue*, Brno 1936. Nachdruck in: Richard Kostelanetz, *Moholy-Nagy*, New York 1970, S. 37 – 42, 155 – 159.
17 Raymond Hood, »Architecture of the Night«, in: *The Magazine of Light*, Mai 1930, S. 22 f., 39.
18 Douglas Haskell, »Architecture: the Bright Lights«, in: *The Nation*, 132, Nr. 3419, 14. Januar 1931, S. 55 f.
19 Wassili Luckhardt, »Stand der modernen Baugesinnung in Amerika«, in: *Bauwelt*, 20, Nr. 46, 1929, S. 1118 ff.
20 Christiane C. Collins und George R. Collins, »Monumentality: A Critical Matter in Modern Architecture«, in: *The Harvard Architecture Review*, Nr. 4, 1984, S. 15 – 35. Das Manifest wurde bedeutend später von Sigfried Giedion publiziert, in: *architecture, you and me: the diary of a development*, Cambridge 1958, S. 48 – 51.
21 Sigfried Giedion, »The Need for a New Monumentality«, in: *The Harvard Architecture Review*, Nr. 4, 1984, S. 52 – 61.
22 Die Delegierten schlugen vor, Lichtreklamen einzuschränken und stattdessen das Stadtzentrum durch ständig wechselnde und bewegliche Elemente (sogar öffentliches Fernsehen) zu beleben. J. Tyrwhitt, J. L. Sert und E. N. Rogers, *The Heart of the City: Towards the humanization of urban life*, London/New York 1952, S. 28, 65, 164 – 168. Siehe auch: Eric Mumford, *The CIAM discourse on urbanism, 1928 – 1960*, Cambridge 2000, S. 204 – 215.
23 Gio Ponti, *In Praise of Architecture*, New York 1960, S. 195 f. (1957 in Italienisch unter dem Titel *Amate l'Architettura* veröffentlicht).
24 Gerhard Auer, »The Aesthetics of the Kaleidoscope: Artificial Light in Japanese Cities«, in: *Daidalos*, Nr. 27, 15. März 1988, S. 42 – 47.
25 Jean Prévost, »The Feasts of Light«, ca. 1937, Manuskript. Labatut Papers, Princeton University, Special Collections, Box 35, Folder 5 (Call No. CO709).
26 Robert Venturi & Denise Scott Brown, *Architecture as Signs and Systems for a Mannerist Time*, Cambridge 2004, S. 99; Robert Venturi, *Iconography and Electronics upon a generic Architecture. A view from the Drafting Room*, Cambridge 1996, S. 5.
27 Paul Virilio, *Aesthetics of Disappearance* (New York: Semiotext[e]: 1991), S. 65.
28 Robert Campbell, »WGBH looks to wrap new headquarters in digital skin«, in: *Boston Globe*, 1. Feb. 2004.
29 William J. Mitchell, *Placing Words: Symbols, Space and the City*, Cambridge 2005, S. 90.
30 Luis M. Brill, »Urban Screens 2005«, in: *electronicdisplaycentral* am 10. Januar 2006 (online am 7. März 2006 unter: http://www.electronicdisplaycentral.com/index.php/channel/8/id/849).
31 »Bright Lights, Big City«, in: *The Architects Newspaper*, 5, 23. März 2005 [o. Angabe d. Verf.].
32 Herbert Muschamp, »A See-Through Library of Shifting Shapes and Colors«, in: *The New York Times*, 19. Januar 2003, 2, Spalte 1, S. 35.
33 »Spots/01: Die Stadt hat Augen. 24.11.2005 – 11.12.2005. realities:united/John DeKron«, hrsg. von HVB Immobilien, Ausst.-Broschüre, Berlin 2005.
34 Adolf Behne, »Kunstausstellung Berlin«, in: *Das Neue Berlin*, 8, 1929, S. 150 – 152.

erich mendelsohn, 1924

"im still contemporary astonished by the vertical urge of these people drum my arch architec- ture. from my room on the third floor. the night is the most astonishing spectacle ... the room the architect modifying the architect companion is uneven in by the vertical fantasy of critical fields ..."

Dietrich Neumann

"All in all one can say, that now light, as a living, vivacious force has become the actual reality of the nocturnal city and increasingly so each day. ... There are still unlimited possibilities left for the future: a sheer delirium of light, which is unequalled by any dreamed splendor from old fairy tales, will brighten the city of the future. A thoroughly fantastical world emerges, a realm, where the indelibility, and the unbroken potential for the development of the most spirited forces is proven once again vis-à-vis the sobriety of functional life."[1]
Walter Riezler, 1927

Quotes such as this one can be found frequently in the rich literature about the urban experience in the nineteen-twenties. Authors and feature writers enthusiastically described the "architecture of the moment"[2] (Franz Hessel) of the luminous advertisements, declared their delight over the "nocturnal fairy tales of the modern metropolis"[3] (Max Osborn), or succumbed to the "intoxication of the street"[4] (Siegfried Kracauer). Today, eighty years later, we can still relate to the impact that the abundance of light had on visitors to the hearts of the metropolises (fig. a). Images of the advertising flood of lights in today's commercial centers of New York, Tokyo, or Shanghai demonstrate how fascinating this phenomenon remains today.

From numerous essays of the time we know that many architects and critics among the nocturnal *flâneurs* had additional thoughts when viewing the luminous advertisements: What if the luminous advertisements could be tamed by the architecture, if even through their integration a better architecture could result? Would it be possible to eventually separate the light in the façades from its commercial purpose and use it as a building material in order to create a pure "light architecture" of the future?

For more than a decade now many architects have displayed a similar enthusiasm for an approach to building that uses artificial light as a central design element. Thanks to numerous new technologies and a globally connected building culture, many structures have been realized in recent years that seem like the ultimate fulfillment of the early luminous utopias. Without a doubt, light architecture is today the one area in which the most exciting, fundamental developments and paradigm shifts in architecture take place. If we look back at the last one hundred years, during which electric light was available to architects as a building material, the debates of the nineteen-twenties emerge as an important part of the now little known prehistory of this development.[5] The exhibition at the Kunstmuseum Stuttgart shows aspects of this history for the first time. Selected buildings and projects from the past one hundred years will be presented in the form of models and drawings, contemporary photographs, and popular depictions, complemented by views onto the nocturnal city by numerous painters and photographers.

The Discovery of the Night Architects have discovered the night rather late. While writers had for centuries described the secrets of darkness, composers had set music for nocturnal performances, and the depiction of the night in painting goes back at least to the fourteenth century,[6] before the end of the nineteenth century architects usually had not thought about how their buildings looked at night, and if one perhaps should plan for their appearance during the hours of darkness.

Certainly, there were occasional Baroque festival architectures which had been designed to be consumed by flames as the final climax of the event. The French visionary architect Étienne-Louis Boullée (1728 – 1799) had coined the term "architecture of shadows" for his own work in the eighteenth century.[7] But only since the end of the nineteenth century had electricity made reliable and lasting sources of light available with which one could plan and calculate. In the early twentieth century then, architects finally began to take the nocturnal appearance of their buildings into account.

At the World's Fairs in Paris (1889 and 1900) and Chicago (1893) elaborate illuminations using thousands of light bulbs were installed along the pilasters and cornices of the exhibition palaces. When they were switched on at dusk, the surprised visitors often cheered with delight. The architecture itself, however, had not been designed for its nocturnal appearance, but simply followed the usual Baroque exuberance of the *fin de siècle*. But occasionally an observant visitor noticed the nocturnal metamorphosis of the architecture. The German art critic Julius Meier-Graefe, for example at the World's Fair in Paris in 1900 happily noted that at night all the palaces were turned into "carriers of light." And, more importantly in his eyes, the nocturnal scenery offered glimpses of an architecture of the future. "Today already we can dream ourselves into the future, if we wander through the exhibition grounds by night. ... Then the little putti and cornices, all the small and small-minded embellishments, vanish, ghost-like, in the dark. What remains are the large outlines, the enormous masses of this creation. All by itself, the night presents what we expect from the new architecture, concentration and greatness."[8]

The first thoughts about a nocturnal architecture thus appeared simultaneously with the rise of modern architecture, which around 1900 slowly began to emerge from the decorative style of Art Nouveau. The First World War was followed in Germany by a short period with Expressionistic fantasies of colorful glass cathedrals (fig. b). Classic modern architecture then appeared as a fully developed architectural style in the nineteen-twenties with its own spatial concepts, and theories, as well as approaches to construction and representation. But the simultaneous thoughts about an architecturally effective application of electric light could not easily be integrated into the central theories of modern

architecture. Quite the contrary, they seemed to be diametrically opposed to the most important concerns of modern architects who wanted to emphasize construction, material, function, and space, as well as the healthy exposure to "light, air, and sun." The planning with artificial light, in contrast, aimed for ephemeral, nocturnal effects on a building's surface, independent from its structure and purpose. But one senses in many modern architects' exultation about the nocturnal, seemingly magical illumination a yearning for those aspects, for which the austerity of the Neue Sachlichkeit had left no room. Thus, design with artificial light became a virtual corrective for the severity of modern architecture.

In Germany, the debate about "light architecture" reached a first apex in the second half of the nineteen-twenties. The lighting industry was probably not entirely innocent of the fact that the role of artificial light in the urban environment, as well as in the development of modern architecture became a central theme of its time. Countless critics, architects, and lighting designers made proposals about the integration of advertising into architecture. Many agreed that horizontal ribbon windows with "cornice lighting" would allow for the clean application of advertising texts, that a careful interior lighting scheme could help to emphasize the rhythm of a façade's fenestration, and that back-lit translucent glass could create impressive architectural effects and carry advertisements as well. Contemporary commercial buildings by the Luckhardt brothers and Erich Mendelsohn in Berlin or the luminous monolith of the De Volharding Building in The Hague were often cited as successful examples (fig. h).

The Berlin civil state architect Hans Pfeffer summarized the development as follows: "At first, the luminous advertising grew together more and more with the buildings that carried it. Soon, however, one dispensed with entire architectural parts in favor of artistically designed carriers of light. Entire buildings emerged, already designed entirely with this light art in mind. ... And one notices the beginnings which point towards a great future, towards an absolute architecture of light. Such a pure light architecture would truly be the last imaginable phase of our architectural evolution."[9] Berlin's urban planner Martin Wagner applied these ideas and imagined that in the future at Berlin's Alexanderplatz "floods of light would create an entirely new appearance of this space," since "color, form, and light (advertisement) are the three main elements for new metropolitan squares."[10]

The enthusiasm for the nocturnal Berlin and its illumination came to a head with the *Berlin in the Light* event October 13 to 16, 1928.[11] "For four days," ran the announcement, "all of Berlin, this rapturous, blossoming world city, will offer its inhabitants and visitors a presentation that will surpass all other urban centers of this world in its splendor and color, beauty, and elegance."[12] Countless buildings were illuminated, firms installed special advertising, and Lufthansa airlines offered nocturnal sightseeing flights above the city. Kurt Weill composed the music and text for a song called "Berlin im Licht" (Berlin in the Light), allegedly with Bertold Brecht's help: "Sunshine may be enough when you go for a walk, but the sun isn't enough to light up the city of Berlin. It's no little hick town, it's one helluva city! If you want to see everything there, you've got to use a few watts ... ."[13] This song had its premiere at Berlin's first "light ball" on October 16, 1928. Similar events were organized in all major German cities at that time.

Of course there were also voices in Weimar Germany that were critical of this new wealth of light. The writer Hermann Kesser's very perceptive description of Berlin's Potsdamer Platz in 1929, for example, clearly reveals the author's mixed emotions when he capitulates in the face of the powerful presence of luminous advertising in the urban landscape, as well as the dominance of commercial trade over the nocturnal sky: "If someone moves his downcast eyes up from the pavement, he will find moving words out of flames, flowering light color games, and fantasies of golden rain. The façades gaze at you generously and verbosely .... The horizon is covered with advertising. The sky is commerce. The real stars are nowhere to be seen. They have fled into deep space, they do not want to compete with the artificial light."[14] The justified concern about the increasing loss of views of the nocturnal sky as a result of light pollution, to which today, among others, the International Dark Sky Association (founded in 1988) of Tucson, Arizona has devoted itself, had already been a topic in the nineteen-twenties. The British writer G. K. Chesterton declared after a visit to New York City in 1922 that, artistically, he had nothing against luminous advertising and illuminated skyscrapers. "When a child would see the colorful lights, it would dance with delight ... ." he wrote. But he objected to the "colors and the fire" on Broadway because of their "vulgarization of the symbolic." Large festivals, royal weddings, or religious holidays have a right to light and color. "But in the meantime, the significance of such colours and such lights has

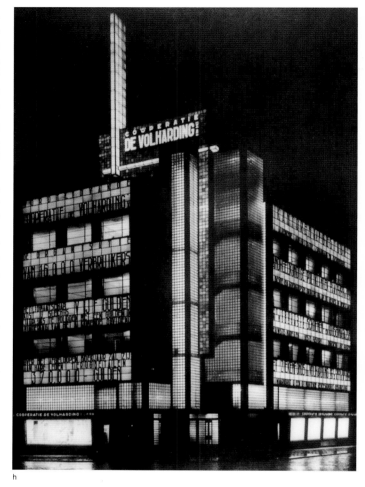

h

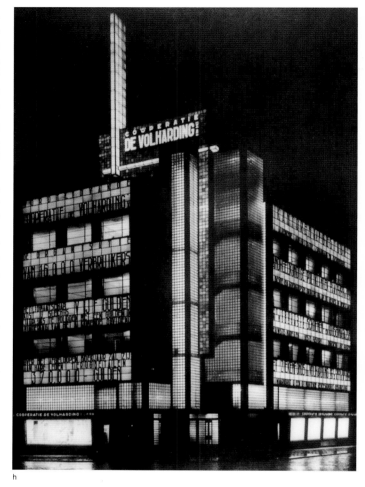
h   Jan Willem Eduard Buys, De Volharding-Bau, Den Haag, 1928, zeitgenössische Fotografie

been entirely killed. The new illumination has made people weary of proclaiming great things, by perpetually using it to proclaim small things."[15]

The National Socialists usurped the term "light architecture" immediately after ascending to power in 1933, and claimed absolute control over the appearance of the nocturnal city. Albert Speer's light cathedrals at several party rallies beginning in 1934 and at the Berlin Olympics two years later deliberately used the intoxicating psychological effects known from commercial light schemes for the demagogic mass indoctrination (see p. 110).

Undeterred, the avant-garde continued in its belief in the artistic potential of luminous displays. The former Bauhaus teacher László Moholy-Nagy (1895 – 1946), for instance, wrote, from his exile in London, in an essay about light architecture in 1936: "I designed numberless projects, but found no architect who was prepared to commission a light-fresco, a light architecture … . The time has come for someone to make use of the third dimension and, by taking advantage of both materials and reflections, to create actual structures of light in space … . As a vision of the future we can imagine the play of light in community festivals of coming generations. From airplanes and airships they will be able to enjoy the spectacle of gigantic expanses of illumination, movement, and transformation of lighted areas, which will provide new experiences and open up new joy in life."[16]

Simultaneously, in the United States alternatives to the flashy advertisements also emerged, for example as carefully orchestrated color and light plays on the crown of skyscrapers (fig. i). Critics and architects spoke about "painting with light," or "theaters in the air," of a synthesis of architecture, painting, and film, and thus the most ambitious new art form of modernity. (The architect Raymond Hood, for example, had been one of the very first in the nineteen-twenties to experiment with color floodlight illumination, which soon gained great popularity. We also owe him the beautiful term " architecture of the night." According to him, "… the possibilities of night illumination have barely been touched. There lies in the future a development even more fantastic than anything that has ever been accomplished on the stage. Eventually, the night lighting of buildings is going to be studied exactly as Gordon Craig and Norman Bel Geddes have studied stage lighting. Every possible means to obtain an effect will be tried—color, varying sources and direction of light, pattern and movement."[17]

At the same time, the prominent architecture critic Douglas Haskell claimed the night as the space for an American modernity, inspired by Hugh Ferriss's dark vision of the future *The Metropolis of Tomorrow* (see p. 144): "It is the habit to speak of a 'modern manner' as if there were just one, but already it is divided right down the middle. The Europeans get the Day; we get the Night … . Thousands of years went by with their changes of style, but not until this century was there electric light, which, far, far more than the familiar triad of steel, glass, and concrete, has changed the basis of all architecture."[18]

In reality, however, the distinctions between Europe and the U.S., which Haskell emphasized here, were different. While there were both practical and theoretical interest in the development of a luminous architecture on either side of the Atlantic, the Europeans often denounced the unbridled exuberance of luminous advertising, and the predilection for colorful floodlighting in the U.S., which the modern architects found rather tawdry. Wassili Luckhardt, for instance, wrote: "Just look at the way such a skyscraper design is presented: as a gleaming holy grail against the dark night sky. There are numerous skyscrapers, which are illuminated in red or blue and look more like the dream castle of Valhalla than a modern functional building."[19]

Immediately after the Second World War, fresh memories of blackouts and searchlights as well as more urgent other problems caused the question of luminous architecture to assume a less prominent position. But the potential role of light in the stylistic development of modern architecture, and especially its role as a corrective force against the Neue Sachlichkeit was never entirely forgotten. In 1943 already, the French painter Fernand Léger, the Spanish architect José Luis Sert, and the Swiss architectural historian Sigfried Giedion wrote, in their American exile, a manifesto demanding a contemporary monumentality which modern architecture had failed to provide:[20] "During night hours, color and forms can be projected on vast surfaces," and this "ephemeral architecture" should shape "the emotional life" of the masses, and equip future "civic centers with monumental qualities."[21] These ideas were still discussed in 1951, when the 8th CIAM congress in Hoddesdon, England, dealt with the reinvigoration of the urban centers (both Giedion and Sert attended).[22]

A few years later, in 1957, Gio Ponti, the architect of Milan's Pirelli Tower, presented his ideas about a future light architecture: "Lighting will become an essential element of spatial architecture … . By a predesigned self-illumination this architecture will present formal night

effects never yet imagined—illusions of spaces, of voids, of alternations of volumes, weights, and surfaces … ." He rejected the colorful American floodlight illumination as primitive and barbaric—it had nothing to do with architecture. Instead "… we artists will create luminously corporal entities of form. We will create a new nocturnal city."[23] Driven by similar ideas, a few years later French artist Nicolas Schöffer began work on his luminous, flashing *Tour Lumière Cybernetique,* which he presented for the first time as a model to the public in 1963 (fig. 16; p. 65).

The art of architectural illumination has suffered more than other historical phenomena from the ephemerality of its traces and a resulting, astonishingly thorough, collective amnesia. Several times throughout the twentieth century it was introduced and discussed as a new future-oriented phenomenon and was again forgotten. After the blackouts of the Second World War, hardly anybody remembered the lighting euphoria of the twenties and thirties. The new enthusiasm of the fifties and sixties seemed like an entirely new beginning, just to be similarly forgotten when the energy crisis of 1973 temporarily ended all nocturnal illuminations. Since the eighties again there has been a steady increase in projects where the nocturnal appearance was an important part of a building's design. Initially these projects (for example by Chicago architect Helmut Jahn) were probably inspired by the new interest in popular culture and twenties' and thirties' Art Deco architecture that were part of the new directions in contemporary architecture called Postmodernism. Since the nineties new lighting applications increasingly achieved a fusion of a revitalized modern architecture with a simultaneous adoption of earlier ideas.

Light Architecture Today   Today the vocabulary that had been developed in the first quarter of the previous century is still in use, albeit usually without any knowledge of its predecessors. The roof membranes above the courtyard of the Berlin Sony Center (Helmut Jahn, 2000), for example, glows each night in sequentially changing colors designed by light artist Yann Kersalé (born 1955) (fig. e). Kersalé is one of the most important internationally successful lighting designers who helped to rekindle an interest in this art form in the eighties and nineties. His concept at Berlin's Potsdamer Platz is certainly comparable to the abstract color changes at the crown of American skyscrapers in the twenties and thirties. Kersalé is also responsible for the illumination of Jean Nouvel's (born 1945) Torre Agbar in Barcelona of 2005 (fig. c). This round, tapered glass office tower glows at night as a colorful monolith and seems to visually be close to the Expressionistic fantasies of the early twenties in Germany. However, it is likely that Bruno Taut, the leading designer of such translucent visions after the First World War, would hardly have approved of an application of such magically luminous forms to a profane office building. Recent projects by Casanova + Hernandez, who designed luminous colored cubes for the museum of glass in Taipei (2004) (fig. 8; p. 55) or a project for an opera house in Gent (2004) by Claus & Kaan are closer to the original ideals of those years (fig. 34; p. 127).

For some years now, there have been attempts at using computer programs in order to enhance variety and relevance in the urban realm of certain architectural illuminations. Toyo Ito's famous Tower of Winds in Yokohama of 1986 is considered one of the first such attempts. A watertower and air outlet for the subway was surrounded by a metal scaffolding to which thirty floodlights as

well as 12,000 light bulbs and neon lights were attached (fig. j). A sensor would then pick up external forces, such as wind and traffic noises, and a computer program turned them into light patterns. Critics wrote enthusiastically about an "audio-visual seismograph."[24]

The small Dutch town of Doetinchem recently (2004) saw the realization of a project by Lars Spuybroek with his architectural firm NOX. This installation incorporated luminous architecture as part of an interactive informational network. The twelve-meter-tall tower out of translucent epoxy resin (perhaps somewhat reminiscent of a giant nerve cell) was connected with a computer program that controlled the colored lights inside the sculpture. The data it was fed resulted from the answers that inhabitants of the city would give to a new set of questions every day on the Internet. The sculpture's nocturnal color then represented the mood of the majority of inhabitants. If there were predominantly loving feelings in the city, the sculpture turned red, if there was anger, green. Happiness was indicated by a blue color and fear by yellow. The tower was the mood barometer of the city (fig. d).

The new façade of the Galleria Department Store (2005) in Seoul, South Korea designed by the Dutch office UN Studio, can, thanks to the LED lights behind the translucent scales of its skin, play a colorful summary of the day's weather, or let giant letters move across the façade (fig. 24; p. 95).

Probably the most profound change in the nocturnal urban landscape comes from the rapid proliferation of giant media screens usually showing advertising video clips or news programs. They come with an important paradigm shift: the new technology of very bright LED lights allows the effective screening of these moving images during daytime.

Even for the appearance of moving pictures in the urban realm, there are predecessors in the prewar era: for example in Oscar Nitzchke's project of the Maison de la Publicité in Paris of 1934–36 (fig. 35; p. 130) featuring a film projection screen in its communication façade, or in the Palace of Electricity at the 1937 World's Fair whose curved exterior wall served as surface for the world's first widescreen projection. Robert Mallet-Stevens (1886–1945) was the architect. Every night abstract color could be seen followed by Jean Epstein's especially composed film meditation *Panorama au fil de l'eau*. The French writer Jean Prévost suggested afterwards that the great illuminations and spectacular projections of the world's fair should be shown on movie screens in front of one hundred French town halls in order for the new synthesis to have an impact.[25]

Even if the knowledge of these remote predecessors hardly helps one to understand the effect of these brilliant giant screens, the discussions about their impact that have emerged recently are reminiscent in their intensity of those of the twenties. For the American architect and theoretician Robert Venturi for example, the dream of an architecture as sign seems to finally have come close to fulfillment. Since the late sixties he had postulated that architects should liberate themselves from the narrow, elitist concept of modernity and its lack of ornament, and instead learn from the commercial architecture of billboards and luminous advertisements, especially in Las Vegas: "Viva the façade as computer screen! Viva façades not reflecting light but emanating light—the building as a digital sparkling source of information, not as an abstract glowing source of light! ... Viva iconography—not carved in stone for eternity but digitally changing for now ... ."[26] Robert Venturi's unbridled optimism, however, is rather an exception in the recent debate, particularly since his hope for a new iconography seems, in the light of the generally unchecked flood of images on these screens, rather unlikely to be fulfilled. In 1999 already the French cultural critic, philosopher, and architect Paul Virilio had summarized the new influence of moving pictures on the urban environment: "After the age of architecture-sculpture we are now in the time of cinematographic factitiousness; literally as well as figuratively, from now on architecture is only a movie; ... the city is no longer a theater (agora, forum) but the cinema of city lights ... ."[27]

In the light of the new media façades, the old question of an integration of advertising and architecture poses itself with particular urgency: "Buildings used to be visibly made of something... . Now, though, the entire façade of a building, from sidewalk to roof, may be a digital screen that flashes ever-changing images. Is it a billboard? Is it architecture? Is it art? Who can say? Is this the world we're headed for? Will we even know anymore when we're in the real world and when we're in a media simulation? Will that cease to be a meaningful distinction?"[28] Boston architecture critic Robert Campbell asked recently and mentioned the dangers of such a digital architecture, which could not easily be regulated as either a building or a billboard. The media theorist William Mitchell posed similar questions regarding the integration of the giant screens. "The cinematic moves of horizontally and vertically

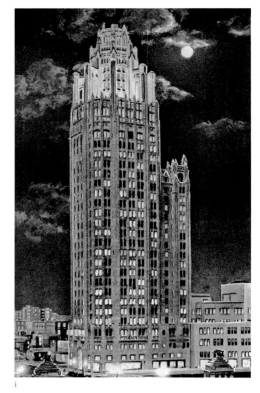

i

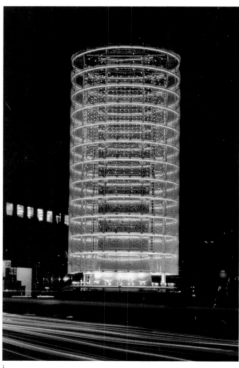

j

i   John Meade Howells und Raymond Hood, Chicago Tribune Tower, Chicago, 1929, zeitgenössische Postkarte
j   Toyo Ito, Tower of Winds, Yokohama, 1986

panning or scrolling reinforce the continuity of the architectural surfaces but zooming and high-speed motion shatter them. … does the image [a building] is broadcasting simply swallow it whole? Do we judge the building by the content of its display or the mechanism that houses it? The medium or the message?"[29] (fig. f).

A conference in September 2005 at Amsterdam's Stedelijk Museum, which had been organized by the Institute of Network Cultures Amsterdam and Urban Research Berlin, for the first time dealt with "urban screens." Participants for instance discussed the question if giant screens would be able to generate new urban centers, how one could secure the coexistence of art and advertising on these screens, and how the new media could be incorporated into the architecture in such a way that they would become an "intelligent skin—the fourth dimension in architecture."[30]

There seem to be no limits regarding the size and application of LED screens. In December 2004, the Chanel Ginza building by the American architect Peter Marino was presented as having the largest, fifty-seven-meters tall LED façade in the world (fig. k). The special glass behind the LED lights has variable degrees of translucency and can appear entirely obscure at night, in order to provide a dark background for the lighting display in front. A curator is in charge of the imagery on the screen.[31] For Herbert Muschamp, architecture critic of the *New York Times,* the planned new building of an arts and theater library in Brooklyn, New York, is "the first fully-fledged masterpiece of the information age."[32] While the dynamic forms of the building by Enrique Norten (born 1954) reminded the critic of the early works of Erich Mendelsohn, it was particularly the outer skin of a new, special glass with whose help a complete symbiosis of architecture and screen would be accomplished. The glass skin can either be entirely transparent or turn itself into one or several video screens (fig. g).

Among the artists and media theoreticians, who deal with the question of how to respond to the new commercial flood of images in the urban environment, the work by Jan and Tim Edler:realities:united is particularly insightful. In December 2005 they installed an eleven-story media façade for eighteen months in front of an office building that stood empty at the time on Berlin's Potsdamer Platz. A matrix of 1,800 run-of-the-mill fluorescent lamps were integrated into the building's glass façade. The lamps could be controlled individually via a computer program. A number of curators would commission artists to create works for the luminous façade. Andreas Broeckmann (born 1964), director of the transmediale Berlin, as the first curator commissioned the artists John DeKron, Rafael Lozano-Hemmer, Jim Campbell, and Carsten Nicolai to design installations in response to the title *The City Has Eyes* (fig. m). The surface of a building which might normally be used for projection should now be understood as an object with a gaze of its own. The designers of the façade, Jan and Tim Edler, together with John DeKron were the first ones to develop a concept for the media façade. They had images projected which were "images of a private reality," such as portrait photographs, in order to examine how "medial building surfaces can change the reality of the public sphere, and if a perspective can be discovered there, towards a method to broaden the range of architectural design."[33]

In Graz in 2003, the Edler brothers had for the first time applied a similar concept to the building of the Kunsthaus (Peter Cook and Colin Fournier). One thousand individually controllable fluorescent lights are integrated into the façade and can now produce moving signs, symbols, and simple movies in the façade (fig. l). Very consciously, the Edlers distance themselves from the newest technological achievements of the luminous advertising and its large, colorful monitors. In Graz as at Potsdamer Platz, they demonstrated through their return to simpler means, to grainy black-and-white images, how much we have become used to the stupefying flood of images from advertisements as tall as buildings. These installations might sharpen the difference between art and advertising and increase the awareness of the enormous influence that the newest technological advances have on the urban sphere. Already in the twenties the critic Adolf Behne had recognized the suggestive power of large-scale advertising: "The façade of the commercial building is not architecture anymore, but a drawing board. The street creates—an enormous collective—the new type of man… . Here, people are given their spiritual and personal outfit by some gigantic industrial trust, at lightning speed."[34] No other artistic medium of the twentieth century has crossed the boundaries between art and commerce, technological display and utopian vision, easy entertainment and demagogic politics as effortlessly as the architectural application of electric light in the urban environment. The role as a central form giver in contemporary architecture, which had been claimed early on for electric light, is now, more than one hundred years later, closer to reality than ever.

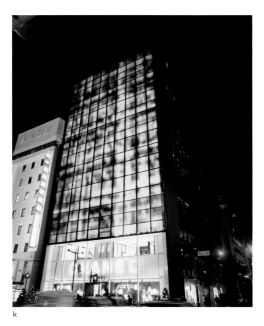

k

k   Peter Marino, Chanel Ginza, Tokio, 2004
l   Peter Cook und Colin Fournier, Kunsthaus Graz, 2003; Medienfassade: realities:united
m   realities:united, Medienfassade, 2005 / 06, Potsdamer Platz, Berlin

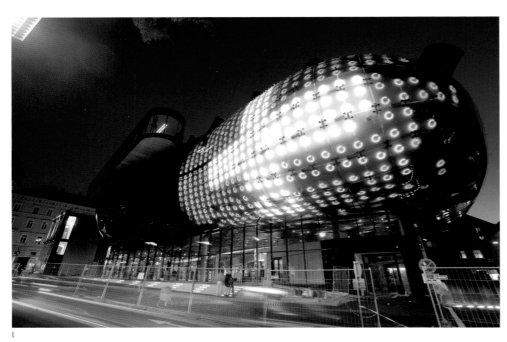

l

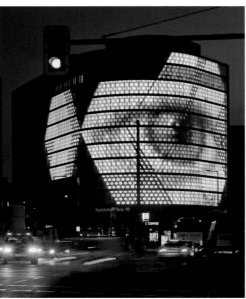

m

1   Walter Riezler, "Umgestaltung der Fassaden," *Die Form*, no. 2 (February 1927), pp. 33 – 40.
2   Franz Hessel, "Architekturen des Augenblicks," *Das Illustrierte Blatt*, supplement of *Frankfurter Zeitung*, year 15, no. 24 (June 11, 1927), pp. 618 – 620, quoted from *Franz Hessel, Sämtliche Werke in fünf Bänden*, ed. Hartmut Vollmer and Bernd Witte, vol. 3: *Städte und Porträts* (Oldenburg, 1999), pp. 337 – 339.
3   Max Osborn, *Berlins Aufstieg zur Weltstadt* (Berlin, 1929), p. 206.
4   Siegfried Kracauer, "Erinnerung an eine Pariser Strasse," *Frankfurter Zeitung* (November 9, 1930), quoted in Siegfried Kracauer, *Strassen in Berlin und anderswo* (Berlin, 1987), p. 7.
5   A first attempt at a historical survey was published by the author in 2002, see Dietrich Neumann, *Architektur der Nacht* (Munich, 2002).
6   The first nocturnal image is thought to be Taddeo Gaddi's Florentine *Annunciazione* of 1330. See Brigitte Borchhardt-Birbaumer, "Nachtdarstellung in Antike, Spätantike und Mittelalter," in Erika Billetter and Hubertus Gassner (eds.), *Die Nacht*, exh. cat. Haus der Kunst, Munich (Bern, 1998), p. 68.
7   See Étienne-Louis Boullée, *Architektur—Abhandlungen über die Kunst* (Zurich, 1987), pp. 69 f.
8   Julius Meier-Graefe, *Die Weltausstellung in Paris* (Leipzig, 1900), p. 40.
9   Hanns Pfeffer, "Im Anfang war das Licht," *Spannung. Die AEG Umschau*, II, no. 1 (October 1928), pp. 1 – 5.
10   Martin Wagner, "Städtebauliche Probleme der Grossstadt," (1929), quoted in *Martin Wagner 1885 – 1957*, exh. cat. Akademie der Künste, Berlin (Berlin, 1985), p. 104.
11   Janos Frecot and Klaus-Jürgen Sembach, *Berlin im Licht* (Berlin, 2002), pp. 4 – 11; "Die Lichtparade," *Licht und Lampe* (1927), p. 840 [no author mentioned]. See also "Berlin Challenges Paris as Center of Light," *Electrical World*, 92, no. 18 (November 3, 1928).
12   "Berlin im Licht," *Licht und Lampe* (1928), p. 312 [no author mentioned].
13   "Berlin im Licht" (cover text), *Kurt Weill Selections*, sound recording, 1990 [no author mentioned].
14   Hermann Kesser, "Potsdamer Platz," *Die neue Rundschau* (1929), vol. II, pp. 397 – 409, quoted in Christian Jäger and Erhard Schütz, *Glänzender Asphalt. Berlin im Feuilleton der Weimarer Repulik* (Berlin, 1994), pp. 131 – 137.
15   Quoted in William Leach, *Land of Desire: Merchants, Power, and the Rise of a New American Culture* (New York, 1993).
16   László Moholy-Nagy, "Light Architecture," *Industrial Arts*, I/1 (Spring 1936); "Letter to Fra. Kalivoda," *Telehor, International Revue* (1936), reprint in Richard Kostelanetz, *Moholy-Nagy* (New York, 1970), pp. 37 – 42, 155 – 159.
17   Raymond Hood, "Architecture of the Night," *The Magazine of Light* (May 1930), pp. 22 f., 39.
18   Douglas Haskell, "Architecture: the Bright Lights," *The Nation*, 132, no. 3419 (January 14, 1931) pp. 55 f.
19   Wassili Luckhardt, "Stand der modernen Baugesinnung in Amerika," *Bauwelt*, 20, no. 46 (1929), pp. 1118 ff.
20   Christiane C. Collins and George R. Collins, "Monumentality: A Critical Matter in Modern Architecture," *The Harvard Architecture Review*, no. 4 (1984), pp. 15 – 35. The manifesto was published much later by Sigfried Giedion in *architecture, you and me: the diary of a development* (Cambridge, 1958), pp. 48 – 51.
21   Sigfried Giedion, "The Need for a New Monumentality," *The Harvard Architecture Review*, no. 4 (1984), pp. 52 – 61.
22   The delegates proposed to limit luminous advertisement and to instead enliven the city center with constantly changing and movable elements (even public television). J. Tyrwhitt, J. L. Sert, and E. N. Rogers, *The Heart of the City: Towards the humanization of urban life* (London and New York, 1952), pp. 28, 65, 164 – 168. See also Eric Mumford, *The CIAM discourse on urbanism, 1928 – 1960* (Cambridge, 2000), pp. 204 – 215.
23   Gio Ponti, *In Praise of Architecture* (New York, 1960), pp. 195 f. (Published in Italian in 1957 under the title *Amate l'Architettura*).
24   Gerhard Auer, "The Aesthetics of the Kaleidoscope: Artificial Light in Japanese Cities," *Daidalos*, no. 27 (March 15, 1988), pp. 42 – 47.
25   Jean Prévost, "The Feasts of Light" (ca. 1937), manuscript, Labatut Papers, Princeton University, Special Collections, Box 35, Folder 5 (Call No. CO709).
26   Robert Venturi and Denise Scott Brown, *Architecture as Signs and Systems for a Mannerist Time* (Cambridge, 2004), p. 99; Robert Venturi, *Iconography and Electronics upon a generic Architecture. A view from the Drafting Room* (Cambridge, 1996), p. 5.
27   Paul Virilio, *Aesthetics of Disappearance* (New York: Semiotext(s), 1991), p. 65.
28   Robert Campbell, "WGBH looks to wrap new headquarters in digital skin," *Boston Globe* (February 1, 2004).
29   William J. Mitchell, *Placing Words: Symbols, Space and the City* (Cambridge, 2005), p. 90.
30   Luis M. Brill, "Urban Screens 2005," in *electronicdisplaycentral* January 10, 2006 (online March 7, 2006 under: http://www.electronicdisplaycentral.com/index.php/channel/8/id/849).
31   "Bright Lights, Big City," *The Architects Newspaper*, 5, (March 23, 2005) [no author mentioned].
32   Herbert Muschamp, "A See-Through Library of Shifting Shapes and Colors," *The New York Times* (January 19, 2003), 2, p. 35.
33   *Spots / 01: Die Stadt hat Augen. 24.11.2005 – 11.12.2005 Realities:United/John DeKron*, ed. HVB Immobilien, exhibition brochure (Berlin, 2005).
34   Adolf Behne, "Kunstausstellung Berlin," *Das Neue Berlin*, 8 (1929), pp. 150 – 152.

Simone Schimpf

»Ich liebte die Wunder der Nacht, die das Licht zur Erscheinung zwingt; eine absolute Nacht gibt es nicht.«[1] (Brassaï)

Nachtfassaden wirken oft wie ein Negativabzug von Gebäuden. Tagsüber präsentiert sich der Baukörper in Licht und Schatten, in den Abend- und Nachtstunden kehrt sich das Verhältnis von Hell und Dunkel um. Die Fensterflächen werden zu Lichtfeldern, während die Mauern als dunkle Bänder erscheinen. Gerade dadurch regt die Nachtfassade zur Übertragung in ein anderes Medium an. Denn in der Nacht kommt die grafische Qualität eines architektonischen Entwurfs zur vollen Entfaltung. Durch die Betonung der Fassade wird die Architektur zur flächigen Kulisse. In der Dunkelheit gelingt die Überführung des dreidimensionalen Baukörpers in die Zweidimensionalität beziehungsweise die scheinbare Auflösung seiner materiellen Beschaffenheit. Maler und Fotografen versuchen, diesen Eindruck festzuhalten und ihn auf der Leinwand oder dem Fotopapier zu materialisieren. In der analogen Fotografie wird das Licht selbst zum »Zeichenstift« und hinterlässt seine Spuren auf dem Bildträger. Doch bestimmen Belichtungszeit, Ausschnitt und Blickwinkel maßgeblich die Aufnahme: Das fotografische Abbild und der optische Eindruck beim nächtlichen Betrachter sind nicht identisch.

Eigenwillige Eingriffe des Künstlers sind bei gemalten und gezeichneten Ansichten von leuchtenden Bauten offensichtlicher als bei Fotografien. Und doch verbindet alle Darstellungen der künstlerische Blick, der individuelle Setzungen hervorbringt. Das Bild der Nachtarchitektur ist immer inszeniert – absichtlich wie unabsichtlich, wenn etwa bei der Fotografie die technischen Möglichkeiten das Resultat mitbestimmen. Dramatisierung, Spiritualisierung und Fortschrittsglaube auf der einen, Entmythifizierung und Banalisierung auf der anderen Seite charakterisieren die im Folgenden vorgestellten Fotografien, Zeichnungen und Gemälde. Jede Darstellung für sich betont bestimmte Aspekte und lässt andere »unterbelichtet«.

Auslotung des technisch Machbaren   Illuminierte Fassaden sind wie kaum eine andere architektonische Aufgabe mit dem technischen Fortschritt des späten 19. Jahrhunderts verbunden. Abgesehen von frühen, sporadischen Versuchen mit Gasflämmchen wurde die konsequente Illumination von Gebäudefassaden erst mit der Einführung der Elektrizität möglich. Die fotografische Dokumentation der illuminierten Fassaden setzte ebenfalls gegen Ende des 19. Jahrhunderts ein, als die Erfindung eines besonders lichtempfindlichen Trägermaterials die vormals langen Belichtungszeiten reduzierte.

Am Beispiel des Pariser Eiffelturms (1889) lässt sich gut aufzeigen (siehe S. 104), wie Künstler erstmals versuchten, sowohl mit grafischen Techniken als auch mit fotografischen Mitteln ein adäquates Bild der illuminierten Architektur wiederzugeben. Der Eiffelturm war das umstrittenste, aber auch das prominenteste Bauwerk auf der Weltausstellung von 1889. In Zeiten des Historismus erschuf Gustave Eiffel einen Eisenturm, dessen nüchterne, ornamentfreie Tektonik radikaler nicht hätte sein können. Das Organisationskomitee hatte in der Wettbewerbsausschreibung festgelegt, dass das zentrale Monument der Weltausstellung ein Denkmal für den ewigen Frieden werden sollte. Eiffel löste sich von dieser Vorgabe und stilisierte seinen Turm zu einem Leuchtturm. Die meisten Pariser reagierten zunächst empört auf diese schmucklose Ingenieurleistung und erklärten dann den »Leuchtturm« zum Symbol eines modernen Zeitalters. Auf der Spitze rotierte von Anfang an ein mächtiger Flutlichtstrahler und brachte dadurch die Idee des Leuchtturms besonders deutlich zur Geltung. Mit einzelnen Scheinwerfern konnten Gebäude auf dem Gelände der Weltausstellung vom Turm aus angestrahlt werden, wie es auf dem farbigen Stich *Embrasement de la Tour Eiffel pendant l'Exposition universelle de 1889 (Festbeleuchtung des Eiffelturms während der Weltausstellung 1889;* Abb. 17; S. 88) von Georges Garen (1854 – ?)[2] deutlich wird. Außerdem setzte Eiffel sämtliche Beleuchtungsmethoden ein: Auf mehreren Stockwerken brannten Magnesiumfeuer, die Treppen waren durch Gaslampen erhellt, und die mächtigen Rundbögen der Pfeiler betonte er durch eine Konturbeleuchtung. Das alles ist auf Garens Stich natürlich stark stilisiert, wie der Vergleich mit Albert Londes (1858 – 1917) Fotografie zeigt.

Letzterer sollte gleichfalls von diesem nächtlichen Spektakel fasziniert sein. Londe hielt seinen Eindruck mit einer damals noch außergewöhnlichen Handkamera fest (Abb. a). Bereits 1887 hatte er das nächtliche Feuerwerk vom 14. Juli, dem Nationalfeiertag, auf Fotopapier gebannt – auch das eine damals sensationelle Aufnahme, welche die Grenzen des jungen Mediums auslotete. Der gelernte Chemiker leitete die fotografische Abteilung der Pariser Salpêtrière unter dem Nervenarzt Jean-Martin Charcot, wo er eines der besten fototechnischen Labore seiner Zeit vorfand.[3] Im Jahre 1887 gründete er zusammen mit Gleichgesinnten den Amateurfotoclub SEAP (Société d'excursions des amateurs de photographie), der sich ganz der Experimentalfotografie verschrieb. Am Wochenende traf er sich mit begeisterten Fotoamateuren, um Erfahrungen mit der Momentfotografie zu sammeln. Die Mitglieder der Société fuhren beispielsweise in einen nahe gelegenen Steinbruch und fotografierten schnell hintereinander ausgeführte Explosionen, die mit dem bloßen Auge nicht mehr zu unterscheiden waren.[4]

An den nächtlichen Aufnahmen des Eiffelturms reizte Londe das Experimentieren mit der Belichtungszeit. Zuvor wäre es nicht möglich gewesen, ohne zusätzliche künstliche Lichtquellen wie Magnesiumblitze nachts zu fotografieren. Die hell erleuchtete Architektur der Weltausstellung konnte mit relativ kurzen Belichtungszeiten aufgenommen werden. Im direkten Vergleich mit dem Stich von Garen wird deutlich, wie beide Künstler die nächtliche

Ansicht inszenieren. Garen hebt die Farbigkeit der einzelnen Pavillons und des Eiffelturms hervor. Letzterer erscheint in kräftigem Rot, während am Nachthimmel zartrosa Wolkenbänder zu sehen sind, die das farbige Licht reflektieren. Bei Londes Fotografie tritt hingegen die grafische Struktur hervor. Der gesättigte schwarze Nachthimmel erscheint auf der Fotografie vermutlich viel dunkler, als er tatsächlich war. Der Eiffelturm ist vom gegenüberliegenden Seine-Ufer so aufgenommen, dass er genau die Bildachse einnimmt. Der Fotograf hat sein Bild strengen kompositorischen Regeln unterworfen und den zufälligen Aspekt einer Moment-fotografie hier weitgehend ausgeschaltet.

Beide Künstler versuchten, die leuchtende Architektur der Weltausstellung ins Bild zu set-zen. Sich nicht mehr an der Wirklichkeit der leuchtenden Bauten messen zu wollen, sondern eine fantastische Lichtarchitektur zu ersinnen, wurde zu Beginn des 20. Jahrhunderts in Deutschland ein bestimmendes künstlerisches Thema.

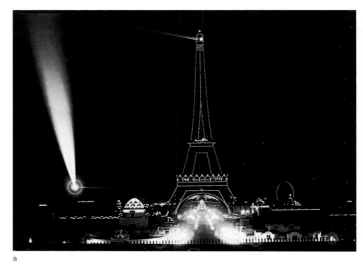
a

Spiritualisierung des Lichts   Nach dem Ersten Weltkrieg entstand in Deutschland mit der Gläsernen Kette ein ungewöhnliches Bündnis junger Architekten und Künstler; durch die unmittelbare gesellschaftliche Krise der Nachkriegszeit war für sie alle die Auftragslage negativ. Stark geprägt vom expressionistischen und futuristischen Gedankengut, beflügelt von sozialreformatorischen Plänen entwarfen sie utopische Bauten, die keinen technischen Vorgaben oder materialspezifischen Eigenschaften gehorchten. Der führende Kopf der Grup-pe war Bruno Taut (1880 – 1938), der bereits vor dem Krieg neue Gestaltungsprinzipien ent-wickelt und mit dem Kölner Glasbau von 1914 (siehe S. 108) auch realisiert hatte. Die Gläserne Kette glich einem Geheimbund, bei dem die einzelnen Teilnehmer Pseudonyme trugen und über Kettenbriefe miteinander kommunizierten. Einige der Mitglieder, wie Walter Gropius, Hans Scharoun oder die Gebrüder Hans und Wassili Luckhardt, sollten später namhafte Architekten werden, die das Neue Bauen in der Weimarer Republik etablierten. Ihr offizielles Sprachrohr wurde die von Taut herausgegebene Zeitschrift *Frühlicht*.

Die Mitglieder der Gläsernen Kette betrieben zwar keine exzessive Korrespondenz, dennoch kursierten in den Briefen, die zwischen Dezember 1919 und Dezember 1920 verfasst wurden, zahlreiche programmatische Visionen einer neuen, gesellschaftsformenden Architektur (siehe S. 138).[5] Zeichnungen ergänzten die Beschreibungen; jeder Brief war ein künstleri-sches Werk. Anregend wirkten Tauts Schriften, die er noch während des Ersten Weltkrieges verfasst hatte und nun publizierte: *Alpine Architektur* (1919), *Stadtkrone* (1919) und *Auflösung der Städte* (1920). Darin beschrieb Taut gläserne Bauten, in denen sich tagsüber das Sonnen-licht brach, während sie nachts ihr Umfeld erhellten. Transparenz blieb somit nicht nur ein gesellschaftliches Ideal, sie fand auch Eingang in die Architekturutopien. Der Mittelpunkt der Idealstadt sollte ein Kristallhaus sein, über das Taut schrieb: »Vom Licht der Sonne durchströmt, thront das Kristallhaus wie ein glitzernder Diamant über allem, der als Zeichen der höchsten Heiterkeit, des reinsten Seelenfriedens in der Sonne funkelt.«[6]

Der Kristall verkörpert am eindrücklichsten die Ideen der Gläsernen Kette.[7] Seine prismati-schen Eigenschaften lassen ihn zum Sinnbild der Verknüpfung von Kosmos und Erde werden: Er steht als Element der Erde und des Lichts für die mystische Verbindung von Irdischem und Transzendentem, nach der Taut und seine Weggefährten strebten. Der Architekt wird in die-ser Vorstellung zum »Weltbaumeister« (so der Titel von Bruno Tauts 1920 erschienenem Buch, einem Architektur-Schauspiel für symphonische Musik), der Körper vergeistigen und Geistiges materialisieren kann. Hinter dieser Idee verbirgt sich keine megalomane Selbst-überschätzung, sondern ein mystisch aufgeladenes Weltbild. Erlösungs- und Heilserwar-tungen, wie sie typisch für die erschütterte deutsche Nachkriegsgesellschaft in den frühen 1920er Jahren waren, sind der Nährboden für die Spiritualisierung des Bauens.

Die propagierten kristallinen Utopien der Gläsernen Kette stehen am Anfang einer farbigen und zugleich leuchtenden Architektur des 20. Jahrhunderts. Die ästhetischen und architek-tonischen Reformgedanken, auf die sich Taut in seinem umfangreichen theoretischen Werk zwischen 1917 und 1938 regelmäßig bezog,[8] entstammten dem 1914 erschienenen Buch *Glasarchitektur* von Paul Scheerbart. Für Taut war Scheerbarts *Glasarchitektur* eine Erwe-ckungsliteratur, die ihn für den Baustoff Glas sensibilisierte. Doch auch schon vor 1914 hatte Taut eine starke Affinität zur sakralen Glasarchitektur entwickelt. Zwischen 1904 und 1906 – Taut war zu dieser Zeit Mitarbeiter im Architekturbüro von Theodor Fischer in Stuttgart – entstand eine Pastellkreidezeichnung der Stuttgarter Stiftskirche (Abb. j). Die farbigen Glasfenster, die den ganzen Innenraum erhellen, sorgen für eine sakrale Raumstimmung. Der gotische Kirchenbau mit den von Glas aufgelösten Mauern und der nächtlichen Leucht-kraft war für die Architekten in der ersten Hälfte des 20. Jahrhunderts das Vorbild für eine

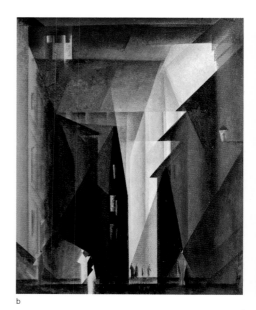
b

wieder zu belebende Architekturtradition. Der Maler Hermann Finsterlin (1887 – 1973), eben-falls ein Mitglied der Gläsernen Kette, malte eine *Kathedrale des Lichts* (Abb. k), die goti-sches Aufwärtsstreben und kristalline Struktur in einer utopischen Architekturschöpfung vereint.

Von den realen Bauwerken ließ sich hingegen Lyonel Feininger (1871 – 1956) inspirieren, der in vielen Gemälden, Zeichnungen und Holzschnitten die thüringischen Dorfkirchen und spe-ziell die Kirche von Gelmeroda bei Nacht festhielt.[9] Doch interessierte er sich nicht etwa für die existierende Außenbeleuchtung der Gebäude, er malte vielmehr das spirituelle Licht, das die Kirche in einen leuchtenden Kristallbau verwandelte (Abb. b).

Feininger war einer der ersten deutschen Maler, der von Robert Delaunays (1885 – 1941) Malerei stark beeinflusst wurde. Vermutlich lernte er ihn bereits 1906 oder kurz danach bei einem seiner zahlreichen Parisaufenthalte kennen. Im Jahre 1913 stellten sie gemeinsam in dem von Herwarth Walden organisierten Ersten Deutschen Herbstsalon in Berlin aus. Delau-nays serielle, farbluzide Eiffelturm-Gemälde beeindruckten Feininger sehr. Doch kritisierte er zugleich, dass es Delaunay nur um die physikalischen Lichtphänomene ginge und nicht um die metaphysische Dimension des Lichts.[10] Der französische Künstler entwarf beispielsweise ein Bühnenbild für das Stück *Triomphe de Paris* (1928 – 29), in dem er eine mögliche Kontur-beleuchtung in den Farben der Trikolore für die bekannten Pariser Monumente, wie den Arc de Triomphe und den Eiffelturm (Abb. c), durchspielte. Solche konkreten Anwendungsbei-spiele interessierten hingegen Feininger nicht. Von Delaunays Stilbegriff »Orphismus« dis-tanzierte er sich und sprach absichtsvoll von »Prisma-ismus« – der Bindestrich ist dabei programmatisch zu verstehen.

Lyonel Feininger war 1919 einer der ersten Meister am Bauhaus in Weimar; er entwarf für Walter Gropius das Titelblatt des Bauhaus-Manifests. Dieser Holzschnitt mit dem Titel *Kathedrale* (Abb. d) zeigt eine gotische Dreiturmfassade, über deren Türmen jeweils ein Stern leuchtet. Die Strahlen der Sterne und der dynamisch gerasterte Hintergrund unterstreichen die Zergliederung der Fassade. Wie diese emblematische Kirche im Zusammenhang mit dem Manifest zu verstehen sei, diskutierten bereits die Zeitgenossen ausgiebig. Sicher ist, dass die mittelalterliche Gemeinschaft einer Bauhütte und das kommunitäre Projekt des Kirchen-baus vorbildlich für das neue pädagogische Selbstverständnis der Hochschule in Weimar sein sollte. Wie auch Taut begriff Feininger den Kirchenbau nicht als Sinnbild des christ-lichen Glaubens, sondern als kollektiven geistigen Lichtbau – um mit Taut zu sprechen, ver-körperten die Kirchen »Stadtkronen«.

Doch Feiningers mystisches Lichtverständnis teilten nicht alle Bauhaus-Lehrer.[11] Die Beru-fung von László Moholy-Nagy (1895 – 1946) im Jahre 1923 stärkte eine technisch-experimen-tell interessierte Gruppe innerhalb des Bauhauses, über die Feininger besorgt in einem Brief schrieb: »Nur Optik, Mechanik, Ausserbetriebstellen der ›alten‹ statischen Malerei […] Ist das die Atmosphäre, in der Maler wie Klee und einige von uns weiter wachsen können? Klee war gestern beklommen, als er von Moholy sprach. Schablonen-Geistigkeit.«[12]

Lichtexperimente   László Moholy-Nagy ist der große Pionier der kinetischen Licht-kunst (siehe S. 84). Als einer der Ersten begriff er Licht als künstlerisches Material, das er unmittelbar einsetzte und nicht mehr als Symbol auffasste, um unsichtbare Phänomene oder kosmologische Energieströme darzustellen.[13] Sein Verständnis von Licht war nicht län-ger von okkultistischen oder theosophischen Vorstellungen geprägt, sondern beruhte auf den einschneidenden naturwissenschaftlichen Erkenntnissen seiner Zeit, und hier vor allem auf Albert Einsteins Relativitätstheorie. Erst nach dem Ersten Weltkrieg war die Relativitäts-theorie populär geworden, sie veränderte nunmehr nachhaltig die bis dahin gültigen Vorstel-lungen über das Verhältnis von Raum und Zeit. Diese wurden in Einsteins System untrennbar zur so genannten »Raumzeit« zusammengeschlossen.[14]

Als László Moholy-Nagy 1923 ans Weimarer Bauhaus berufen wurde, hatte er bereits die Malerei aufgegeben. Er forderte stattdessen das »Zeichnen mit Licht« und »Licht statt Pig-ment«. Die Fotografie und noch viel mehr der Film wurden zu seinen wichtigsten Ausdrucks-mitteln: »Jede Zeit hat ihre eigene optische Einstellung. Unsere Zeit: die des Films, der Licht-reklame, der Simultaneität sinnlich wahrnehmbarer Ereignisse.«[15]

In seiner programmatischen Schrift *Malerei, Fotografie, Film* (1925) betonte er die große Bedeutung von Fotografie und Film, die der Malerei nun ebenbürtig, wenn nicht sogar über-legen seien. Seiner Meinung nach würde nur die kinetische Lichtkunst dem modernen, beschleunigten Leben in der Großstadt gerecht. Moholy-Nagy nahm in dieses Werk auch ein nie realisiertes Drehbuch mit dem Titel *Dynamik der Gross-stadt* aus dem Jahr 1922 auf, das

durch die eigenwillige Typografie – er selbst prägte den Begriff »Typofoto« – zu einem selbstständigen Kunstwerk wurde. Schrift, Fotografie und die grafische Gestaltung ergänzen sich und unter-streichen die schnellen Schnitte, mit denen der Filmliebhaber Moholy-Nagy den Aufnahmen Dynamik verleihen wollte. Es gibt keine Handlung; in schneller Abfolge reiht er typische Geschehn-nisse und Orte einer Großstadt aneinander. Auf eine dunkle Sequenz folgen Einstellungen mit einer Bogenlampe, Regenpfüt-zen und Autoscheinwerfern. Nach erneuter Dunkelheit blinkt plötzlich Lichtreklame auf, die in das Feuerwerk eines Luna-Parks übergeht (Abb. e).[16] Das Projekt wurde nie realisiert; einige Jahre später bemerkte Moholy-Nagy, dass Walter Ruttmanns Film *Berlin, Symphonie einer Großstadt* (1927) seinem Projekt am nächsten gekommen wäre.

Mit dem Namen Moholy-Nagys verbindet sich der legendäre *Licht-Raum-Modulator* (1930), eine avantgardistische kinetische Lichtskulptur; darüber hinaus befasste sich der Künstler mit der Wirkung des Lichts im urbanen Kontext. Während seines Londo-ner Exils 1936 entwarf er zusammen mit dem Architekten Joseph Emberton die Lichtführung in den Schaufenstern des Kaufhauses Simpson's (Abb. f).[17] Kurz zuvor hatte der gebürtige Ungar in einer englischen Zeitschrift den Aufsatz *Light architecture* publiziert, in dem er prophezeite, dass die Lichtarchitektur ein maßgebli-ches Aufgabenfeld der Zukunft sein würde.[18]

Der gleichen Ansicht wird wohl auch Joachim Teichmüller (1866 – 1938) gewesen sein. Er war es, der den von Paul Scheerbart geprägten Begriff »Lichtarchitektur« wieder aufnahm und in den 1920er Jahren popularisierte.[19] Ob der Karlsruher Lichtinge-nieur und der ungarische Avantgardekünstler je voneinander gehört haben, ist ungewiss. Beide interessierten sich für die ge-sellschaftliche Dimension von erleuchteten Innenstädten und Gebäuden, wie sie in den 1920er Jahren üblich werden sollten, und experimentierten mit unterschiedlichen Beleuchtungsarten. Teichmüller war der Gründungsdirektor des Lichttechnischen Instituts (seit 1919) an der Karlsruher Universität. Sein großes Anliegen war es, neben der Lichttechnik die psychologischen und physiologischen Auswirkungen des Lichts zu untersuchen. Eine gute Beleuchtung hatte seiner Meinung nach eine enorme öko-nomische und damit auch gesellschaftliche Auswirkung. Ein schlecht beleuchteter Arbeitsplatz beispielsweise führe zur schnelleren Ermüdung des Arbeiters und zur Erhöhung der Pro-duktioneinbußen. Teichmüller entwarf deshalb Beleuchtungs-konzepte für Fabriken, Büros, aber auch für Bahnhöfe, Straßen und Schaufenster, bei denen er sowohl nach einer optimalen technischen als auch einer ästhetisch gelungenen Lösung such-te. Mit aufklärerischem Elan reiste Teichmüller durchs Land, hielt Vorträge und setzte sich für die Gründung lichttechnischer Ge-sellschaften ein. Er war fest davon überzeugt, dass sich alle Prob-leme des modernen Lebens mittels sinnvoller Lichtgestaltung lösen ließen.

Im Jahr 1926 erhielt er die lang ersehnte Gelegenheit, einer gro-ßen Öffentlichkeit die Lichtthematik in seiner ganzen Vielfalt vor-zuführen. Bei der großen Düsseldorfer Ausstellung »GeSoLei« – *Gesundheitspflege*, *Sozialfürsorge* und *Leibesübungen* – durfte er eine eigene Abteilung einrichten, die er in mehrere Themenab-schnitte unterteilte. Auf einen technischen Bereich mit Lampen-modellen und Beleuchtungssystemen folgten Erlebnisräume, in denen jeder Besucher die physische Wirkung von farbigem Licht erleben konnte. Teichmüller wollte die Eintretenden für »gutes« und »schlechtes« Licht sensibilisieren.

1928 begannen Großstädte wie Karlsruhe, Berlin und Stuttgart, Lichtfeste auszurichten, mit denen die Kommunen den Einzelhandel fördern und ihre Attraktivität für Touristen steigern wollten. In Karlsruhe beteiligte sich das Lichttechnische Institut mit der klaren Forderung an der Planung, dass es nicht allein um den Kommerz gehen dürfe. Teichmüller und seine Mitarbeiter erarbeiteten ein wegweisendes Beleuchtungskonzept, bei dem historische und kulturell bedeutsame Gebäude erstmals von innen ausgeleuchtet und von außen angestrahlt wurden.[20] Die Idee des Lichtfests trug der Tatsache Rechnung, dass sich das gesellschaftliche Leben immer mehr in die Abendstunden verlagerte und auch die Arbeitswelt durch die Schichtdienste eine neue Flexibilität erlangte. Der sozialkritische Conrad Felixmüller (1897–1977) malte die Pendler bei der Fahrt durch die beleuchteten Vororte im Ruhrgebiet (Abb. l). Den Berufstätigen, aber auch den nächtlichen Flaneur zog es nun in die beleuchteten Innenstädte.

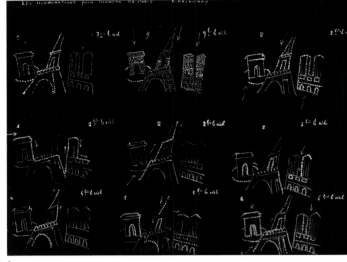

c

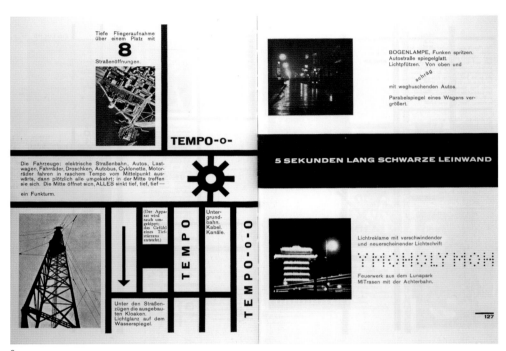

e

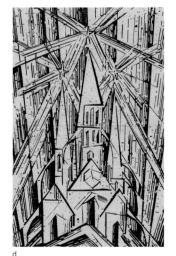

d

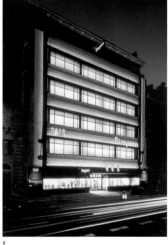

f

c   Robert Delaunay, *Les Illuminations pour le Triomphe de Paris*, 1928–1929, Bühnenentwurf, Gouache auf schwarzem Karton, Bibliothèque Nationale de France, Paris
d   Lyonel Feininger, *Kathedrale*, Titelblatt für Manifest und Programm des Staatlichen Bauhauses, Weimar, April 1919, Holzschnitt, Bauhaus-Archiv, Berlin
e   László Moholy-Nagy, *Dynamik der Gross-stadt*, 1922, Drehbuchentwurf
f   Joseph Emberton und László Moholy-Nagy, Simpson's Department Store, London, 1936

Künstlerische Aufnahmen von leuchtenden Bauten entstanden zumeist im Kontext der nächtlichen Stadtfotografie, die sich um 1900 als eigenes Genre herausbildete. Künstler erkundeten mit der Kamera den Stadtraum und hielten mal die eher leicht zu übersehenden Details, mal die gesamte Stadtsilhouette fest. In den Vereinigten Staaten wuchs im Umkreis von Alfred Stieglitz (1864–1946) und seiner legendären New Yorker Galerie eine ganze Generation von Nachtfotografen heran, die den Aufstieg New Yorks zur führenden Metropole am eindrücklichsten in den beleuchteten Wolkenkratzern verwirklicht sahen.

Bereits in den 1890er Jahren begann Alfred Stieglitz mit seinen Nachtaufnahmen von New Yorker Straßen und Häusern (Abb. m) und stieß ähnlich wie Albert Londe an die technischen Grenzen. Sein Schüler Alvin Langdon Coburn (1882–1966) wie auch Edward Steichen (1879 bis 1973) profitierten später vom technischen Fortschritt und wurden mit ihren nächtlichen Stadtlandschaften, den New Yorker Nightscapes, berühmt.[21] Weniger bekannt hingegen ist der Architekturfotograf Samuel Gottscho (1875–1971), der in den späten 1920er Jahren nach Beendigung seiner 20-jährigen Berufstätigkeit als Kaufmann endlich seiner Leidenschaft für die Fotografie frönen konnte. Er eröffnete ein Atelier und arbeitete bald für alle Stararchitekten der Stadt, die ihre Bauten gut dokumentiert wissen wollten. Die Anerkennung des künstlerisch ambitionierten »Stieglitz-Kreises« fand er mit seinen Nachtaufnahmen von leuchtenden Wolkenkratzern, wie zum Beispiel seiner legendären Fotografie des American Radiator Building von 1926 (Abb. n).

Zwei Schwierigkeiten musste jeder Nachtfotograf bewältigen: Die erste Herausforderung bestand darin, den richtigen Abstand zum Gebäude zu finden, der zudem einen unverbauten Blick auf das Objekt gewährte. Das zweite Problem, das sich selbst noch in den 1920er Jahren stellte, war, eine adäquate Bildschärfe trotz der erforderlichen langen Belichtungszeit zu erreichen. Gottscho löste dieses Problem, indem er zwei Negative überblendete, die er von genau demselben Standpunkt aus mit einem gewissen Zeitabstand gemacht hatte: einmal während der Dämmerung und einmal in der Dunkelheit, in der viele erleuchtete Fenster erstrahlten.[22] Dabei war es natürlich wichtig, dass weder Fußgänger noch Autos vor das Objektiv gerieten. Seine Bilder von leuchtenden Bauten heben dank dieser ausgefeilten Technik die grafische Struktur hervor. Gottscho verzichtete auf steile Perspektiven oder auf Fragmentierungen. Ihm war es wichtig, einen nüchternen, klaren Blick auf die Bauwerke zu werfen, wobei er, um diesen Effekt zu erreichen, nicht weniger als seine Kollegen die Fotografien inszenierte.

Die Nightscapes der 1920er und 1930er Jahre haben die kollektive Wahrnehmung der amerikanischen Großstädte maßgeblich geprägt. In unzähligen Filmen ist die Vogelperspektive auf die nächtliche Skyline New Yorks oder auf das ausgedehnte, leuchtende Los Angeles der narrative Auftakt oder das grandiose Finale. Jüngere Fotografen wie der aus Düsseldorf stammende Ralf Kaspers (geb. 1957) beziehen sich bei ihren Bildern auf diese lange Traditionsgeschichte (Abb. g).

In Europa hingegen spielten die Nachtfotografien der gleichen Zeit oft auf die Unter- und Halbwelt an. In Deutschland unterstützte der expressionistische Film die Wahrnehmung Berlins als unheimliche, durch Licht- und Schattenspiele bedrohlich wirkende Stadt.[23] In Paris waren es die Surrealisten, welche die nächtliche Stadt zur Inspirationsquelle erklärten. Die Nachtbilder des Fotografen Brassaï (1899–1984) sind sicherlich die berühmtesten Beispiele dieses Genres aus der Zwischenkriegszeit. Die unbekannte Prostituierte im Vergnügungsviertel am *Place Pigalle* und der kleine Ganove sind seine Protagonisten; die leuchtenden Urinoirs (Abb. 30; S. 103) ersetzen für Brassaï den Eiffelturm. Während unzähliger Nachtspaziergänge gemeinsam mit Freunden wie Louis Aragon entstanden die Ideen für die Fotografien im Gespräch – den »perfekten«, vermeintlich spontanen Augenblick des heimlichen Kusses auf der Parkbank ließ Brassaï mit Komparsen später nachstellen.[24] Die scheinbare Momentaufnahme war eine perfekte Inszenierung und erschuf ebenso wie die amerikanischen Nightscapes ein identifikatorisches Stadtbild: Das verruchte Paris tritt dem Betrachter von Brassaïs Bildern entgegen. Diesen Eindruck der nächtlichen Metropole festigten auch die surrealistischen Literaten. Der Flaneur in Louis Aragons Roman *Le paysan de Paris* (1926; Dt.: *Der Pariser Bauer*) durchwandert die Passagen der Stadt, lässt sich vom Zufall treiben und ist selbstverständlich ein Nachtschwärmer: »Die Nacht unserer Städte ähnelt nicht mehr dem Hundegeheul der römischen Finsternis, auch nicht der Fledermaus des Mittelalters oder jenem Bild der Schmerzen, das die Nacht der Renaissance ist. Sie ist ein gewaltiges, tausendmal von Messern durchbohrtes Blechmonstrum. Das Blut der modernen Nacht ist ein singendes Licht. Tätowierungen trägt sie, die Nacht, bewegliche Tätowierungen auf ihrer Brust. [...] Die Nacht hat Pfiffe und Lichterseen.«[25]

Brassaïs Nachtfotografien fanden dank ihrer Veröffentlichung in einem Bildband rasch Anerkennung. 1932 erschien in einer ersten Auflage sein Buch *Paris de nuit* (Dt.: *Nächtliches Paris)*, das schnell zu einem Klassiker wurde. Mit 62 Aufnahmen traf Brassaï eine markante Auswahl seiner legendärsten Nachtbilder. Der Mythos von Paris ist nicht zuletzt diesen zahlreichen, sehr populären Bildbänden zu verdanken, die in jenen Jahrzehnten auch aus der Hand anderer Fotografen entstanden.[26]

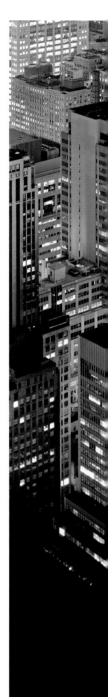

g

34

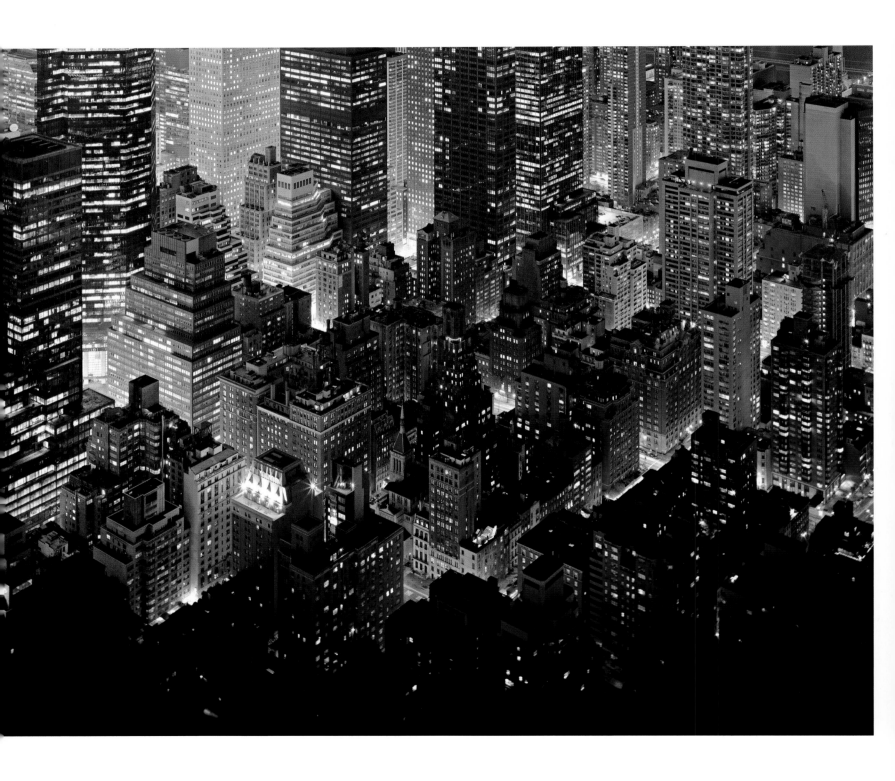

Die beleuchtete Suburbia   Mit den Surrealisten begann die Suche nach den unheimlichen und verborgenen Orten der Stadt als Psychogramm ihrer Bewohner. Später, nach 1945, sollte sich der Blick der Fotografen zunehmend von den Innenstädten ab- und den Vororten zuwenden. Das lag vor allem an den unmittelbaren Kriegsfolgen. In ganz Europa gab es keine Ressourcen, um die Innenstädte mehr als notdürftig zu beleuchten. Der europäische Standard der 1920er Jahre wurde erst mühsam wieder in den 1950er Jahren erreicht – die Länder hinter dem Eisernen Vorhang ausgenommen. In Deutschland lagen die Innenstädte in Trümmern, sodass besonders hier lange nicht an aufwändige Beleuchtungen von noch erhaltenen Monumenten zu denken war. Die nächtliche Stadt erfuhren die Künstler nicht mehr als Anregung; viele flüchteten sich in die idyllische Naturdarstellung oder verabschiedeten sich ganz von der gegenständlichen Kunst. So finden sich bis in die 1970er Jahre kaum nächtliche Stadtlandschaften in der Malerei und Fotografie.

Eine große Ausnahme stellte der Kölner Architekturfotograf Karl Hugo Schmölz (1917 – 1986) dar, der einerseits das zerstörte Köln und andererseits den Wiederaufbau dokumentierte (siehe S. 118).[27] In seiner Freizeit widmete er sich dem nächtlichen Köln: den neuen leuchtenden Bauten, den angestrahlten Schaufenstern, den modischen Leuchtschriftzügen an den Geschäftshäusern. Seine Aufnahmen dokumentieren oftmals die kuriosen, sicherlich zeitbedingten Gegensätze in der Stadtbeleuchtung. Eine Aufnahme aus dem Jahr 1956 zeigt die dunkle Silhouette der Kirche St. Andreas, deren Turm bedingt durch Kriegsschäden eingerüstet ist, während davor ein hell leuchtender, moderner Sparkassenbau die gesamte Seitenlänge der Kirche einnimmt (Abb. o): Moderne und Mittelalter, Sakrales und Profanes können nicht radikaler aufeinander prallen. Es ist offensichtlich, dass Karl Hugo Schmölz bei dieser Aufnahme nichts dem Zufall überließ. Ob jede Nacht alle Fenster des Bankgebäudes so hell erleuchtet waren oder ob dies nicht auf ausdrücklichen Wunsch des Fotografen geschah, sei dahingestellt. Mit Sicherheit wartete er eine klare, sternenlose Nacht für seine Aufnahme ab. Schmölz hat seine Nachtfotografien nie ausgestellt oder publiziert; erst in den letzten Jahren erwachte das Interesse an diesen außergewöhnlichen Dokumenten leuchtender deutscher Nachkriegsbauten.

In den Vereinigten Staaten kam es in den 1970er Jahren zu einem entscheidenden Paradigmenwechsel in der zeitgenössischen Stadtfotografie, der eine erhebliche Auswirkung auf die künstlerische Ästhetik haben sollte. Die Banalität des Alltags und die wenig glamouröse Kehrseite des urbanen Lebens rückten in das künstlerische Bewusstsein. 1975 eröffnete im George Eastman House (International Museum of Photography) in Rochester der Kurator William Jenkins eine heute als legendär geltende Foto-Ausstellung unter dem Titel *New Topographics. Photographs of a Man-Altered Landscape.* Zehn Fotografen präsentierten ihren wie beiläufig wirkenden Blick auf den großen Mythos der amerikanischen Geschichtsschreibung: den weiten, ehemals wilden Westen der USA. Die Künstler verstanden sich nicht als eine Gruppe, sie verfolgten ganz unterschiedliche künstlerische Strategien und wurden trotzdem mit dem Etikett »New Topographics« belegt. Zu ihnen gehörten neben Robert Adams, Stephen Shore und Lewis Baltz auch das deutsche Ehepaar Bernd und Hilla Becher, die später viele junge deutsche Fotografen mit ihren Bauwerk-Typologien beeinflussten – durch die so genannte »Becher-Schule«. Darüber hinaus wirkt bis heute die Aufwertung der Suburbia nach und inspiriert junge Künstler.

Mit der Videokamera erkundet Doug Aitken (geb. 1968) heute die pulsierenden Lebensadern einer Stadt, die er vor allem in den Vororten der amerikanischen Städte ausfindig macht: auf den großen Parkplätzen der Einkaufszentren, bei den Tankstellen und den angegliederten Fast-Food-Ketten. In seiner Filminstallation *Electric Earth (Elektrische Welt,* 1999) lässt er den Tänzer Ali »Giggi« Johnson tanzend und mit zuckenden Bewegungen durch das nächtliche Los Angeles ziehen, wobei dieser aus den zahllosen Lichtern und den unkoordinierten Lichtbündeln – den Ampeln, Neonlichtern etc. – seine Energien zu beziehen scheint. Giggi wird zur Reflexionsfläche des lichtenergetischen Feldes der Stadt und zeichnet mit seinem Körper das nächtliche Stadtbild nach.

In seiner Komposition *collision x 4 (Kollision x 4, 2000;* Abb. p) sind nicht mehr die Bewegungskörper, sondern allein die farbigen Lichtspuren der aufsteigenden und landenden Flugzeuge zu sehen. Am unteren und am oberen Bildrand ist die Silhouette eines Flughafens zu erkennen. Doug Aitken hat die Fotografie gespiegelt und daraus eine überraschende Komposition erzeugt. Aus allen vier Bildecken laufen nun die Strahlen aufeinander zu und bilden eine astrale Form. Eine unausweichliche Kollision scheint sich in der Bildmitte anzubahnen. Die symmetrische Ordnung ist in sich harmonisch und weist auf die Dynamik des modernen Lebens hin, das von dem Nachthimmel Besitz ergreift und die Nacht zum Tag werden lässt.

»Eine absolute Nacht gibt es nicht«, so sah es bereits Brassaï in den 1930er Jahren. Der Stuttgarter Künstler Michael Schnabel (geb. 1966) fotografiert diesem Credo entsprechend den Nachthimmel, der sich je nach Leuchtkraft der Städte und Orte in unterschiedlichsten Farben zeigen kann. Der Himmel nahe der Großstadt changiert in Gelb- und Brauntönen (Abb. h), während er über der Schwäbischen Alb schwarz und leicht grünlich erscheint (Abb. i). Wie monochrome Gemälde wirken Schnabels Fotografien, dabei illustrieren sie die nächtliche Wirkung der leuchtenden Bauten.

h

i

g   Ralf Kaspers, *Murray Hill, New York,* 2002, Fotografie, Kunstmuseum Stuttgart
h   Michael Schnabel, o. T., 2003, Fotografie, Galerie photonet, Wiesbaden
i   Michael Schnabel, o. T., 2003, Fotografie, Galerie photonet, Wiesbaden

1 Brassaï, zit. nach: Annick Lionel-Marie, »Das Auge licht sein lassen«, in: *Brassaï,* hrsg. von Alain Sayag und Annick Lionel-Marie, Ausst.-Kat. Centre national d'art et de culture Georges Pompidou, Paris und Albertina, Wien, Wien 2003, S. 157.

2 Über Georges Garens Leben und Werk ist fast nichts bekannt.

3 Georges Didi-Huberman, *L'invention de l'hystérie. Charcot et l'Iconographie photographique de la Salpêtrière,* Paris 1982, S. 47 – 68.

4 Denis Bernard und André Gunthert, *L'instant rêvé. Albert Londe,* Nîmes 1993, S. 223 – 241.

5 Der Briefwechsel ist veröffentlicht bei: Iain Boyd Whyte und Romana Schneider (Hrsg.), *Die Gläserne Kette. Briefe von Bruno Taut und Hermann Finsterlin, Hans und Wassili Luckhardt, Wenzel August Hablik und Hans Scharoun, Otto Gröne, Hans Hansen, Paul Goesch und Alfred Brust,* Ostfildern 1996.

6 Bruno Taut, *Die Stadtkrone,* Jena 1919, S. 69.

7 Vgl. *Kristall. Metapher der Kunst. Geist und Natur von der Romantik zur Moderne,* hrsg. von Ingrid Wernecke und Roland März, Ausst.-Kat. Lyonel-Feininger-Galerie, Quedlinburg, Leipzig 1997; Regine Prange, *Das Kristalline als Kunstsymbol. Bruno Taut und Paul Klee. Zur Reflexion des Abstrakten in Kunst und Kunsttheorie der Moderne,* Hildesheim u. a. 1991.

8 Manfred Speidel, »Zu Bruno Tauts theoretischem Werk«, in: *Bruno Taut. 1880 – 1938. Architekt zwischen Tradition und Avantgarde,* hrsg. von Winfried Nerdinger u. a., Stuttgart und München 2001, S. 396 – 403.

9 Vgl. *Lyonel Feininger. Gelmeroda – Ein Maler und sein Motiv,* hrsg. von Wolfgang Büche, Ausst.-Kat. Staatliche Galerie Moritzburg, Halle und Van der Heydt-Museum, Wuppertal, Ostfildern 1995.

10 Annegret Hoberg, »Delaunay und das Bauhaus«, in: *Delaunay und Deutschland,* hrsg. von Peter-Klaus Schuster, Ausst.-Kat. Haus der Kunst, München, Köln 1985, S. 292 – 310.

11 Zur Esoterik am Bauhaus vgl. *Das Bauhaus und die Esoterik,* hrsg. von Christoph Wagner, Ausst.-Kat. Gustav-Lübke-Museum, Hamm und Museum im Kulturspeicher, Würzburg, Bielefeld 2005.

12 Lyonel Feininger in einem Brief vom 9. März 1925 an seine Frau Julia, zit. nach: Peter Hahn, »Papileo. Lyonel Feininger als Bauhaus-Meister«, in: *Lyonel Feininger – Von Gelmeroda nach Manhattan. Retrospektive der Gemälde,* hrsg. von Roland März, Ausst.-Kat. Neue Nationalgalerie, Berlin und Haus der Kunst, München, Berlin 1998, S. 263 – 271, hier S. 270.

13 Das ZKM – Museum für Neue Kunst in Karlsruhe präsentierte jüngst eine große Ausstellung zur Entwicklung der Lichtkunst von ihren Anfängen um Moholy-Nagy bis heute. Vgl. *Lichtkunst aus Kunstlicht. Licht als Medium der Kunst im 20. Jahrhundert,* hrsg. von Peter Weibel und Gregor Jansen, Ausst.-Kat. ZKM – Museum für Neue Kunst, Karlsruhe, Ostfildern 2006.

14 Anne Hoormann, *Lichtspiele. Zur Medienreflexion der Avantgarde in der Weimarer Republik,* München 2003, S. 38 – 59.

15 *Malerei, Fotografie, Film* erschien erstmals 1925; Moholy-Nagy veränderte die zweite Auflage (1927) und fügte mehr Abbildungen ein. Vgl. László Moholy-Nagy, *Malerei, Fotografie, Film* (Neue Bauhausbücher Bd. 8, Faksimile), hrsg. von Hans M. Wingler, 2. Aufl., Mainz (1927) 1967, S. 37.

16 Moholy-Nagy schrieb über den Film: »Der Film *Dynamik der Gross-stadt* will weder lehren, noch moralisieren, noch erzählen; er möchte visuell, nur visuell wirken.« Aus: László Moholy-Nagy (1927) 1967 (wie Anm. 15), S. 120.

17 Dietrich Neumann und Karen Bouchard, »Simpson's Departement Store, London, 1936«, in: Dietrich Neumann, *Architektur der Nacht,* München und New York 2002, S. 168 f.

18 László Moholy-Nagy, »Light Architecture«, in: *Industrial Arts,* I/1 (1936). Wieder abgedruckt bei Richard Kostelanetz (Hrsg.), *Moholy-Nagy,* New York 1970, S. 155 – 159.

19 Vgl. Neumann 2002 (wie Anm. 17), S. 28. Teichmüller publizierte den Begriff erstmals in: Joachim Teichmüller, »Lichtarchitektur«, in: *Die Lichttechnik. Offizielles Organ der Österreichischen Lichttechnischen Gesellschaft,* 4 (1927).

20 Das Lichttechnische Institut gab eine Broschüre zum Thema Lichtfest heraus: R. G. Weigl und O. Knoll, *Richtlinien für die lichttechnische Gestaltung eines Lichtfestes,* Karlsruhe 1929.

21 Vgl. Mary Woods, »Photographie der Nacht: Wolkenkratzer – Nocturne und Noir in New York City«, in: Dietrich Neumann, *Architektur der Nacht,* München und New York 2002, S. 68 – 76.

22 Donald Albrecht, »Introduction«, in: *The Mythic City. Photographs of New York by Samuel Gottscho,* hrsg. von Donald Albrecht, Ausst.-Kat. Museum of the City of New York, 2005, S. 29 f.

23 Ein berühmtes Beispiel ist hierfür Fritz Langs Film *M – eine Stadt sucht einen Mörder* (1931).

24 Lionel-Marie 2003 (wie Anm. 1), S. 151 – 165.

25 Louis Aragon, *Der Pariser Bauer,* Frankfurt a. M. 1996, S. 160 (*Le paysan de Paris,* Paris 1926).

26 André Kertész (1894 – 1985), ein gebürtiger Ungar wie Brassaï, bediente frühzeitig die illustrierte Presse. Für eine berühmte Reportage über die unbekannte nächtliche Pariser Unterwelt lieferte er die Fotografien: A. H. Kober, »Die Unterwelt der Grosstädte«, in: *UHU,* 12, September 1929.

27 Durch seinen Vater Hugo Schmölz (1879 – 1938), der in den 1920er und 1930er Jahren für die bekanntesten Architekten des Rheinlandes und im Nationalsozialismus für Albert Speers Ministerium fotografierte, kam Karl Hugo Schmölz frühzeitig mit der einflussreichen Architekturszene in Kontakt. Zu Karl Hugo Schmölz vgl. *Köln-Ansichten. Fotografien von Karl Hugo Schmölz. 1947 bis 1985,* hrsg. von Reinhold Mißelbeck und Wolfram Hagspiel, Köln 1999.

under the enhancement of
electrical environment. artist
lecture tyles on a fresh
beauty context ental. the
architect and lighting and
nature artists they paint
with light.

nathan nuremberg 1987

Simone Schimpf

"I loved the wonders of the night, they make light an apparition. Absolute night doesn't exist."[1] (Brassaï)

Nocturnal façades often look like negative prints of buildings. During the day, buildings show up in light and shade. During the evening and at night, the relationship of light and dark is reversed. The window areas become bright patches, while the walls seem like dark strips. At night, the graphic quality of an architectural design is fully brought out. This makes nocturnal façades particularly suitable for a transfer to another medium. With the emphasis on the façade, the architecture becomes a flat backdrop. In darkness, three-dimensional buildings can become two-dimensional and appear to lose their material qualities due to changes in visual perception. Painters and photographers endeavor to record and reproduce these impressions on canvas or photographic paper. In analogue photography, light itself becomes a "drawing pencil," leaving its traces on the respective medium. But exposure times, the choice of frame, and the lens angle determine what comes out. The photographic image and the optical impression for the nocturnal viewer are different things.

In painted and drawn views of illuminated buildings, arbitrary interventions by the artist are more obvious than in photographs. But the artistic eye informs all depictions, so that each is an individual take. Images of night architecture are always staged—intentionally or unintentionally, when for example the technical aspects co-determine the result in photography. Dramatization, spiritualization, and a belief in progress on the one hand, and demythification and trivialization on the other characterize the photographs, drawings, and paintings presented below. Each scene highlights certain aspects, leaving others "underexposed."

Exploiting the Technically Feasible   More than any other types of architecture, illuminated buildings are associated with technical progress in the late nineteenth century. Apart from sporadic early experiments with gas lighting, the systematic illumination of façades only became possible with the introduction of electricity. The photographic documentation of illuminated façades likewise dates from the late nineteenth century, when the invention of a particularly light-sensitive support material reduced the long exposures previously required.

The example of the Eiffel Tower in Paris (1889) shows clearly (see p. 104) how artists first attempted to reproduce an adequate image of illuminated architecture by both graphic techniques and photographic means. The Eiffel Tower was the most controversial but also the most prominent structure at the world's fair in 1889. In an eclectic revivalist age, Gustave Eiffel came up with an iron tower whose sober, unadorned tectonics could not have stood out more radically. The organizing committee had specified in the competitive tender that the central structure of the world exhibition should be a monument to eternal peace. Eiffel ignored this demand and stylized his tower into a lighthouse. Most Parisians initially reacted with indignation to this plain engineering object, but then declared the "lighthouse" was a symbol of a modern age. From the first, a powerful floodlight revolved at the top, thereby emphasizing clearly the idea of the lighthouse. Buildings on the site of the world exhibition could be picked out by individual moveable searchlights, as in the engraving of an *Embrasement de la Tour Eiffel pendant l'Exposition Universelle de 1889* (Illumination of the Eiffel Tower during the Universal Exhibition of 1889; fig. 17; p. 88) by Georges Garen (1854 – ?).[2] Eiffel made use of every kind of lighting. Several floors had magnesium fires, the stairs were lit with gas, and the outlines of the huge round arches of the piers were picked out in outline lighting. In Garen's engraving, all that is of course strongly stylized, as a comparison with the photo by Albert Londe (1858 – 1917) shows.

Londe was likewise fascinated by this nocturnal spectacle. He took his picture with a hand-held camera—still unusual at that time (fig. a). He had already taken a photographic record of firework celebrations on 14 July, the national holiday, in 1887. That, too, had been a sensational picture for its day, pushing back the frontiers of the young medium. A trained chemist, Londe was head of the photographic department of La Salpêtrière in Paris under neurologist Jean-Martin Charcot. The hospital at the former saltpeter works had one of the best photographic laboratories of its day.[3] In 1887, Londe and like-minded colleagues founded the Société d'Excursions des Amateurs de Photographie (SEAP, an amateur photographic club), which was entirely devoted to experimental photography. At weekends he met up with other enthusiastic amateur photographers to gain experience with instantaneous photography. Members of the club went for example to a nearby quarry and photographed a quick succession of explosions that could not be distinguished with the naked eye.[4]

What interested Londe in particular about the nocturnal shots of the Eiffel Tower, was to experiment with exposure times. Previously it would not have been possible to take photos at night without additional artificial sources of light such as magnesium flashes. The brightly lit architecture of the world fair could be photographed with relatively short exposure times. A direct comparison with the engraving by Garen shows how differently the two artists treated the nocturnal view. Garen stresses the coloration of individual pavilions and the Eiffel Tower. The latter features in strong red, while delicate pink strips of clouds are visible in the night sky, reflecting the colored light. In Londe's photography it is the graphic structure that is brought out. The saturated black night sky presumably appears much darker in the photograph than it really was. The Eiffel Tower is photographed from

the opposite bank of the Seine so as to precisely occupy the axis of the picture. The photographer has complied with strict compositional rules for his picture and largely eliminated the random aspect of snapshot photography.

Both artists endeavored to represent the illuminated architecture at the world's fair. At the beginning of the twentieth century in Germany, however, the invention of an imaginary architecture of light became a dominant artistic theme, instead of the previous attempts at depicting the real appearance of illuminated buildings as the dominating theme.

The Spiritualization of Light   After the First World War, the Gläserne Kette (Glass Chain) was founded in Germany, an unusual alliance of young architects and artists who stood little chance of gaining commissions due to the immediate social crisis in the aftermath of war. Strongly influenced by Expressionist and Futurist thinking and inspired by ideas of social reform, they designed utopian buildings that did not conform with any technical standards or specific material qualities. The leading thinker of the group was Bruno Taut (1880 – 1938), who had already developed new design principles before the war and elaborated them in the glass building he designed for an exhibition in Cologne in 1914 (see p. 108). The Gläserne Kette was like a secret society. Individual participants used pseudonyms and communicated with each other via chain letters. Some of the members such as Walter Gropius, Hans Scharoun, or brothers Hans and Wassili Luckhardt went on to become well-known as architects of the Neues Bauen (New Architecture) of the Weimar Republic. The periodical *Frühlicht* edited by Taut became their official organ.

Though members of the Gläserne Kette were not excessively prolific correspondents, between December 1919 and December 1920 they circulated letters that contained numerous programmatic visions of a new, social-engineering architecture (see p. 138).[5] Drawings complemented the descriptions, and every letter was a work of art. Taut's writings composed during the First World War acted as a spur, since he now published them under titles such as *Alpine Architektur* (1919), *Stadtkrone* (City Crown) (1919), and *Auflösung der Städte* (The Dissolution of the Cities) (1920). In these, he described glass buildings in which sunlight was refracted during the day while at night they lit up their environment. Transparency thus remained not just a social ideal but was also incorporated into architectural utopias. The focus of the ideal city should be a crystal house. As Taut said: "Flooded with sunlight, the crystal house is enthroned over everything like a glittering diamond that sparkles in the sun as a symbol of the highest serenity and purest spiritual peace."[6] Crystals were the most impressive concept in the Gläserne Kette philosophy.[7] Thanks to their prismatic qualities, they could become symbols of the association of cosmos and earth. As elements of both the earth and light, they stood for the mystic fusion of earthly and transcendent that Taut and his colleagues strove for. In this theory, architects became *Weltbaumeister* (world architects, the title of a book Taut published in 1920, an architectural play for symphonic music), who could spiritualize bodies and materialize the spiritual. This notion is not a symptom of megalomaniac over-estimation of one's own abilities but a mystically charged view of the world. Expectations of redemption such as were typical of German society in its traumatized postwar state in the early nineteen-twenties were fertile soil for the spiritualization of building.

The crystalline utopias that the Gläserne Kette propagated were a very early phase of the colorful and at the same time luminous architecture that developed in the twentieth century. The notions of esthetic and architectural reform that Taut regularly referred to in his extensive theoretical writings between 1917 and 1938[8] came from Paul Scheerbart's *Glasarchitektur,* published in 1914. For Taut, Scheerbart's book was a revelation that opened his eyes to the possibilities of glass as a building material. But even prior to 1914 Taut had developed a strong affinity with church glass architecture. Between 1904 and 1906, when he was working for Theodor Fischer's architectural office in Stuttgart, he did a pastel drawing of the Stiftskirche church in Stuttgart (fig. j). The stained-glass windows, which illuminate the whole interior, create a religious atmosphere. For architects in the first half of the twentieth century, Gothic church architecture with its glass walls and luminosity at night was the very model for a revival of an architectural tradition. Painter Hermann Finsterlin (1887 – 1973), likewise a member of the Gläserne Kette, painted a *Kathedrale des Lichts* (Cathedral of Light) (fig. k), which unites the vertical striving of Gothic with a crystalline structure in a utopian architectural creation.

In contrast, Lyonel Feininger (1871 – 1956) took real structures as his inspiration, painting, drawing, and creating woodcuts of village churches in Thuringia at night, in particular the

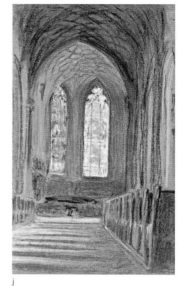

j

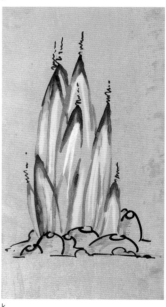

k

j   Bruno Taut, *Stiftskirche Stuttgart*, 1902 – 1904, Pastell, Akademie der Künste, Berlin, Baukunstarchiv
k   Hermann Finsterlin, *Architektur – Kathedrale des Lichts*, 1920 – 1924, Aquarell und Deckweiß über Bleistift, Graphische Sammlung – Staatsgalerie Stuttgart

church of Gelmeroda.[9] He was interested not in the existing external illumination of the buildings but in the spiritual light that transformed the church into a luminous crystal structure (fig. b).

Feininger was one of the first German painters to be strongly influenced by Robert Delaunay (1885–1941), whom he presumably came into contact with in 1906 or shortly afterwards during his numerous trips to Paris. In 1913, the two put on a joint show at Herwarth Walden's Erster Deutscher Herbstsalon (First German Autumn Salon) in Berlin. Delaunay's serial, clear-color Eiffel Tower paintings impressed Feininger greatly. But at the same time he criticized Delaunay for being only interested in light as a physical phenomenon, not in its metaphysical dimension.[10] The French artist for example designed a set for the piece *Triomphe de Paris* (Triumph of Paris; 1928/29) where he played through the possible outline lighting in the colors of the French flag (fig. c) for the familiar Paris monuments such as the Arc de Triomphe and the Eiffel Tower. Such practical applications did not interest Feininger. He remained cool about Delaunay's concept of "orphism," and spoke intentionally of "prism-ism"—with the hyphen being understood programmatically.

Feininger in 1919 was one of the first masters at the Bauhaus in Weimar, designing the cover page of the Bauhaus manifesto for Walter Gropius. This woodcut, called *Kathedrale* (Cathedral) (fig. d), shows a Gothic west front with three towers and a star over each. The rays of the stars and dynamic grid of the background underline the fragmentation of the façade. Even contemporaries were puzzled as to what the connection was between this emblematic church and the manifesto. However, the fact is, the medieval community of a *Bauhütte* [association of workers on ecclesiastic buildings] and the communal project of church construction were intended as models for the pedagogical philosophy of the new academy in Weimar. Like Taut as well, Feininger saw church construction not as a symbol of Christian faith but as a collective spiritual building of light—in Taut's terminology, churches embodied *Stadt-kronen* (city crowns).

But not all the teachers at the Bauhaus shared Feininger's mystic view of light.[11] The appointment of László Moholy-Nagy (1895–1946) in 1923 strengthened a technically minded group at the Bauhaus who were interested in experimentation, which elicited a worried letter from Feininger: "Just optics, mechanics, decommissioning the 'old' static painting … . Is that the atmosphere in which painters such as Klee and some of us can continue to grow? Klee was full of trepidation yesterday when he spoke about Moholy. Stereotype spirituality."[12]

Experiments with Light   László Moholy-Nagy was the great pioneer of kinetic light art (see p. 84). He was one of the first to see light as an artistic material that he exploited directly and not as a symbol representing invisible phenomena or cosmological streams of energy.[13] His view of light was no longer infused with occult or theosophical notions but was based on the radical scientific insights of his day, especially Einstein's theory of relativity. The latter caught on only after the First World War, but when it did, it permanently changed the hitherto prevailing views about the relationship between space and time. In Einstein's system, these merged indivisibly into the concept of "space-time."[14]

When Moholy-Nagy was appointed to the Weimar Bauhaus in 1923, he had already given up painting. He demanded "drawing with light" in its place, and "light instead of pigment." Photography and especially film became his most important channels of expression: "Every era has its own optical attitude. Our era: that of film, light advertising, and simultaneity of sensorily perceptible events."[15]

In his programmatic essay *Malerei, Fotografie, Film* (Painting, Photography, Film; 1925), he emphasized the great importance of photography and film, which were now the equals of painting, or even superior to it. In his view, only kinetic light art could do justice to the modern, accelerated life of the metropolis. Moholy-Nagy included in this work the screenplay of a film he never made called *Dynamik der Gross-stadt* (Dynamics of the City; 1922). The unconventional typography of this work—for which he invented the word "typophoto"—turned it into an independent work of art. Script, photography, and graphic design complement each other and underline the rapid intercutting with which Moholy-Nagy as a film-lover wanted to step up the dynamism of the scenes. There is no plot. In rapid succession he reels off typical events and places of a metropolis. A dark sequence is followed by scenes of an arc lamp, puddles, and car headlights. After more darkness, neon lights suddenly appear that segue into the fireworks of Luna Park (fig. e).[16] The project never progressed, though Moholy-Nagy commented some years later that Walter Ruttmann's film Berlin, *Symphonie einer Gross-stadt* (Berlin, Symphony of a City; 1927) came closest to his ideas.

The name Moholy-Nagy is closely associated with the legendary *Licht-Raum Modulator* (Light-Space Modulator) (1930), an avant-garde kinetic light sculpture. The artist also became interested in the effect of light in urban contexts. While in exile in London in 1936, he and architect Joseph Emberton designed the lighting for the shop windows and façade lighting at Simpsons' department store (fig. f).[17] Shortly before, the originally Hungarian Moholy-Nagy had had his essay "Light Architecture" published in an English periodical, in which he prophesied that light architecture would be an important focus of activity in the future.[18]

Joachim Teichmüller (1866–1938) was probably of the same view. He it was who adopted and popularized Scheerbart's concept of "light architecture" in the twenties.[19] It is not known whether the Karlsruhe-based lighting engineer and the Hungarian avant-garde artist ever heard of each other. Both were interested in the social dimension of illuminated inner cities and buildings such as would become commonplace in the twenties, and experimented with various kinds of illumination. Teichmüller was the founding director of the Lichttechnisches Institut (from 1919) at Karlsruhe University. Beside lighting technology, he was much concerned with the psychological and physiological effects of light. In his view, good illumination had an enormous economic and therefore also social effect. A badly lit workplace for example would mean workers soon got tired, leading to diminished productivity. Teichmüller therefore designed lighting schemes for factories, offices, and even stations, streets, and shop windows, in each case striving for the optimum technical and esthetically pleasing solution. With all the enthusiasm of a crusader, Teichmüller traveled up and down the country giving lectures and encouraging the establishment of lighting technology societies. He was firmly convinced that all problems of modern life could be solved by means of sensible lighting. In 1926, the long-desired opportunity came his way to expound to a broad public his views on the subject of light in all its diversity. At the major *GeSoLei* exhibition in Düsseldorf, which focused on health care, social welfare, and physical exercise, he was allowed to set up a department of his own, which he divided into several subsections. A technical area with lamp models and lighting systems was followed by experience rooms, where every visitor could experience the physical effects of colored light. Teichmüller wanted to sharpen visitors' sensitivity to "good" and "bad" lighting.

In 1928, major cities such as Karlsruhe, Berlin, and Stuttgart began to put on lighting festivals, the purpose of which was to promote retail trade and enhance the cities' appeal to tourists. In Karlsruhe, the Lichttechnisches Institut took part in the planning on the explicit understanding that it would not be simply a matter of commerce. Teichmüller and his colleagues worked out a pioneering lighting scheme in which historic and culturally important buildings were illuminated from within for the first time and floodlit from outside.[20] The concept of festivals of light took into account a shift in social and labor habits—social life was now busiest in the evenings and shift working had given working hours a new flexibility. Socio-critically minded Conrad Felixmüller (1897–1977) painted commuters traveling through the illuminated suburbs of the Ruhr District (fig. i). People were now drawn to city centers both to work and for an evening out.

Illuminated City Centers   Artistic pictures of illuminated buildings were generally a matter of night photography in cities, which developed as a separate genre around 1900. Artists explored the urban area with the camera at the ready, tending to record either details that were easily overlooked or the whole city silhouette. In the U.S.A., a whole generation of night photographers developed around Alfred Stieglitz (1864 – 1946) and his legendary New York gallery. For them, New York's new role as the leading metropolis was most impressively demonstrated by its illuminated skyscrapers.

Stieglitz had already begun taking night photographs of New York streets and buildings in the eighteen-nineties (fig. m), and like Albert Londe came up against the technological limitations. His pupils Alvin Langdon Coburn (1882 – 1966) and the renowned Edward Steichen (1879 – 1973) later profited from technical progress and became famous with their urban landscapes at night, known as New York "nightscapes."[21] Less well-known is architectural photographer Samuel Gottscho (1875 – 1971), who after twenty years of working in trade gave it up and devoted himself to his passion for photography in the late nineteen-twenties. He opened a studio and was soon working for all the city's star architects, who wanted good documentary records of their buildings. He gained the admiration of the artistically ambitious Stieglitzers with his night scenes of luminous skyscrapers, like for example his legendary photograph of the American Radiator Building of 1926 (fig. n).

Every night photographer had to overcome two difficulties. The first challenge was to find the right distance from the building that moreover allowed an unobstructed view of it. The second problem that arose even in the twenties was to get adequate definition despite the long exposure times required. Gottscho solved this problem by superimposing two negatives that he had taken from precisely the same spot at different times—one at dusk and one in the dark featuring the many lit-up windows.[22] It was of course important that neither pedestrians nor vehicles should pass in front of the lens. Thanks to this sophisticated technique, his pictures of luminous buildings bring out the graphic structure. Gottscho dispensed with steep perspectives and fragmentation. What he wanted was a sober, clear view of the building—but to achieve this effect, he no less than his colleagues had to set the scene up.

The nightscapes of the twenties and thirties did much to shape the collective perception of American cities. Bird's eye views of the night skyline of New York or the endless lights of Los Angeles featured again and again in the opening scenes or grandiose finales of films. Younger photographers such as Düsseldorf-born Ralf Kaspers (born 1957) take this long tradition as a reference point in their pictures (fig. g).

In Europe on the other hand, night photographs of the same period often explore the underworld and demi-monde. In Germany, Expressionist films created a perception of Berlin as an eerie city that looked threatening in the play of light and shadow.[23] In Paris it was the Surrealists who made the nocturnal urban scene a source of inspiration. The night scenes of Hungarian photographer Brassaï (1899 – 1984) are undoubtedly the most famous examples of the genre during the interwar period. The unknown prostitutes in the entertainment district around the *Place Pigalle* and little pickpockets are his protagonists. Luminous urinals (fig. 30; p. 103) are his substitute for the Eiffel Tower. In the course of countless night walks together with friends such as Louis Aragon, ideas for photographs were thrown up in conversation—Brassaï set up the "perfect," supposedly spontaneous moment of the secret kiss on a park bench later, using supernumeraries.[24] The apparent snapshot was a perfectly staged shot, and like the American nightscapes visually defined an urban scene: quintessential disreputable Paris jumped at the viewer out of Brassaï's pictures.

Surrealist writers confirmed this impression of the metropolis at night. The *flâneur* in Aragon's novel *Le Paysan de Paris* (Paris Peasant, 1926) wanders through the alleys of the city, letting chance direct his steps, and is of course a night owl. "The night of our cities bears no resemblance to that howling of dogs in the Roman shadows, nor to the bat of the Middle Ages, nor yet to that image of sorrows which is the Renaissance night. She is a gigantic monster of sheetmetal perforated with knife holes. The blood of modern night is a singing light. On her breast she wears shifting tattoos … . Night has whistles and lakes of incandescence."[25]

After they were published as an album, Brassaï's night photographs quickly gained a reputation. The first edition of his book *Paris de nuit* (Paris by Night) in 1932 soon became a classic. Its sixty-two pictures are a striking selection of his most celebrated night scenes. The myth of Paris derives to a considerable extent from these numerous very popular photo albums, which other photographers also turned out in those decades.[26]

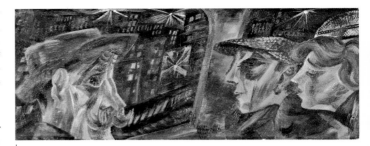

l

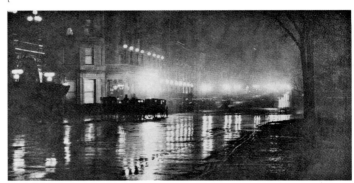

m

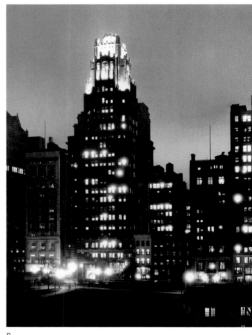

n

l   Conrad Felixmüller, *Fahrt durch die nächtliche Stadt (Arbeiterzug)*, 1923, Öl auf Leinwand, Lindenau-Museum, Altenburg
m   Alfred Stieglitz, *New York 59th Street Plaza*, 1897, Photogravure, Münchner Stadtmuseum
n   Samuel Gottscho, *American Radiator Building*, 1926, Fotografie, Courtesy Library of Congress, Prints and Photographs, Division Gottscho-Schleisner Collection

The Surrealists launched the search for the eerie, hidden places of the city as a psychogram of its residents. Later, post-1945, photographers turned their lenses away from the inner cities towards the suburbs. This was particularly due to the direct consequences of war. Throughout Europe there was no money to spare to illuminate inner cities more than was absolutely necessary. Public lighting standards of nineteen-twenties' Western Europe were only re-established with great effort in the nineteen-fifties, and in the countries behind the Iron Curtain not even then. In Germany, the inner cities were in ruins, so that particularly there the expensive illumination of the historic monuments that still survived long remained out of the question. Artists thus no longer found the urban night scene appealing as subject matter. Many of them fled to idyllic scenes of nature or bid farewell to representational art altogether. Until the seventies, urban night scenes more or less vanished from painting and photography.

A major exception was the Cologne architectural photographer Karl Hugo Schmölz (1917–1986), who documented the shattered postwar ruins of Cologne and the subsequent rebuilding process (see p. 118).[27] In his free time, he devoted himself to Cologne at night—the new illuminated buildings, the spotlit shop windows, the fashionable neon signs on the stores. His photos often document the odd, undoubtedly transient contrasts in urban lighting. A picture in 1956 shows the dark silhouette of St. Andreas's church, its tower encased in scaffolding because of bomb damage, while in front of it a modern savings bank building spans the whole side length of the church (fig. o). Modern and medieval, religious and secular could hardly be more starkly contrasted. It is obvious that Karl Hugo Schmölz left nothing to chance in this picture. Whether all windows of the bank were so brightly lit every night or this was due to the photographer's express request is an open question. Certainly he must have waited for a clear, starless night for his picture. Schmölz never exhibited or published his night scenes. It is only in recent years that interest has been taken in these unusual documents of luminous German postwar buildings.

In the U.S.A., there was another sea-change in contemporary urban photography in the seventies that would have considerable effect on artistic esthetics. The triviality of everyday life and the unglamorous downside of urban life moved center stage. In 1975 William Jenkins, curator of George Eastman House (International Museum of Photography) in Rochester opened a now legendary photo exhibition called *New Topographics. Photographs of a Man-Altered Landscape.* Ten photographers presented their seemingly almost incidental view of the great myth of American historiography—the expanses of what used to be the Wild West. The artists were not a cohesive group and pursued quite different artistic aims, and yet the New Topographics label stuck to them. Among them were Robert Adams, Stephen Shore, and Lewis Baltz, as well as the German couple Bernd and Hilla Becher, who later influenced many young photographers with their building typologies (the "Becher School"). The steady rise in the status of suburbia as subject matter continued meantime, and still inspires young artists.

With the video camera, Doug Aitken (born 1968) explores the pulsating arteries of a city, which in his case means principally the suburbs of American cities—the huge car parks of shopping malls, filling stations, and attached fast-food franchises. In his film installation *Electric Earth* (1999) he gets dancer Ali (Giggi) Johnson to dance and jig his way through nocturnal Los Angeles, the film seeming to show him drawing energy from the countless lights and uncoordinated clusters of light—traffic lights, neon lights etc. Giggi became a reflection surface of the light-energy field of the city, tracing the nocturnal urban scene with his body. In Aitken's composition *collision x 4* (2000, fig. p) it is no longer moving bodies but just the traces of colored light left by planes taking off and landing that are to be seen. The silhouette of an airport can be made out on the upper and lower edge of the picture. Doug Aitken reflected photography and made a surprising composition of it. The shafts of light run together from all four corners of the picture to make an astral shape. A collision seems inevitable in the middle of the picture. The symmetrical layout is in itself harmonious and at the same time indicates the dynamism of modern life, which takes possession of the night sky and turns night into day.

"Absolute night doesn't exist," said Brassaï in the thirties. Following this motto, Stuttgart artist Michael Schnabel (born 1966) photographs the night sky, which shows up in a wide range of colors according to the luminosity of cities and places. The sky near the city fluctuates in tones of yellow and brown (fig. h), while over the Swabian Alp it appears black and slightly greenish (fig. i). Schnabel's photographs look like monochrome paintings, yet they illustrate the nocturnal effect of luminous buildings.

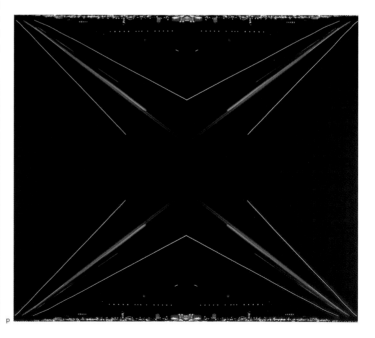

o

p

o   Karl Hugo Schmölz, *Sparkasse bei St. Andreas,* 1956, Fotografie, Archiv Wim Cox, Köln
p   Doug Aitken, *collision x 4,* 2000, C-Print, Sammlung DaimlerChrysler

1 Brassaï, quoted from Annick Lionel-Marie, "Das Auge licht sein lassen," in *Brassaï,* Alain Sayag and Annick Lionel-Marie (eds.), exh. cat. Centre national d'art et de culture Georges Pompidou, Paris (2000) and Albertina, Vienna (Vienna, 2003), p. 157.
2 Virtually nothing is known about Georges Garen's life and work.
3 Georges Didi-Huberman, *L'invention de l'hystérie. Charcot et l'Iconographie photographique de la Salpêtrière* (Paris, 1982), pp. 47 – 68.
4 Denis Bernard and André Gunthert, *L'instant rêvé. Albert Londe* (Nîmes, 1993), pp. 223 – 241.
5 The correspondence is published in Iain Boyd Whyte and Romana Schneider (eds.), *Die Gläserne Kette. Briefe von Bruno Taut und Hermann Finsterlin, Hans und Wassili Luckhardt, Wenzel August Hablik und Hans Scharoun, Otto Gröne, Hans Hansen, Paul Goesch und Alfred Brust* (Ostfildern, 1996).
6 Bruno Taut, *Die Stadtkrone* (Jena, 1919), p. 69.
7 See *Kristall. Metapher der Kunst. Geist und Natur von der Romantik zur Moderne,* Ingrid Wernecke and Roland März (eds.), exh. cat. Lyonel-Feininger-Galerie, Quedlinburg (Leipzig, 1997); Regine Prange, *Das Kristalline als Kunstsymbol. Bruno Taut und Paul Klee. Zur Reflexion des Abstrakten in Kunst und Kunsttheorie der Moderne* (Hildesheim et al., 1991).
8 Manfred Speidel, "Zu Bruno Tauts theoretischem Werk," in *Bruno Taut. 1880 – 1938. Architekt zwischen Tradition und Avantgarde,* Winfried Nerdinger et al. (eds.) (Stuttgart and Munich, 2001), pp. 396 – 403.
9 See *Lyonel Feininger. Gelmeroda—Ein Maler und sein Motiv,* Wolfgang Büche (ed.), exh. cat. Staatliche Galerie Moritzburg, Halle and Van der Heydt Museum, Wuppertal (Ostfildern, 1995).
10 Annegret Hoberg, "Delaunay und das Bauhaus," in *Delaunay und Deutschland,* Peter-Klaus Schuster (ed.), exh. cat. Haus der Kunst, Munich (Cologne, 1985), pp. 292 – 310.
11 For Bauhaus esotericism see *Das Bauhaus und die Esoterik,* Christoph Wagner (ed.), exh. cat., Gustav Lübke Museum, Hamm and Museum im Kulturspeicher, Würzburg (Bielefeld, 2005).
12 Lyonel Feininger in a letter to his wife Julia dated March 9, 1925, quoted from Peter Hahn, "Papileo. Lyonel Feininger als Bauhaus-Meister," in *Lyonel Feininger—Von Gelmeroda nach Manhattan. Retrospektive der Gemälde,* Roland März (ed.), exh. cat. Neue Nationalgalerie, Berlin and Haus der Kunst, Munich (Berlin, 1998), pp. 263 – 271, here p. 270.
13 The ZKM—Museum für Neue Kunst in Karlsruhe recently put on a major exhibition on the development of light art from its beginning with Moholy-Nagy to today. See *Lichtkunst aus Kunstlicht. Licht als Medium der Kunst im 20. Jahrhundert,* Peter Weibel and Gregor Jansen (eds.), exh. cat. ZKM—Museum für Neue Kunst, Karlsruhe (Ostfildern, 2006).
14 Anne Hoormann, *Lichtspiele. Zur Medienreflexion der Avantgarde in der Weimarer Republik* (Munich, 2003), pp. 38 – 59.
15 *Malerei, Fotografie, Film* first appeared 1925; Moholy-Nagy revised the second edition (1927) and included more pictures. See László Moholy-Nagy, *Malerei, Fotografie, Film* (Neue Bauhausbücher vol. 8, facsimile), Hans M. Wingler (ed.), 2nd ed. (1927) (Mainz, 1967), p. 37.
16 Moholy-Nagy wrote of the film: "The film *Dynamik der Gross-stadt* is intended neither to teach, nor moralize, nor narrate. It is intended only visually, to have just a visual effect." From Moholy-Nagy 1967 (see note 15), p. 120.
17 Dietrich Neumann and Karen Bouchard, "Simpson's Departement Store, London, 1936," in Dietrich Neumann, *Architektur der Nacht* (Munich and New York, 2002), p. 168 f.
18 László Moholy-Nagy, "Light Architecture," *Industrial Arts,* I / 1 (1936). Reprinted in Richard Kostelanetz (ed.), *Moholy-Nagy* (New York, 1970), pp. 155 – 159.
19 See Neumann 2002 (see note 17), p. 28. Teichmüller first published the concept in Joachim Teichmüller, "Lichtarchitektur," *Die Lichttechnik. Offizielles Organ der Österreichischen Lichttechnischen Gesellschaft,* 4 (1927).
20 The Lichttechnisches Institut published a brochure on the subject of festivals of light: R.G. Weigl and O. Knoll, *Richtlinien für die lichttechnische Gestaltung eines Lichtfestes* (Karlsruhe, 1929).
21 See Mary Woods, "Photography of the Night: Skyscraper Nocturne and Skyscraper Noir in New York," in Neumann 2002 (see note 17), pp. 68 – 76.
22 Donald Albrecht, "Introduction," in *The Mythic City. Photographs of New York by Samuel Gottscho,* Donald Albrecht (ed.), exh. cat. Museum of the City of New York (New York, 2005), p. 29 f.
23 A famous example of this is Fritz Lang's film *M* (1931).
24 Lionel-Marie 2003 (see note 1), pp. 151 – 165.
25 Louis Aragon, *Le Paysan de Paris* (Paris, 1926).
26 André Kertész (1894 – 1985), a Hungarian like Brassaï, made early use of illustrated magazines. He provided the pictures for a famous photo report on the unknown nocturnal underworld of Paris. A. H. Kober, "Die Unterwelt der Grossstädte," *UHU* (September 12, 1929).
27 Karl Hugo Schmölz came into contact with the influential architectural scene at an early age thanks to his father Hugo Schmölz (1879 – 1938), who took photographs for the best-known architects in the Rhineland in the twenties and thirties and Albert Speer's ministry during the Nazi period. For Karl Hugo Schmölz see *Köln-Ansichten. Fotografien von Karl Hugo Schmölz. 1947 bis 1985,* Reinhold Misselbeck and Wolfram Hagspiel (eds.) (Cologne, 1999).

Anwendungsarten **Applications**

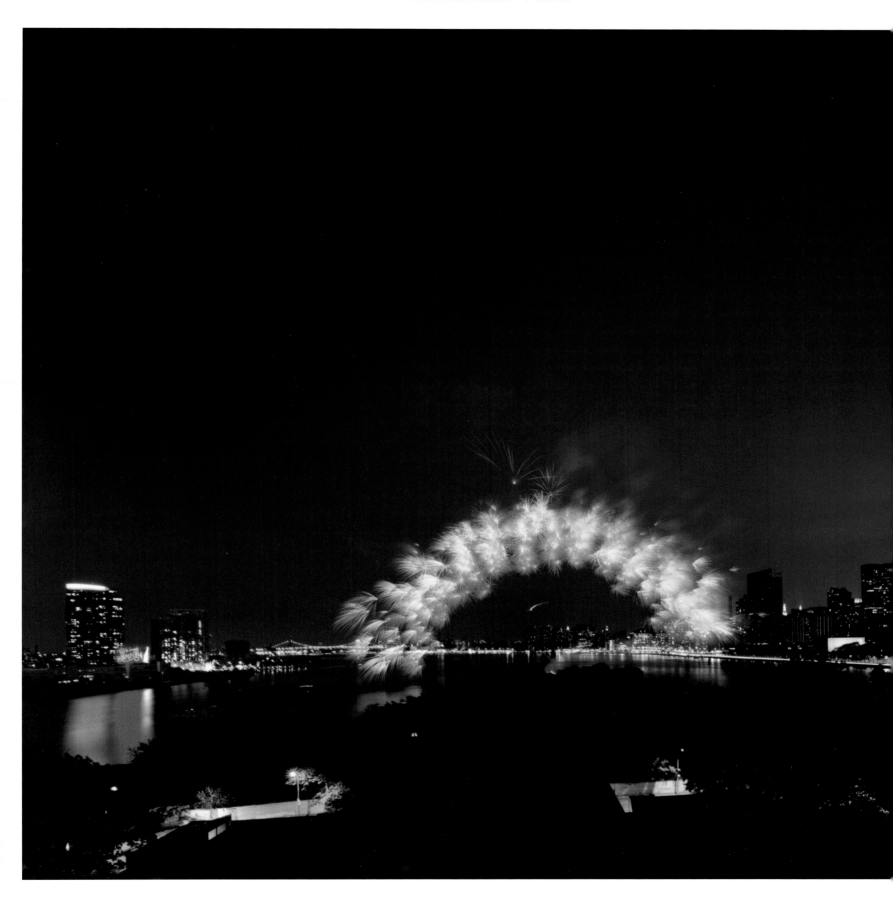

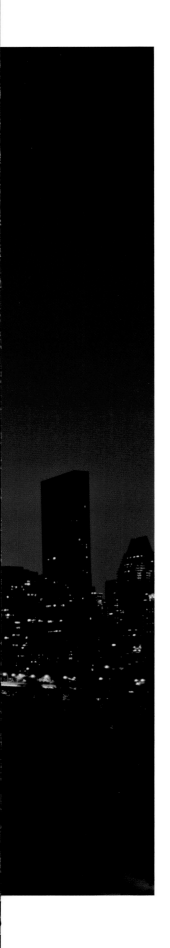

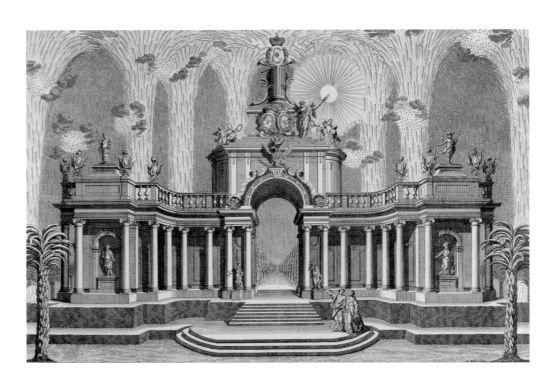

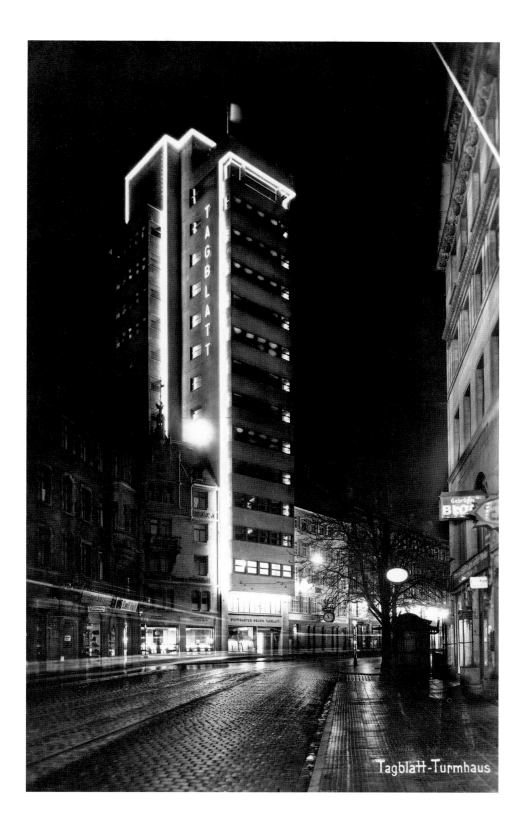

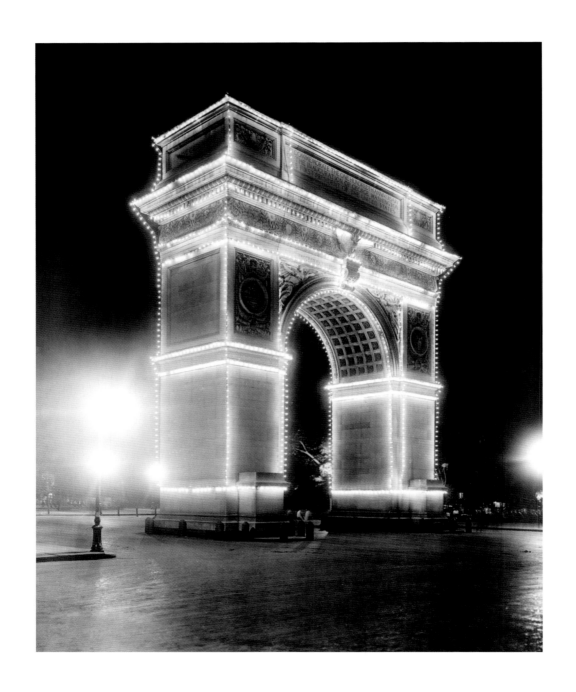

3 Ernst Otto Oßwald, Tagblatt-Turm, Stuttgart, 1928, zeitgenössische Postkarte
4 John H. Duncan, The Soldiers and Sailors Arch (1892), New York, während der »Hudson Fulton Celebration«, 1909, Museum of the City of New York

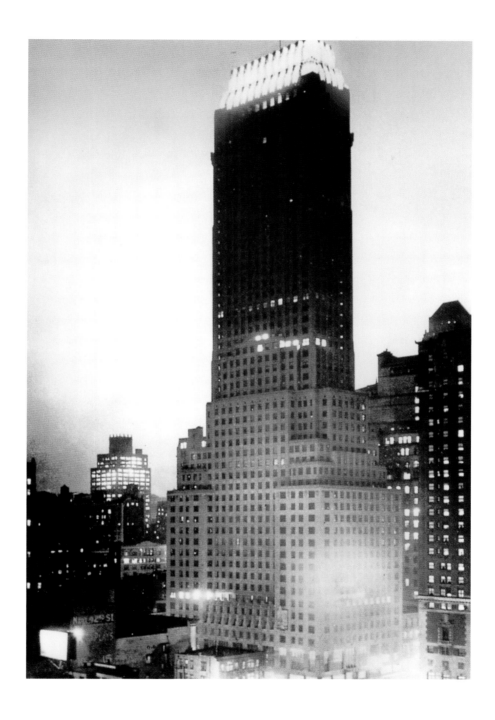

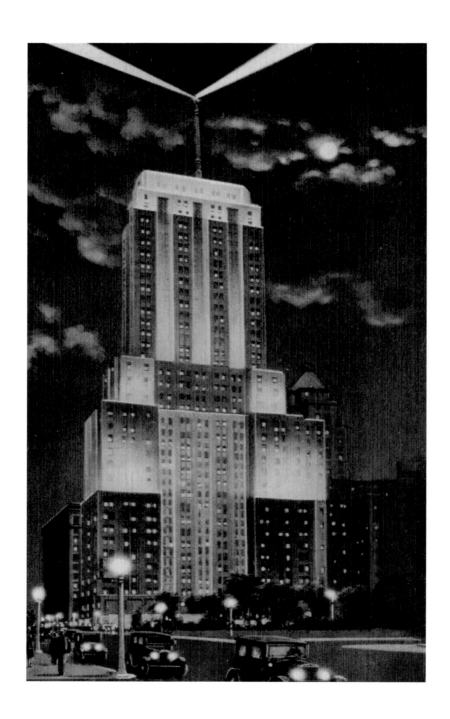

5 Sloan & Robertson, Chanin Building, New York, 1929
6 Sloan & Robertson, Palmolive Building, Chicago, 1929, zeitgenössische Postkarte

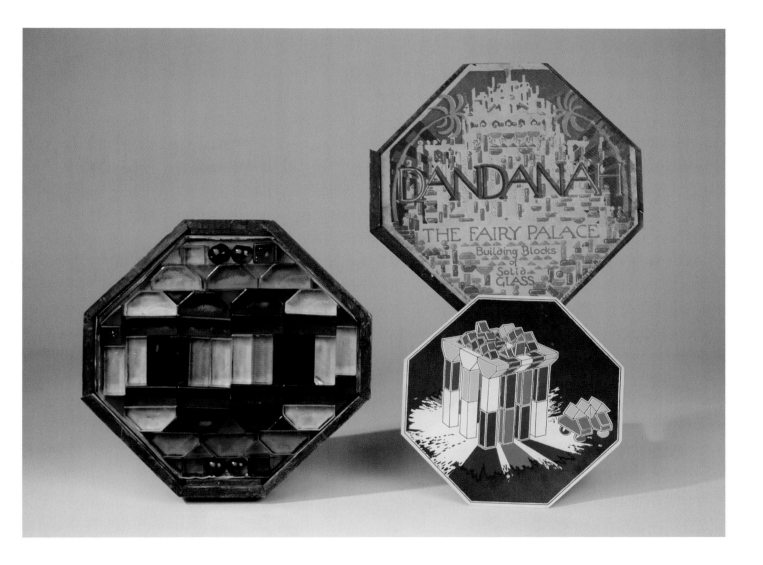
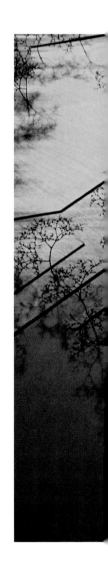

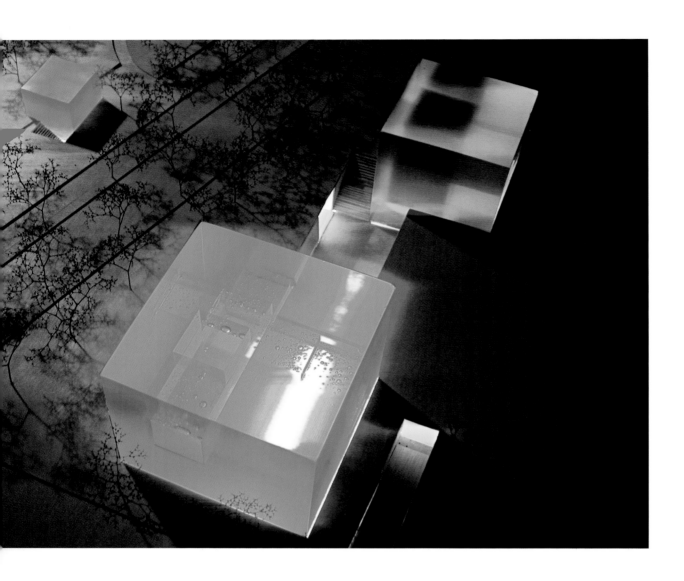

7   Bruno Taut, *Dandanah*, 1920, Glasbausteine, Deutsches Spielzeugmuseum Sonneberg
8   Casanova + Hernandez, Tittot Glass Museum, Taipei, 2004, Wettbewerbsmodell

hans r. nebel 198?

the color effects are brilliant
and the light, and color
make its beauty extraordinary
... in intensity as
compared ... of the
... the pinnacle, and it
... by the ... appears.
... of fire appears ...
... of the effect of enormous
... independent in the ...
build the dazzling light
reflected ... the ...
about ... of the
... the ... it is ... the
... ... never achieved.

edwin onchan about the woolworth building, 1917

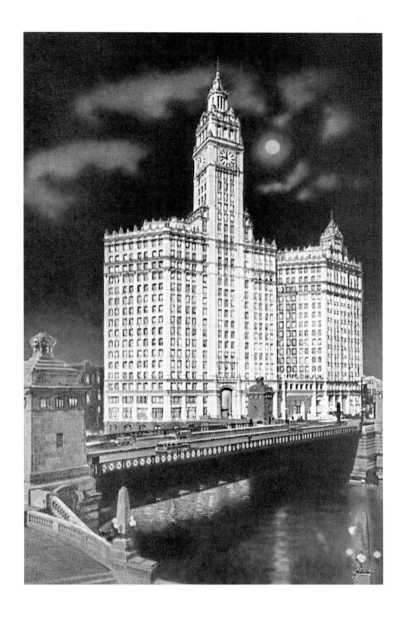

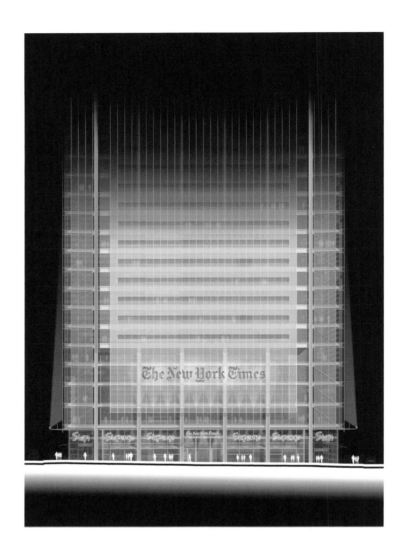

9 Graham, Anderson, Probst & White, Wrigley Building, Chicago, 1921/25, zeitgenössische Postkarte
10 The Renzo Piano Building Workshop, New York Times Headquarters, New York, 2003–2006, Lichttechnik: Office for Visual Interaction (OVI), New York

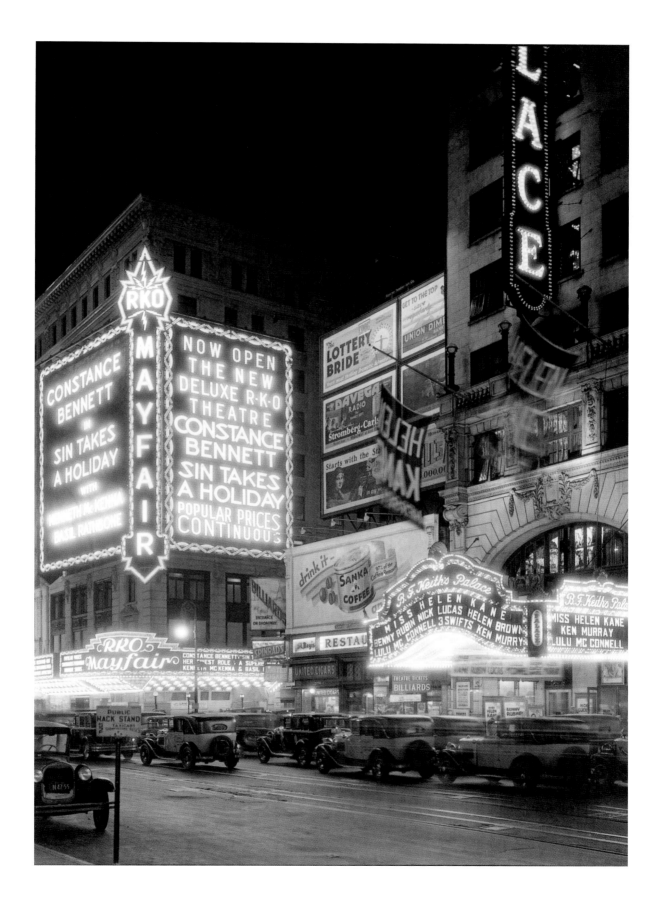

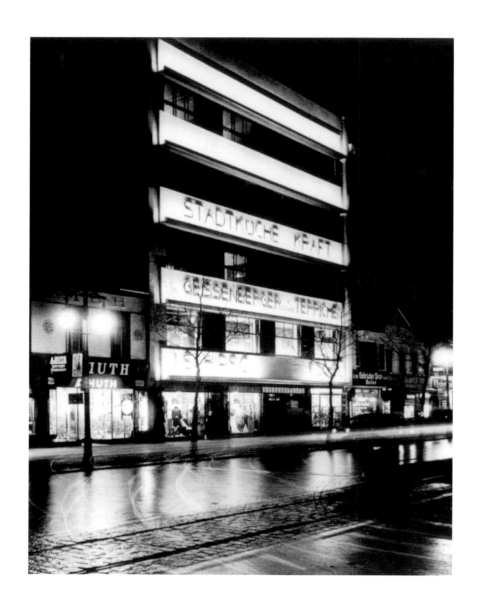

11 Samuel Gottscho, *Broadway at night,* Fotografie, The Museum of the City of NY
12 Hans und Wassili Luckhardt und Alfons Anker, Geschäftshaus Tauentzienstraße 3,
Berlin, 1925 – 1927

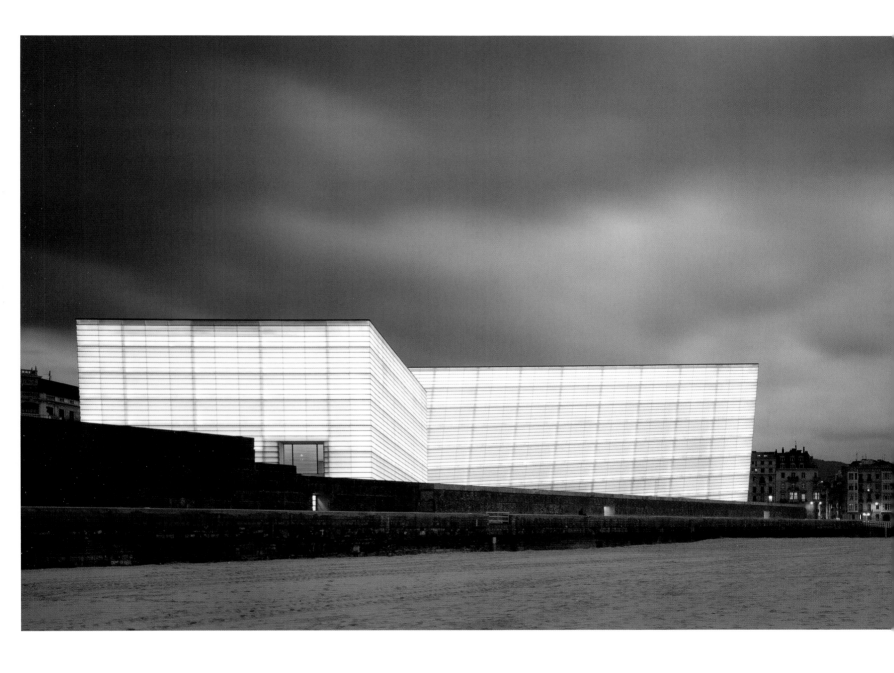

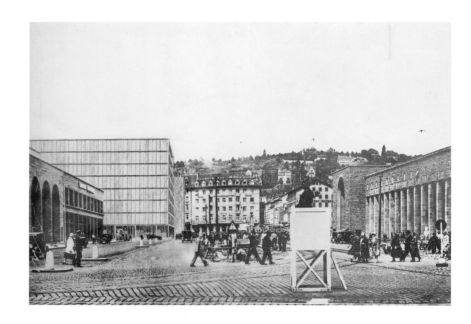

13 Rafael Moneo, Kursaal, San Sebastian, 1999
14 Ludwig Mies van der Rohe, Bank- und Bürohaus, Stuttgart, 1928, Fotomontage, Museum of Modern Art, New York

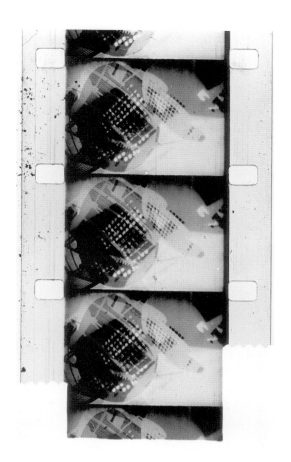

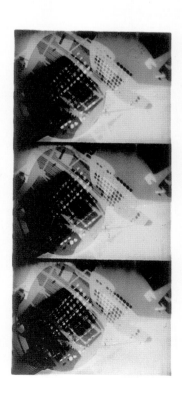

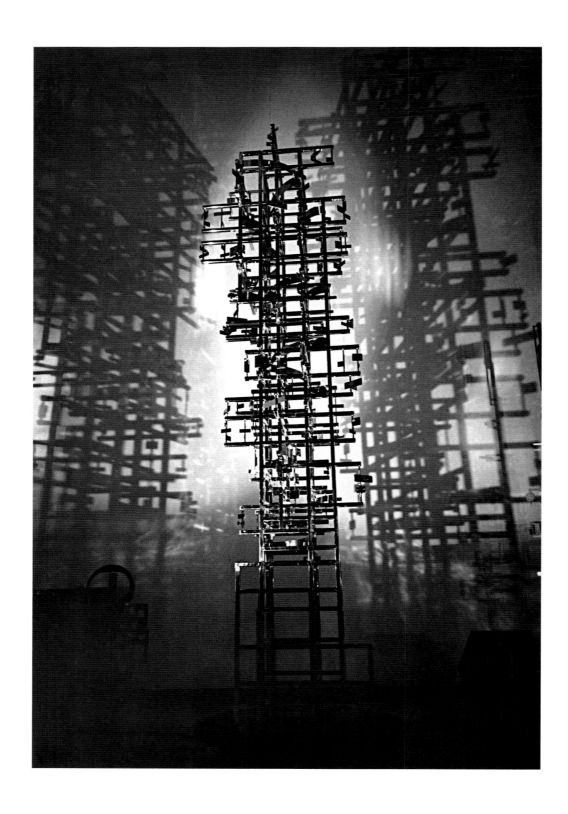

15   László Moholy-Nagy, *Lichtspiel: Schwarz – Weiß – Grau*, 1929 / 30, Film
16   Nicolas Schöffer, *Tour Lumière Cybernétique de Paris – La Défense (Chronos 4)*,
Entstehungsdatum 1963, Modell

gio ponti 1957

it should be a material unit

which we build - an html -

which can be a part

of right and a common

during the day.

James Jarvais

Feuerwerke Feuerwerke verzaubern, sind geheimnisvoll, magisch. In Adornos *Ästhetischer Theorie* gelten sie als prototypisch für das Phänomen des Kunstwerks. Das Feuerwerk ist ganz an den Augenblick gebunden und offenbart in der Plötzlichkeit und Flüchtigkeit seinen Kunstcharakter.

Am 29. Juni 2002 entfalten sich vor dem New Yorker Nachthimmel die leuchtenden Farben eines Regenbogens. Er baut sich im Stakkato auf, bis er nach etwa 12 Sekunden für einen kurzen Augenblick in vollendeter Form erkennbar wird. Einer präzisen Choreografie folgend, explodieren die Feuerwerksraketen, durch Computerchips gesteuert, immer genau drei Sekunden nach ihrem Abschuss. Jeweils punktuell werden dadurch Farbkaskaden in Rot, Orange, Gelb, Grün, Blau, Hellblau und Rotviolett erzeugt, die in der Häufung und Verdichtung schließlich das Gesamtbild ergeben. Für einen kurzen Moment löst es sich auf, bis es sich noch einmal formiert und sich schließlich ein letztes Mal, nun durchsetzt mit schimmernden Effekten, in seiner ganzen Pracht am Himmel abzeichnet. Das Spektakel hat nicht länger als 15 Sekunden gedauert. Übrig bleiben nur etwas schwarzer Rauch und der Geruch von Schießpulver (Abb. 1; S. 48).

Der für den Umbau des Museum of Modern Art notwendig gewordene Umzug der Sammlung von Manhattan temporär in ein Gebäude in Queens hatte den Anlass zu dieser Performance gegeben, mit der Cai Guo-Qiang (geb. 1957) beauftragt worden war. Die ursprüngliche Konzeption des chinesischen Künstlers hatte sich im Laufe der einjährigen Vorbereitungszeit, innerhalb derer es am 11. September 2001 zu den Anschlägen auf das World Trade Center gekommen war, entscheidend verändert. Cai Guo-Qiangs Wahl eines in der christlichen Ikonografie verankerten Motivs ist nicht zuletzt als eine Reaktion auf jenes Trauma zu begreifen. Von überall her sollte der sich weit über den East River erhebende Regenbogen als Symbol der Hoffnung und des Friedens zu sehen sein, der in seiner Höhen- und Längenausdehnung jeweils knapp 100 Meter erreichte und von Manhattan aus eine Brücke in den Stadtteil Queens schlug. Intendiert war die Kollektiverfahrung des Publikums, während es in die Betrachtung des Feuerwerks als eines vertrauten öffentlichen Rituals versunken war.

In seinem gesamten Werk bezieht sich Cai Guo-Qiang auf Elemente der chinesischen Kultur, besonders auf deren traditionelle Aspekte. In China werde, so kommentierte er selbst, so gut wie jeder gesellschaftliche Anlass – sei es ein freudiger oder trauriger – dazu genutzt, ein Feuerwerk zu veranstalten.[1] Bevorzugt verwendet er Schwarzpulver, das Huo-pau, das bekanntlich im alten China erfunden wurde. Als Künstler reizt es ihn, mit einem Material zu arbeiten, das zugleich zerstören und erschaffen kann, dessen ambivalenter Charakter sich bereits in der Geschichte offenbarte.[2] Unmittelbar nach Entdeckung seiner Wirkung wurde es zur Abschreckung der Feinde und kurz darauf für die ersten primitiven Geschütze eingesetzt. Im 14. Jahrhundert, als es in Europa bekannt wurde, gelangte das Schwarzpulver sowohl zu kriegerischer als auch friedlicher Anwendung. So gehörte zur Ausbildung des Feuerwerkers in der frühen Neuzeit die Kunst des Kriegshandwerks ebenso wie die des Freudenfeuerwerks – Destruktion und schöpferischer Akt waren und sind untrennbar miteinander verknüpft. In seiner Serie zum *Black Rainbow (Schwarzen Regenbogen,* 2005; Abb. a) arbeitet Cai Guo-Qiang mit dem Umkehreffekt: Als schwarze Rauchzeichen erscheinen Regenbögen am taghellen Himmel, in zeitlichen Abständen an verschiedenen Orten in der Welt – als gute oder böse Vorzeichen.

Aufgrund seines flüchtigen Charakters stellte es von jeher eine besondere Kunst dar, ein Feuerwerk in einem Abbild zu fixieren. Das flackernde Licht, der Wind, der die Himmelsbilder verunklären kann, die kurze Dauer und die Unwiederholbarkeit des Ereignisses erschweren dies enorm. Cai Guo-Qiang hat für die Dokumentation des *Transient Rainbow (Flüchtigen Regenbogen)* in New York mit mehr als 20 Fotografen gearbeitet, die von verschiedenen Blickwinkeln aus, postiert auf beiden Uferseiten des Flusses – auf Häuserdächern, Brücken oder in Helikoptern –, das Feuerwerk von allen Seiten zugleich aufgenommen haben.

In früheren Jahrhunderten dienten Stiche und Feuerwerksbücher der genauen Dokumentation der Festinszenierungen – oft hatten sie extrem große Formate, mit denen panoramatische Überblicksdarstellungen ermöglicht werden sollten. Aus der Zeit des Barock und des Rokoko ist eine Vielzahl an entsprechenden Darstellun-

Fireworks Fireworks are enchanting, mysterious, magical. In Theodor Adorno's *Ästhetische Theorie (Aesthetic Theory)* they are considered prototypical for the work of art as a phenomenon. Fireworks exist entirely in the moment, and it is their immediacy and transitoriness that reveal their artistic character.

On June 29, 2002 the illuminated colors of a rainbow unfolded in New York City's evening skies. It formed in about twelve seconds of staccato motion, and then, for a brief moment, its completed shape was suddenly recognizable. Commanded by a computer chip and following precise choreography, every rocket exploded exactly three seconds after being fired. Each one cascaded into colors: red, orange, yellow, green, blue, light blue, and violet. Increasing and condensing, the final result was a whole image. It dissolved for a brief second, then reformed and once again, punctuated by shimmering effects, appeared in the heavens in all of its glory. The spectacle lasted no longer than fifteen seconds. All that was left of it was a bit of black smoke and the smell of gunpowder (fig. 1; p. 48).

This was all occasioned when the collection belonging to New York's Museum of Modern Art was moved to a building in Queens while the museum was being renovated. Cai Guo-Qiang (born 1957) had been commissioned to carry out this performance. During the preparatory phase, which also happened to take place around the time that the attacks on the World Trade Center occurred on September 11, 2001, the Chinese artist's original concept underwent crucial changes. Not last, Cai Guo-Qiang's selection of a motif anchored in Christian iconography can be regarded as a reaction to this trauma. The rainbow, visible far beyond the East River, was meant to be seen as a symbol for hope and peace. It covered a distance of one hundred meters in both height and length, and formed a bridge reaching from Manhattan to the borough of Queens. The goal was to create a collective experience for the observers immersed in the familiar public ritual of watching fireworks.

All of Cai Guo-Qiang's work refers to elements of Chinese culture, especially to its traditional aspects. In China, as the artist says, almost every occasion—whether joyful or sad—is considered a good reason to put on a fireworks display.[1] He prefers to use black gunpowder, *huo-pau,* which, as is commonly known, was invented in China. As an artist, he is interested in working with material that can simultaneously destroy and create, whose ambivalent character has been exposed throughout history.[2] Directly after its invention, gunpowder was used first to frighten off enemies and then shortly afterward in the making of primitive guns. During the fourteenth century, when it became known in Europe, black gunpowder was employed in affairs of both war and peace. In the early modern era, apprentices learning how to work with fireworks were taught how to use it in both situations. Destruction and creation were inextricably connected. In his series *Black Rainbow* (2005, fig. a) Cai Guo-Qiang worked with a reverse effect. Rainbows appeared in broad daylight as black smoke signals at different times in different places around the world—as omens for either good or evil.

Owing to the fleeting quality of fireworks, it is only a special kind of art that is capable of capturing them as images. Flickering light, wind that can distort the images in the sky, fireworks' short duration, and the inability to repeat the experience make the process enormously difficult. In order to document *Transient Rainbow* in New York Cai Guo-Qiang worked with more than twenty photographers who—posted on both banks of the river on rooftops, bridges, or in helicopters—photographed the fireworks from all directions at the same time.

In previous centuries, engravings and "fireworks books" served to document the fireworks festivities. They were often very large, to allow enough room for panoramas. Many of these depictions

gen überliefert. Typisch für das Feuerwerk jener Zeit ist die faszinierende Vielfalt an so genannten Frontstücken: Dies sind Räder, die sich sowohl horizontal als auch vertikal drehen und sich dabei in silber- oder goldglänzende Feuerräder oder Springbrunnen verwandeln. Im grafischen Ornament des Stichs (Abb. 2; S. 49), der anlässlich der Hochzeit des Großfürsten Paul von Russland mit Maria Feodorowna, der württembergischen Prinzessin Sophie Dorothee, am 26. September 1776 in St. Petersburg angefertigt wurde, lassen sich solche Elemente des Feuerwerks erkennen. Auch Vulkane und Fontänen, die beeindruckende Feuerwände erzeugten, waren zu jener Zeit sehr beliebt. Hinzu kamen pyrotechnische Effekte, durch die gigantische Vorhänge aus Tausenden von Goldflittern suggeriert wurden, die wie Wasserfälle in die Tiefe stürzten. Doch konnten keine Farben außer Gold sowie leicht silbrig schimmernde Effekte erzeugt werden. Anstelle einer heute üblichen hellen Leuchtkraft nahm man Kohlefunken wahr.

Im 17. und 18. Jahrhundert inszenierte man das Feuerwerk mit Vorliebe in Park- und Schlossanlagen, da die vorhandene landschaftliche und architektonische Umgebung als Kulisse miteinbezogen werden konnte. Man scheute sich aber auch nicht, ganze Schlösser nachzubauen und aufwändige, kunstvoll bemalte Prospekte schaffen zu lassen. Auf dem Stich zur Hochzeit der württembergischen Prinzessin lässt sich eine eigens für die Festinszenierung errichtete, frühklassizistische Architektur erkennen.[3]

Barocke Feuerwerke wurden mit heute kaum mehr vorstellbarem Aufwand inszeniert; mit 20 000 Raketen, 6000 Feuertöpfen und Vulkanen sowie 80 großen Sonnen, die Durchmesser bis zu 30 Metern aufwiesen, soll das Feuerwerk im Park von Versailles unter Ludwig XV. im Jahr 1770 gestaltet gewesen sein. Im 19. Jahrhundert wurden solche gigantischen Inszenierungen von Herrschern und Adel seltener, stattdessen zeichnete sich eine Tendenz zur »Demokratisierung des Feuerwerks«[4] ab, das nun mit Vorliebe in großen öffentlichen Anlagen oder Vergnügungsparks abgehalten wurde. Zu einer äußersten Steigerung kam es anlässlich der Eröffnung der Brooklyn Bridge in New York 1883: Man feierte mit einem einstündigen Riesenfeuerwerk, bei dem Feuerwerkskörper von Heißluftballons aus abgefeuert wurden.

Für jeden Betrachter zeichnete sich das Schauspiel gleichermaßen sichtbar am Himmel ab; das Feuerwerk entfaltete seine Wirkung als eine universale, jedem zugängliche Bildsprache. So boten auch gerade die Weltausstellungen, zu denen seit dem Ausbau des Eisenbahnnetzes Besucherströme aus aller Welt aufeinander trafen, die idealen Szenarien für prächtige Feuerwerke, die die Menschen für Augenblicke gemeinsamer Betrachtung in einer Kollektiverfahrung vereinten.   Marion Ackermann

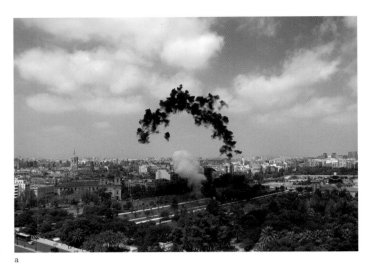
a

have survived from the baroque and rococo eras. Typical for the fireworks of those periods is the fascinating variety of so-called fronts: wheels that turn both horizontally and vertically, transforming along the way into glittering silver or gold wheels of fire or fountains. These types of fireworks elements can be seen in an engraving (fig. 2; p. 49) done in honor of the wedding of Crown Prince Paul of Russia and Maria Fyodorovna, née Sophie Dorothea of Württemberg, on September 26, 1776 in St. Petersburg. Very impressive fireworks resembling volcanoes and fountains were quite popular at this time as were pyrotechnic effects suggesting gigantic curtains made of thousands of bits of golden glitter, which seemed to plunge into the depths like waterfalls. However, it was not possible to create any other color except gold and some silver. Instead of the powerful illuminations we usually see nowadays, people in those days saw smoky sparks.

During the seventeenth and eighteenth centuries, fireworks were primarily presented in the grounds of parks and castles, since the surrounding landscapes and buildings could be included as settings. However, people did not hesitate to build entire castle façades and make complex, artfully painted backdrops. In the engraving made for the Princess of Württemberg, it is possible to see an early classical building constructed especially for the festivities.[3]

Baroque fireworks were staged with a sumptuousness that can hardly be imagined today. In 1770 the fireworks for Louis XV in the park at Versailles supposedly featured 20,000 rockets, 6,000 firepots and volcanoes, and 80 large suns measuring up to 30 meters in diameter. In the nineteenth century, these types of gigantic displays became more rare among the aristocracy. Instead, there was a tendency toward the "democratization of fireworks,"[4] which were then preferably held in large public areas or amusement parks. An extreme was reached when the Brooklyn Bridge opened in New York in 1883: a one-hour-long fireworks display, in which rockets were shot from hot-air balloons, marked the occasion.

The show was equally visible to every viewer; fireworks proved to be a universal visual language that anyone could understand. Thus the world fairs—which, since the expansion of the railways, had attracted streams of visitors from around the world—became the ideal settings for splendid fireworks that united people for moments of observation in a collective experience.
Marion Ackermann

a   Cai Guo-Qiang, *Black Rainbow*, 2005, Valencia

1   »Octavio Zaya in conversation with Cai Guo-Qiang«, in: *Cai Guo-Qiang*, hrsg. von Dana Friis-Hansen, Octavio Zaya und Serizawa Takashi, London 2002, S. 8 – 34 , hier: S. 14.
2   Ebd., S. 13.
3   Michael Wenger, »Schillers Herzog. Zum Wandel der Festkultur unter Herzog Karl Eugen von Württemberg«, in: *GeistesSpuren, Friedrich Schiller in der Württembergischen Landesbibliothek*, hrsg. von Jörg Ennen und Vera Trost, Stuttgart 2005, S. 13 – 49, hier: S. 14 f.
4   »Fireworks! Four Centuries of Pyrotechnics in Prints and Drawings«, in: *Metropolitan Museum of Art Bulletin*, Bd. 57, Nr. 1, Sommer 2000, S. 47.

Konturbeleuchtung Der 1928 eingeweihte Tagblatt-Turm markierte einen Wendepunkt in der Stuttgarter Architekturlandschaft. Der von Ernst Otto Oßwald (1880–1960) erbaute Büroturm für das Stuttgarter *Neue Tagblatt* war mit seinen 16 Geschossen das erste Hochhaus der Stadt (Abb. 3; S. 50). Der Vorgängerbau der Tageszeitung war zu klein geworden, und um den zentralen Standort nicht aufgeben zu müssen, entschloss sich die Geschäftsleitung des *Tagblatts,* ein Hochhaus zu errichten. Der Chefredakteur Carl Esser wie auch der damalige Oberbürgermeister Karl Lautenschlager verstanden diesen Neubau als ein Symbol für die moderne aufstrebende Großstadt, als die sich Stuttgart präsentieren wollte.[1] Eine entscheidende Rolle spielte das nächtliche Erscheinungsbild des Turms: Oßwald entwarf eine Konturbeleuchtung für den Stahlbetonbau, welche die Vor- und Rücksprünge und vor allem den oberen Aufsatz betonte. Der Architekt konzipierte damit eine komplementäre Nachtfassade zu dem gegenüberliegenden Kaufhaus Schocken (1926–1928; Abb. a). Der von Erich Mendelsohn (1887–1953) erbaute Schocken leuchtete in der Dunkelheit von innen heraus, während am Tagblatt-Turm die äußere Struktur hervortrat. Von der Seite betrachtet, verlor der Turm so seine Dreidimensionalität und wirkte wie ein leuchtendes Rechteck. Die so genannte »Moore-Beleuchtung«, ein für den damaligen technischen Stand geradezu innovatives Verfahren, wurde von der AEG ausgeführt.
D. McFarland Moore hatte in einer Reihe von Experimenten herausgefunden, dass Edelgase wie Neon oder Argon zu leuchten beginnen, wenn elektrischer Strom durch die Gasmoleküle fließt. Aus diesen Erkenntnissen entwickelte der Franzose Georges Claude zu Beginn des 20. Jahrhunderts die erste Neonröhre. Sie sollte vor allem für farbige Lichtreklame und für Festbeleuchtungen eingesetzt werden. Hinter der Bezeichnung »Moore-Beleuchtung« verbarg sich folglich eine moderne Leuchtstoffröhren-Installation, welche die älteren Modelle der Konturbeleuchtung obsolet werden ließ.
Tatsächlich hatte sich die Konturbeleuchtung in der Zeit vor dem Ersten Weltkrieg vor allem in der Festarchitektur durchgesetzt. Zu Beginn des 20. Jahrhunderts erzeugten Lichtdesigner eine helle Kontur, indem sie Tausende von Glühbirnen aneinander reihten, mal ganz dicht, um eine geschlossene Konturlinie zu erzeugen, mal im großen Abstand, um eine unterbrochene Linie zu suggerieren. Auf der Pariser Weltausstellung von 1900 kam diese Beleuchtungstech-

nik an allen zentralen Bauten zum Einsatz: Der Eiffelturm war mit 7000 Glühbirnen bestückt; das Eingangstor zum Ausstellungsgelände erstrahlte dank 3100 farbiger Glühbirnen; und der monumentale Elektrizitätspalast war allein an der Fassade mit 5700 Glühlampen besetzt.[2]
Auch in den USA galt die Konturbeleuchtung um 1900 als beliebte Lichtdekoration bei Handelsausstellungen (beispielsweise auf der Pan-American Exposition in Buffalo, 1901) und bei den populären Vergnügungsparks, die sich schnell im ganzen Land ausbreiteten. In Coney Island, unweit von New York City, eröffneten kurz hintereinander mehrere Luna Parks, deren eklektizistische Märchenland-Architektur sich mittels Konturbeleuchtung weithin sichtbar in der Nacht abzeichnete (Abb. b). Durch diesen populistischen Einsatz war die Konturbeleuchtung bei amerikanischen Architekten zunehmend in Verruf geraten. Ihre Gebäude wollten sie nicht wie ephemere Bauten eines Vergnügungsparks inszenieren, weshalb sie vermehrt ästhetische Einwände gegen diese Form der Gebäudebeleuchtung erhoben. Die Debatte wurde von dem Architekturprofessor C. Howard Walker angeführt. Er argumentierte, dass die Lichterketten den Baukörper optisch auf plane Flächen reduzierten und so die Wahrnehmung auf unverantwortliche Weise verfälschten.[3]
Bei der New Yorker »Hudson Fulton Celebration« im Jahr 1909 kamen sämtliche Beleuchtungsarten zum Einsatz und offenbarten so die jeweiligen Vor- und Nachteile. Die Feierlichkeiten zu Ehren von Henry Hudsons Entdeckerreise von 1609 und von Robert Fulton, dem Erfinder des Dampfschiffes, standen ganz im Zeichen des Triumphzuges der Elektrizität. Die Erfindungen und Entdeckungen der Vergangenheit wurden nun mittels der allge-

Outline Lighting The opening of the Tagblatt Tower in 1928 marked a turning point for the architectural landscape in Stuttgart. With its sixteen stories, the office tower built by Ernst Otto Osswald (1880–1960) for the Stuttgart *Neues Tagblatt* was the city's first skyscraper (fig. 3; p. 50). The newspaper had outgrown its previous building, so—not wanting to give up the central location—the executive board of the *Tagblatt* decided to erect a skyscraper. Both editor-in-chief Carl Esser and Karl Lautenschlager, Stuttgart's mayor at the time, regarded this new building as a symbol for the modern, ambitious city Stuttgart wished to represent.[1] An important factor was the tower's appearance at night: Osswald designed a type of contour lighting for the steel-and-concrete building, which emphasized its projections and recesses, as well as the upper part of the tower in particular. The architect's idea was to create a nighttime façade that would complement the Schocken department store opposite (1926–28, fig. a). Built by Erich Mendelsohn (1887–1953), the Schocken building seemed to glow from within in the dark, whereas in the case of the Tagblatt Tower, it was the building's external structure that was most apparent. Viewed from the side, the tower lost its three-dimensionality and looked like an illuminated rectangle. AEG was hired to apply the so-called "Moore lighting," a very innovate process, considering the state of the technology at the time.
In a series of experiments at the end of the nineteenth century, D. McFarland Moore had discovered that a rare gas such as neon or argon would glow if an electric current flowed through its molecules. Using this knowledge as his basis, French inventor Georges Claude made the first neon tube at the beginning of the twentieth century. It was used in particular for colorful illuminated advertisements and festive lighting. Hence, the term "Moore lighting" described a kind of modern lighting installation that made older models of contoured lighting obsolete.
In fact, it was chiefly thanks to festival architecture that outline lighting became common during the period before the First World War. Lighting designers created bright contours by lining up thousands of light bulbs in rows. When they were very close together, they created a continuous line, and when they were placed very far apart, they suggested a dotted line. This kind of lighting was used for all of the important buildings at the 1900 Paris Exposition.

The Eiffel tower was decorated with 7,000 light bulbs; the entry gate to the fairgrounds was lit with 3,100 colored lights, and the façade alone of the monumental Palace of Electricity was covered with 5,700 light bulbs.[2]
In the U.S.A. as well, outline lighting became a common type of illuminated decoration at trade fairs (such as the Pan-American Exposition in Buffalo, 1901) and the popular amusement parks that were rapidly spreading throughout the country. At Coney Island, not far from New York City, several Luna Parks opened in quick succession. Their eclectic fairytale architecture was visibly outlined at night using contour lighting (fig. b). Owing to this populist usage, contour lighting gradually fell into disrepute with American architects. They did not want to give their architecture the look of ephemeral amusement park buildings, so they increasingly raised esthetic objections to this kind of illumination. Professor of architecture C. Howard Walker led the debate. He argued that the chains of lights optically reduced the structures to flat planes and therefore adulterated perception in an irresponsible way.[3]
All of the different kinds of lighting techniques were employed at the 1909 Hudson Fulton Celebration in New York, where each of their advantages and disadvantages were revealed. The festivities honoring both Henry Hudson's 1609 exploratory journey and Robert Fulton, the inventor of the steamship, coincided with the triumphal arrival of electricity. Through the general electrification of the public sphere, the inventions and discoveries of the past were extolled. The practice of limiting the use of outline lighting to monuments and bridges began at the Hudson Fulton Celebration. Here, a monument known as the Soldiers and Sailors

meinen Elektrifizierung des öffentlichen Lebens gepriesen. Der allein auf Monumente und Brücken beschränkte Einsatz der Konturbeleuchtung nahm mit der »Hudson Fulton Celebration« seinen Anfang. Der Soldiers and Sailors Arch, ein Denkmal, war (Abb. 4; S. 51) hier das prominente Beispiel für einen Bau mit Konturbeleuchtung. Nicht von ungefähr war kein Gebäude, sondern ein öffentliches Monument in dieser Technik angestrahlt worden: An den meisten Hochhäusern hatte sich bereits die Flutlichtbeleuchtung durchgesetzt, die das Gebäude gleichmäßig und ganzflächig anstrahlte. Nach dem Ersten Weltkrieg verschwand in den USA die Konturbeleuchtung an Gebäuden fast vollständig.

In Deutschland hingegen bekam diese Beleuchtungstechnik durch Neubauten wie den Stuttgarter Tagblatt-Turm wieder Aufschwung. Die Hauptstadt Berlin, aber auch Stuttgart waren Lichterstädte, die ihre Zentren mit einer abwechslungsreichen Illuminierung aufzuwerten versuchten. Der Zweite Weltkrieg brachte diese Bestrebungen zu einem abrupten Ende: Die Kosten für die Beleuchtung des Tagblatt-Turms konnten nicht mehr getragen werden; einige Jahre später wurde die gesamte Lichtanlage demontiert. Um so bemerkenswerter ist das neu erwachte Bewusstsein für die historische Beleuchtung und für die Identität als moderne »Lichtstadt«. Seit November 2005 besitzt der Stuttgarter Tagblatt-Turm wieder eine der sehr selten gewordenen Konturbeleuchtungen (Abb. c). Simone Schimpf

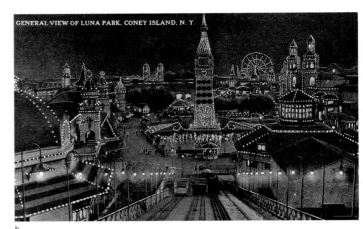

b

Arch (fig. 4; p. 51) was the most prominent example of a structure featuring outline lighting. There was a reason why this technique was employed to illuminate a public monument and not a building: floodlights were already the most popular source of lighting for skyscrapers, as they evenly illuminated the surfaces of a building. After the First World War, contour lighting on buildings almost entirely disappeared in the U.S.A.

In Germany, on the other hand, this technique was revitalized through its use on new buildings such as the Stuttgart Tagblatt Tower. Both Berlin, the capitol, and Stuttgart were luminous cities that tried to increase the attraction of their downtowns with a wide range of lighting. The Second World War brought this attempt to an abrupt end: the costs for lighting the Tagblatt Tower could no longer be paid; a few years later, the entire lighting apparatus was dismantled. This makes the city's newly awakened awareness of historical lighting and its identity as a modern "illuminated city" all the more remarkable. Since November 2005, the Stuttgart Tagblatt Tower has once again been lit by the now rare technique of contour lighting (fig. c). Simone Schimpf

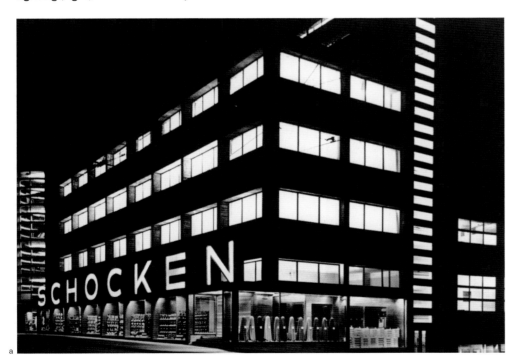

a

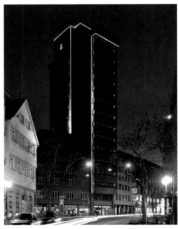

c

a   Erich Mendelsohn, Kaufhaus Schocken, Stuttgart, 1926–1928
b   Luna Park, Coney Island, New York, 1926, zeitgenössische Postkarte
c   Ernst Otto Oßwald, Tagblatt-Turm, Stuttgart, mit neuer Konturbeleuchtung, 2006

1   *Stuttgart empor!*, Sonderausgabe des Stuttgarter *Neuen Tagblatts* zur Einweihung des Tagblatt-Turmhauses, 5. November 1928.
2   Dietrich Neumann, »L'Exposition Universelle, Paris, 1900«, in: Dietrich Neumann, *Architektur der Nacht*, München und New York 2002, S. 88.
3   Neumann 2002 (wie Anm. 2), S. 54.

Flutlicht   Eines der Prinzipien, das die moderne Architektur über den konstruktiven Rationalismus des 19. Jahrhunderts hinausführte, beruhte auf der Erkenntnis, dass sich die Umhüllung eines Baus unabhängig von dessen Konstruktion behandeln ließ. Das ließ sich bei der Gerüstkonstruktion von Hochbauten anwenden und fand als »freie Fassade« Eingang in Le Corbusiers (1887 – 1965) berühmten »fünf Punkten« der modernen Architektur. Erst als man die Chance erkannte, diese freiere Beziehung zwischen Haut und Knochengerüst eines Baus ästhetisch zu nutzen, begann ein selbstbewusst modernes Bauen. Die Flutlichtbeleuchtung von Außenfassaden richtete sich – vor allem bei Wolkenkratzern – nach den speziellen Gesetzen der Physik des Lichts und nicht nach den materiellen Bedingungen und begrifflichen Kategorien der Architektur. Zugleich schien das Flutlicht die Flächen nicht nur vom tragenden Gerüst zu lösen, sondern von Masse und Materie selbst.

So stellte die Flutlichtbeleuchtung für die Architekten sowohl eine pragmatische als auch eine philosophische Herausforderung dar. Sie waren gezwungen, sich einen neuen Bereich der ästhetischen Wahrnehmung zu erschließen. Flutlicht konnte etwa einem nach oben hin zurückgestaffelten Wolkenkratzer, dessen Form eigentlich dem Wunsch nach mehr Licht in den Straßen entstammte, nachts zusätzliche Dramatik verleihen. Während bislang der Baustein für die Architekten in erster Linie ein leistungsfähiges Material darstellte, bot er in den Augen der Lichtdesigner vor allem eine Oberfläche mit bestimmten Reflektionseigenschaften. Doch wenn das Flutlicht nicht richtig angewandt wurde, konnte es ebenso einen Bau verunstalten. Unsichtbare Lichtquellen konnten eine Fassade ausbleichen, die Details verflachen, die Ordnungen verzerren und das Gleichgewicht des Baus ins Wanken bringen.

Harvey Wiley Corbett (1873 – 1954), einer der führenden amerikanischen Wolkenkratzerarchitekten der 1920er und 1930er Jahre, warnte ausdrücklich vor den surrealen, illusionistischen Effekten der Flutlichtbeleuchtung. Sie entstünden dann, wenn nur die obersten Teile eines Gebäudes illuminiert würden, sodass es frei im Himmel zu »schweben« schiene.[1] Das Chanin Building in Manhattan (Abb. 5; S. 52), von Sloan & Robertson entworfen und 1929 fertig gestellt, ignorierte bewusst Corbetts Vision einer leuchtenden Tektonik und zeigte eine solche isolierte Krone. Der Bauherr, Irwin Chanin, war ein Mann des Theaters und wollte die Turmspitze als theatralische Aufführung inszenieren, mit dem Himmel als Bühne und der ganzen Stadt als begeistertem Publikum.

Nachts wurde das Chanin Building zum Leuchtfeuer, das sich hoch über die Skyline Manhattans erhob. Seine Krone erglühte dank einer Reihe von Flutlichtern, die in die rhythmische Folge der Backsteinlamellen an der Spitze eingefügt waren. Ein eindrucksvoller Auftritt, eine starke Akzentuierung der Höhe, eine große Reklamewirkung: Alles das hatte wenig mit jenen altehrwürdigen Prinzipien zu tun, auf die sich Bauten seit Jahrtausenden gestützt hatten. Immerhin entstand so das wiedererkennbare und einprägsame Bild, das der Vorstellung Chanins entsprach und das der Grafiker Martin Lewis (1881 – 1962) zweimal als eindrucksvollen Kontrast heranzog, um die Not der Weltwirtschaftskrise darzustellen (Abb. a).[2]

Vor der Einführung des Flutlichts konnte man gelegentlich die Umrisse eines Gebäudes bei Dunkelheit dank einer Kette einzelner Glühbirnen erkennen. Bei den ersten Beispielen der Flutlichtbeleuchtung genügte es, das Bauwerk in Licht zu baden, wie etwa beim Wrigley Building in Chicago von 1921/25 (Abb. 9; S. 58). Hier war zwar die Beleuchtung so abgestuft, dass sie zur Spitze hin zunahm, aber das gesamte Gebäude war in ein solch helles Licht getaucht, dass sein Volumen mitsamt seinen historisierenden Details in vollem Umfang nachts erkennbar war.[3] Doch in den späten 1920er Jahren experimentierten die Architekten freier mit den formalen Möglichkeiten der Technologie, auch wenn sie erkannten, dass sie die Konventionen der Architektur bedrohte.

Ein Beispiel dafür ist einer der meistbewunderten Bauten der Zeit, das Palmolive Building (Abb. 6; S. 53), das ebenfalls 1929 in Chicago von den Architekten Sloan & Robertson fertig gestellt wurde. Hier nun schien eine Beleuchtung, die die Gebäudeoberfläche geradezu ausbleichen konnte, besonders angemessen für einen Bauherrn, der Seife herstellte – ähnlich wie die Flutlichtbe-

Floodlighting   A founding principle of modernist architecture—moving it beyond the structural rationalism of the nineteenth century—was the recognition that enclosure might be treated independently of structure. This was worked out, for example, in relation to the frame construction of tall buildings and most famously consolidated in Le Corbusier's (1887 – 1965) "five points" of modern architecture as the "free façade." In some sense, a self-consciously modern architecture may be said to have begun when this loosened relationship between surface and structure was first seen as an opportunity, a condition to be exploited in aesthetic terms. By illuminating building exteriors—skyscrapers most notably—in accordance with parameters unique to the physics of light, rather than the material conditions and conceptual categories foundational to architecture, floodlighting also dissociated building surfaces not simply from structure, but from mass itself, even from matter altogether. Floodlighting was both a pragmatic and a philosophic challenge to architecture, forcing architects to reckon with a new scope for aesthetic perception and judgment. A tower broad at the base and tapering toward the top, for instance, could dramatize a sense of mass at once grounded but rising skyward, and so stand as an allegory of nothing less than the progress of mankind through time. However, if handled incorrectly, floodlights could subvert the dignity and character architects aimed for under ordinary lighting conditions. Almost out of nowhere (or at least from sources hidden from view), floodlighting could blanch a building, flatten its details and invert its orders, topple its equilibrium, and rob it of poise.

Harvey Wiley Corbett (1873 – 1954), one of America's leading skyscraper designers at the time, warned explicitly against the surreal, illusionist effects of floodlighting, realized when only the topmost portions of a building were illuminated, and thus seemed to be "floating" unsupported in the night sky.[1] Manhattan's Chanin Building (fig. 5; p. 52), for example, designed by Sloan & Robertson and completed in 1929, purposely ignored Corbett's vision of a luminous tectonics and featured just such an isolated crown. Irving Chanin, the client, was a showman, and conceived of the tower explicitly in terms of theater, with the sky as his

stage and the whole city an audience enthralled. Whereas for architects, stone could not only support but, treated sensitively, could signify compressive strength, for lighting designers stone was simply a surface with variable degrees of diffusion of light. At night the Chanin Building was a beacon rising high above the Manhattan skyline, its crown lit brightly by banks of floodlights placed within the rhythmic sequence of brick fins at the top. An impressive performance, an exaggeration of height, a great piece of advertising: all of which had little to do with time-honored principles upon which millennia of structures had stood. But it created the recognizable and memorable image that Chanin had sought, and that the print maker Martin Lewis (1881 – 1962) depicted twice as a striking contrast to the hardships of the depression (fig. a).[2]

Before floodlighting, it had been possible only to follow a building's outline with a string of individual bulbs, and in some of the first instances of floodlighting, it was sufficient to bathe a building in light, as with the Wrigley Building in Chicago, of 1921/1925 (fig. 9; p. 58). In that case, although the lighting was graduated to increase at the top, the entire building was highlighted, its overall volume and classical details transported wholesale into the night.[3] But by the late nineteen-twenties architects experimented more freely with the technology's formal potentials, even as they recognized its threat to conventions of design.

One of the period's most admired buildings, the Palmolive Building (fig. 6; p. 53), completed in Chicago in 1929 by the architects Sloan & Robertson, is a case in point. Lighting capable of bleaching the building's surfaces seemed especially appropriate for a

leuchtung des Wrigley Building die Assoziationen zum frischen Geschmack des Firmenprodukts Pfefferminz-Kaugummi evozierte. Beim Palmolive Building profitierten die Architekten vom Setback-Schema, das bei Hochhäusern überall im Land nach dem New Yorker Zonierungsgesetz von 1916 immer populärer geworden war.

Das Gebäude verliert im Aufsteigen an Gewicht und Volumen, wobei hier der Eindruck einer emporstrebenden Masse noch durch vertikale Rücksprünge vom Sockel bis zur Spitze und durch eine durchgehende Kalksteinverkleidung betont wird. Bei Nacht entstehen jedoch starke Kontraste zwischen den Achsen und den verschiedenen Rücksprüngen. So ergibt sich eine Konstellation von Lichtblöcken und -bändern, die an Ecken und Rändern aufeinander treffen und von dem eigentlichen Bau kaum Notiz zu nehmen scheinen.[4] Die tektonische Rationalität oder die organische Massenbildung scheinen aufgehoben, wenn das emporstrebende Volumen zu einem leuchtenden Muster wird – zu einem Teil des Himmels, dem Vollmond verwandt, der auf so vielen Abbildungen des Gebäudes zu sehen ist.

Das neue Beleuchtungsprogramm für das Palmolive Building (2005) von den Chicagoer Lichttechnikern Schuler Shook nimmt das alte Schema auf (Abb. b). Zwar sollten sich die Designer so weit wie möglich dem Originalplan annähern, doch die Umwandlung der Büros in Eigentumswohnungen erforderte einen neuen Ansatz und neue Techniken.[5] Da das Design weitgehend gleich geblieben ist, erscheint die Transformation eines massiven, funktionalen Volumens in schwebende Flächen und Glitzereffekte heutzutage nahezu vertraut. In diesem neuen Jahrhundert steht zu erwarten, dass die architektonische Form sich von der Materie löst und sich dem globalen Strom zirkulierender Bilder anschließt. Das Flutlicht half, die Architektur für die moderne Welt vorzubereiten.   Sandy Isenstadt

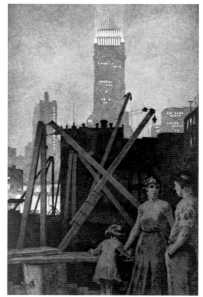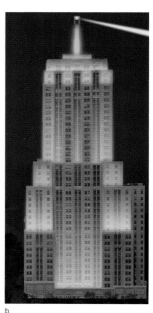

a   b

client that made soap, just as floodlighting the Wrigley Building seemed to recapitulate the bright flavor of that company's peppermint chewing gum. At the Palmolive Building, the architects took special advantage of the setback design, which had become increasingly popular for tall buildings across the country after New York City's 1916 zoning law.

The building sheds weight and volume as it rises, with the sense of an ascendant mass that is further emphasized by vertical setbacks continuing from base to top, and a limestone shell consistent throughout. By night, however, strong contrasts are set up between bays and from setback to setback, creating a constellation of blocks and bands of light, which touch one another at corners and edges, in defiance, or rather, indifference to the underlying construction.[4] The underlying statement of tectonic rationality, or organic massing, is obliterated as the climbing mass becomes a luminous pattern, a citizen of the sky and kin to the full moon that appears in so many views of the building.

The new (2005) lighting scheme for the Palmolive Building, by Chicago-based lighting designers Schuler Shook, replicates the old scheme (fig. b). While designers were required to create something close to the original scheme, the change in use from offices to condominiums necessitated a new approach, and new technologies, to reproduce it.[5] Although the design is largely the same, the ambiguous transformation from a solid and usable mass into floating surfaces and glittering effects is by now a familiar one. In a new century, we have come to expect that architectural form is unfastened from matter and resides comfortably in a global stream of circulating imagery. Floodlighting helped prepare architecture for the modern world it now inhabits.   Sandy Isenstadt

a   Martin Lewis, *Manhattan Lights,* 1931, Kaltnadelradierung, Privatbesitz
b   Palmolive Building (1929) mit der neuen Beleuchtung von den Lichtgestaltern Schuler Shook, 2005, Computerzeichnung

1   Vgl. »Architecture of the Night«, in: General Electric Company, *Bulletin GED-375,* Februar 1930; Clifford Spencer, »Practical Floodlighting«, in: *Architectural Forum,* November 1930, S. 627 – 634.
2   »To Light New Skyscraper«, in: *New York Times,* 14. Januar 1929, S. 47; »Chanin Explains Special Features for French Commercial Skyscraper«, in: *New York Times,* 22. September 1929, S. RE1.
3   Karen Bouchard und Dietrich Neumann, »Wrigley Building, Chicago, 1921«, in: Dietrich Neumann, *Architektur der Nacht,* München und New York 2002, S. 108 f.
4   Neumann 2002 (wie Anm. 3), S. 140 f.
5   Interview des Verfassers mit Robert Shook, Schuler Shook, Chicago, am 12. Januar 2006. Vgl. außerdem www.schulershook.com.

Glasbausteine   Nachts schlafen die Architekturen kleiner Baumeister in Kästen. Anders als Legosteine, deren Pappverpackungen heute lose, rasselnde Plastikteile enthalten, wurden die Bauelemente von Anker-Steinbaukästen in massiven, messingbeschlagenen Holzkisten angeboten. In ein oder zwei Lagen enthielten sie rote, gelbe und blaue Steine. Die Farben standen für die drei Baumaterialien Ziegel, Sandstein und Schiefer. Wer die Hinterlassenschaften der kurzlebigen Architekturen aus Quadersteinen, Säulen, Keilsteinbögen und lanzettförmigen Schlusssteinen nach ihrem Abriss aufräumen musste, benötigte einen Plan, um alle Elemente passend zurück in ihren Kasten zu ordnen. Erst dann konnte eine dünne Sperrholzplatte über die Steine geschoben werden, die mit Illustrationen historisierender Fassadenornamente beklebt war. Auch wenn Anker-Steinbaukästen wirken, als seien sie zur Errichtung von Kaiser-Wilhelm-Gedächtniskirchen oder bestenfalls von Bismarcktürmen geeignet, hatte ihr ursprüngliches Grundkonzept einen sozialreformerischen Hintergrund. Nach dem Vorbild der Fröbelgaben entwickelten die Ingenieure Otto und Gustav Lilienthal in den 1870er Jahren ihre aus Leinöl, feinem Quarzsand und Kalziumcarbonat gepressten Bauelemente als pädagogisch wertvolles Spielzeug. Elemente aus Grund- und Ergänzungskästen (über 300 verschiedene Einzelteile wurden angeboten) ließen der Fantasie freien Lauf, selbst wenn die Baupläne suggeriert haben mögen, dass die gebauten Utopien wilhelminischer Kinderzimmer stets von Zinnen, Keilsteinbögen oder Dachreitern gekrönt sein müssten.

Produziert wurden die Baukästen in der pharmazeutischen Fabrik des Rudolstädter Unternehmers Friederich Richter, der die Erfinder in einen ruinösen Patentrechtsstreit verwickelte. Während es seinen Bruder Otto nach dieser Auseinandersetzung in die Lüfte zog, setzte der Ingenieur Gustav Lilienthal weiterhin auf Fertigbauelemente. Mit seinen künstlichen »Terrast-Steinplatten« errichtete er nun die ersten Bauten der »Vegetarischen Obstbaugemeinschaft Eden« und der Lebensreform-Kolonie »Freie Scholle«, deren Gründungsdirektor Lilienthal war.[1] Mit der Elektrifizierung bürgerlicher Kinderzimmer wurde es unruhig für die Anker-Steinarchitekturen. Denn bald wurden sie mit Brückenelementen aus Metallbaukästen kombiniert, und die ersten elektrischen Modelleisenbahnen rumpelten über sie hinweg. Gespeist aus 20-Volt-Transformatoren, leuchteten ab den 1920er Jahren kleine grelle Spielzeugbirnen in den massiven Gründerzeitbauten. Rundbögen und Fensterhöhlen warfen scharf gezeichnete Schatten auf die Modellschienen, während die elektrifizierten Dampfrösser mit Funken speienden Kollektoren an ihnen vorbeikreischten.

Bruno Tauts (1880–1938) Glasbauspiel von 1920 vertrieb die anachronistischen Gründerzeitschatten und verwandelte sie in bunte Lichtflecken. Nur fünf verschiedene Formelemente enthielt sein 64-teiliger Baukasten (Abb. a) mit dem exotischen, indischen Namen *Dandanah,* was Struktur oder Bündel von Stäben oder Säulen bedeutet.[2] Sie waren aus klarem blauem, grünem, gelbem oder weißem Glas gefertigt: ein Würfel, ein Dreieckstein, eine an ihren gegenüberliegenden Polen abgeflachte Kugel, ein rechteckiger Quader und ein Stein mit der Grundform eines halbierten Oktogons. Auch die Schachtel des Baukastens bildete ein Oktogon. Diese Anlehnung an den typischen Zentralbau-Grundriss eines Baptisteriums war mit Bedacht gewählt. Einen ähnlichen Grundriss wies bereits Tauts *Monument des Eisens,* der Pavillon der Baufachausstellung Leipzig, von 1913 auf.

Wie bei seinem Glashaus auf der Kölner Werkbundausstellung von 1914 ging es Taut darum, Glas als Baumaterial zu propagieren. Selbst in der Korrespondenz der Gläsernen Kette gab sich Taut das Pseudonym »Glas«.[3] Der Architekt scheint mit seinen Glasbausteinen ein vergleichbares Ziel wie der russische Konstruktivist El Lissitzky verfolgt zu haben, der mit seinem suprematistischen Märchenbuch *Über zwei Quadrate* (1926) auch die Kleinen über seine revolutionären Ideen informieren und sie mög-

Glass Blocks   At night, buildings by little architects sleep in boxes. Unlike Legos, whose cardboard boxes nowadays contain loose, rattling bits of plastic, building materials from Anker Stone Building sets were sold in massive, brass-covered wooden boxes. They contained one or two layers of red, yellow, and blue blocks. The colors represented three types of building materials: brick, sandstone, and slate. Anybody who had to clean up what was left of the short-lived structures built of ashlars, pillars, voussoir arches, and lancet-shaped keystones after they were torn down needed a plan in order to fit all of the elements back into their box. Only then could you slide a thin lid, made of plywood and covered with historical illustrations of architectural ornaments, over the blocks. Even though Anker Stone Building sets seem as if they had been used to construct neo-Gothic churches or, at best, late nineteenth-century monuments, they were originally conceived with social reform in mind. In the eighteen-seventies, using Froebel Gifts (small puzzles made of blocks) as their model, engineers Otto and Gustav Lilienthal developed an educational toy: building blocks pressed from linseed oil, fine quartz sand, and calcium carbonate. Elements from both the basic and supplemental kits (over three hundred different pieces were available) allowed the imagination to run wild, even though the building plans might have suggested that the utopias constructed in Victorian children's bedrooms always had to be crowned with towers, voussoir arches, or turrets.

These building kits were produced in the pharmaceutical factory of Rudolstadt businessman Friederich Richter, who involved the inventors in a ruinous battle over the patent rights. Whereas after this conflict his brother Otto took to the skies, Gustav continued to work on prefabricated building materials. He used his synthetic "Terrast stones" to erect the first buildings of both the Eden Vegetarian Fruit Growers' Society and Freie Scholle, an alternative lifestyle colony where Lilienthal served as founding director.[1] When electricity began to be used in middle-class nurseries, things became tougher for the Anker Stone buildings, as they were soon combined with bridge-building elements from metal building kits, and the first electric model railroads ran roughshod over them. Operating on twenty-volt transformers, bright little toy light bulbs lit the massive nineteenth-century structures. Round arches and window openings cast sharp shadows on the model railroad tracks, while the electric iron horses screeched by, their collectors spewing sparks.

Bruno Taut's (1880–1938) glass blocks, dating from 1920, drove away the anachronistic Victorian shadows, changing them into spots of colorful light. His sixty-four-piece building set contained just five building shapes (fig. a) and went by the exotic Indian name of Dandanah, which means structure, or a bundle of sticks or pillars.[2] First manufactured out of clear blue, green, yellow, or white glass, the elements consisted of a cube, a pyramid, a sphere flattened at both poles, a rectangular block, and a piece shaped like half-an-octagon. They came in a box that was also in the form of an octagon. This allusion to the typical design for the central structure of a baptistery was deliberate. Taut's *Monument des Eisens* (Monument of Iron), a pavilion for a 1913 construction exhibition in Leipzig, was based on a similar floorplan.

As he did with his glass building at the 1914 Werkbundausstellung in Cologne, Taut was interested in promoting glass as a material suitable for building. Even in his correspondence with the Gläserne Kette, Taut went by the pseudonym of "Glas."[3] With his glass building blocks, the architect appears to have followed a goal resembling that of Russian Constructivist El Lissitzky, whose Suprematist tale, *Suprematicheskii Skatz* (About Two Squares, 1926) told even little children about his revolutionary ideas, with the intention of influencing them as early as possible. Paul Scheerbart also described the educational and psychological effects of colorful glass architecture in his book of the same name, *Glasarchitektur,* of 1914. He put forward the claim that colored glass was capable of further developing the sensory organs.[4] Two of the inserts from the glass-block building set, featuring Taut's building plans, demonstrate the effect of the miniature glass buildings at night (fig. 7; p. 54), and recall Taut's visions in his 1920 series, *Alpine Architektur.*

lichst früh prägen wollte. Die pädagogische und psychische Wirkung von bunter Glasarchitektur beschrieb ebenso Paul Scheerbart in seinen Buch *Glasarchitektur* und stellte darin die Behauptung auf, farbiges Glas könne die Sinnesorgane weiterentwickeln.[4] Zwei der Einlegeblätter des Glasbaukastens mit Bauvorlagen von Bruno Taut demonstrieren zugleich die Nachtwirkung der gläsernen Miniaturarchitekturen (Abb. 7; S. 54) und erinnern an Tauts nächtliche Bauvisionen in der Bilderserie *Alpine Architektur* von 1919.

Die Idee für den Glasbaukasten stammte allerdings nicht von Taut selbst, sondern von dem Ehepaar Paul und Blanche Mahlberg.[5] Der Kunsthistoriker und Architekt Paul Mahlberg war für seine Stahl-Glas-Konstruktionen von Flugzeughangars bekannt; seine Frau übersetzte unter anderem gesellschaftsutopische Romane des britischen Science-Fiction-Autors H. G. Wells.[6] Auf den wenigen von der Luxfer-Prismen-Gesellschaft produzierten Glasbaukästen zeichnet Blanche Mahlberg für die technische Erfindung und Bruno Taut für die Gestaltung und den Entwurf der Steine verantwortlich.

Mit dem von Bruno Taut und Blanche Mahlberg gestaltetem, pädagogisch sinnvollem Glasbausteinkasten scheint auch das Rotterdamer Architekturbüro Casanova + Hernandez gespielt zu haben. Für den Entwurf zum Neubau des Tittot Glass Museums (Abb. 8; S. 55) in Taipei, Taiwan, konzipierten Casanova + Hernandez einen 10 000 Quadratmeter großen Gebäudekomplex, dessen äußere Form an die kubischen Glasbausteine des Spielzeugs aus den frühen 1920er Jahren erinnert. Locker über das Gelände des Tittot Kunstparks verteilt, liegen diese gläsernen Architekturen, als seien sie gerade aus dem Baukasten gepurzelt. Die Strenge der schlichten geometrischen Form wird durch die bunte Farbigkeit des Glases gebrochen. Die unterschiedlich großen kubischen Volumen aus grünem, rötlichem, gelbem und blauem Glas sind über rechteckige Passagen, Galerien und Terrassen miteinander verbunden. Für das Projekt des Glasmuseums ließ sich das Architektenteam von den Eigenschaften des Materials inspirieren, von seiner Dichtheit und Transparenz, sowie der Fähigkeit seiner Oberfläche, Farben zu brechen und zu vermischen. Vor allem bei dunkler Umgebung kann das farbige Glas des Tittot Museums eine Wirkung entfalten, die an schwebende und locker aufgetragenen Aquarelltöne erinnert. Das Schwarz der Nacht verstärkt noch die Farbintensität der aus ihrem Inneren heraus beleuchteten Gebäude. Die Konstruktion des Museums aus purem Glas verweist auf die Geschichte und Tradition dieses Materials, das der chinesischen Kultur seine Entdeckung verdankt und hier bereits um 1100 v. Chr. zu höchst kunstvollen Werken verarbeitet wurde. Zugleich ist der Wettbewerbsentwurf für das Museum eine Hommage an Bruno Taut, der seine architektonischen Utopien im Medium Glas verwirklicht sah.
Cara Schweitzer

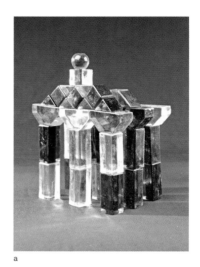

a

However, the idea for the glass-block building set did not come from Taut, but was the brainchild of a married couple, Paul and Blanche Mahlberg.[5] Art historian and architect Paul Mahlberg was known for his steel-and-glass airplane hangars; and, among other things, his wife translated the social utopian novels by British science fiction author H. G. Wells.[6] The few glass block sets produced by the Luxfer Prismen Gesellschaft provide evidence that Blanche Mahlberg was responsible for the technical invention and Taut designed the blocks.

Apparently, a group of architects in Rotterdam, Casanova + Hernandez, also played with the educational glass-block sets by Taut and Blanche Mahlberg. For their design for the new wing of the Tittot Glass Museum (fig. 8; p. 55) in Taipei, Taiwan, Casanova + Hernandez conceived a thousand-square-meter-sized complex whose external form recalled the glass blocks from these nineteen-twenties' toy sets. Loosely scattered across the Tittot Art Park, the glass buildings seem to have just tumbled out of the box. Various colors of glass offset the austerity of the plain geometric form. Each of a different size, the cubic volumes are made of green, reddish, yellow, and blue glass. They are connected to each other via rectangular passageways, galleries, and terraces. For the glass museum project, the architectural team was inspired by the material's qualities: its thickness, transparency, and the ability of its surfaces to refract and blend colors. When it is dark, the colorful glass of the Tittot Museum attains a special effect that recalls buoyant watercolors applied with a light hand. Black night strengthens the intensity of the colors emanating from inside the illuminated buildings. By constructing the museum of pure glass, the architects refer to the history and tradition of this material, whose discovery is owed to the Chinese, and which was used in highly artistic works in China as early as 1100 BC. At the same time, the museum's design is an homage to Bruno Taut, who saw his architectural utopias realized in glass.   Cara Schweitzer

a   Bruno Taut, *Dandanah*, 1920, Glasbausteine, Deutsches Spielzeugmuseum Sonneberg

1   Bernd Lukasch, »Der andere Lilienthal – Das vielseitige Leben des Gustav Lilienthal (1849 – 1933)«, in: Wolf Karge und Kathrin Möller, *Erfinden – Vergessen – Bewahrt? Bedeutende Erfindungen aus Mecklenburg und Vorpommern*, Rostock 2000, S. 118 – 124.
2   Manfred Speidel u. a., *Wege zu einer neuen Baukunst. Bruno Taut Frühlicht. Konzeptkritik Hefte 1 – 4, 1921 – 22 und Rekonstruktion Heft 5, 1922*, Berlin 2000, S. 46.
3   Julius Posener, »Vorlesungen zur Geschichte der Neuen Architektur II. Die Architektur der Reform. 10. Vorlesung: Hans Poelzig, Bruno Taut und der Expressionismus«, in: *Arch+ 53*, 1980, S. 52 – 57.
4   Paul Scheerbart, *Glasarchitektur*, hrsg. von Helmut Geisert und Fritz Neumeyer, (Berlin 1914) Berlin 2000, S. 117 und 120.
5   Speidel 2000 (wie Anm. 2), S. 46.
6   Herbert George Wells, *Die offene Verschwörung. Vorlage für eine Weltrevolution*, dt. Übersetzung von Blanche Mahlberg und Otto Mandl, Berlin u. a. 1928.

Spiegelungen   Des Nachts stehen sich das Chicagoer Wrigley Building von 1921 (Abb. 9; S. 58) und das New York Times Headquarters Building von The Renzo Piano Building Workshop (2006/07; Abb. 10; S. 59) gewissermaßen harmonisch gegenüber, entfernten Verwandten vergleichbar, die durch Zeit und Raum getrennt sind. Wie in einem Spiegelkabinett scheinen ihre durch Flutlicht beleuchteten Fassaden reflektiert; verzerrt dabei einerseits aus dem zeitlichen Abstand heraus, in dem sich neue Beleuchtungstechniken entwickelt haben, andererseits durch die Programmatik der Gebäude. Für sich genommen, feiert jedes von ihnen die technischen und künstlerischen Errungenschaften seiner Zeit und seines Ortes wie auch das Ethos und die Ziele seiner Erbauer und Lichtgestalter. In ihrer gegenseitigen, komplexen Reflexion aber finden sie sich in der Geschichte der beleuchteten Bauten überblendet.

Diese Geschichte beginnt kurz nach der Wende zum 20. Jahrhundert, als große Elektrokonzerne Kampagnen starteten, um industrielle und politische Auftraggeber von der Technologie des Flutlichts zu überzeugen.[1] Sie argumentierten, diese Beleuchtung könne einen wichtigen Beitrag zur Publicity leisten und es zugleich einzelnen Unternehmen ermöglichen, sowohl die nächtliche Skyline zu gestalten als auch die Identität der Firma – oder einer öffentlichen Organisation – darzustellen. Bald erschienen leuchtende Marksteine überall in den Vereinigten Staaten und in Europa. Viele dieser Beleuchtungsprojekte waren auf das neueste Produkt der Architektur, den Wolkenkratzer, bezogen.[2] Untrennbar ist die Geschichte der Architekturbeleuchtung mit jener des Wolkenkratzers und seiner Rolle in der Imagebildung der modernen Metropole verbunden.

1921 war das Wrigley Building der erste Wolkenkratzer Chicagos, der nach Einbruch der Dunkelheit durch Flutlicht beleuchtet wurde. Frühere Beispiele waren das Singer Building (1908) und das Woolworth Building (1914) in New York. Um den Effekt des Flutlichts zu steigern, war die Fassade des Wrigley Building in einer Abfolge von sechs grauen und cremefarbenen Schattierungen gestaltet. Die dunkelste Tönung an der Basis ging in die hellsten Nuancen an der Spitze des Gebäudes über. Das Flutlicht auf den Gebäudefassaden spiegelte diese chromatischen Abstufungen wider und nahm in der Vertikalen des Turms an Intensität zu. So präsentierte sich ein strahlend weißer Turm, der neue Maßstäbe für die Beleuchtung

von Architektur durch Flutlicht setzte und zugleich jene »Qualität der Frische und Gesundheit« verkörperte, die sich mit dem Hauptprodukt der Firma verband, dem Pfefferminz-Kaugummi. Die nächtliche Beleuchtung verwandelte das Wrigley Building in einen strahlenden Wolkenkratzer, der trotz seiner historisierenden Elemente eine Zukunftsvision im Jahr 1921 darstellte. Das Gebäude definierte die nächtliche Skyline und verhalf Chicago zu einem gleichberechtigten Platz unter den führenden Weltstädten des Landes.[3]

Die Verwendung von Flutlicht, das den Firmenbauten nächtliche Präsenz verschaffte und das Nachtbild der Metropolen prägte, setzte sich bis in die frühen 1950er Jahre fort. Doch als moderne Baumaterialien wie Glas und Stahl bei Neubauten in den Vordergrund traten, wurde Flutlicht als effektvolle Beleuchtungsstrategie problematisch. Wiederum in New York City entstanden frühe Beispiele für die neue Richtung der nächtlichen Architekturbeleuchtung: das Manufacturers Trust Building (1955) und das Seagram Building (1958; Abb. a). Statt Flutlicht wurden hier Transilluminationstechniken verwendet, das heißt, in beiden Bauten drang das Licht von innen nach außen. Für das Seagram Building entwarf Richard Kelly eine Leuchtdecke, die bei Nacht die opake bronzene Tagesfassade in einen ätherisch glühenden goldenen Turm verwandelte.[4]

Ein halbes Jahrhundert später vereinen sich bei Renzo Pianos New York Times Headquarters die Traditionen des frühmodernen Terrakotta-Wolkenkratzers und des Glasturms aus der Mitte des Jahrhunderts auf überzeugende Weise. Piano umhüllt den Glasturm mit einem durchbrochenen Schirm dünner horizontaler Keramikröhren und vereint so die Transparenz einer Klarglasfassa-

---

Reflections   The nighttime personas of Chicago's Wrigley Building of 1921 (fig. 9; p. 58) and Renzo Piano Building Workshop's *New York Times* Headquarters (2006/07) (fig. 10; p. 59) stand in harmony with one another, remote siblings separated by chronology and geography. Despite this distance, their floodlit façades reflect one another as if in a funhouse mirror; the distortion occurring over time with new illumination technologies and changing programmatic needs. Individually, the illumination of each building is a celebration of the technology and artistry of its respective time and place and of the ethos and aspirations of its builders and designers. However, when they are viewed together as complex reflections of one another, the history of the illuminated building telescopes inward.

This history begins just after the turn of the twentieth century when large electrical conglomerates launched a series of campaigns intended to convince industrial and civic leaders to adopt floodlighting technologies.[1] They argued that floodlighting could serve as a powerful vehicle for publicity while also allowing individuals to shape the nocturnal skyline and to define the identity of a corporation or public organization. Soon luminous landmarks began to appear across the United States and Europe. Many of these illumination projects belonged to the new breed of architecture, the skyscraper.[2] Indeed, the history of architectural illumination is inseparable from the history of the skyscraper and its role in the image-making of the modern metropolis.

In 1921 the Wrigley Building became Chicago's first skyscraper to be floodlit after dark, following early examples set by New York's Singer Building (1908) and Woolworth Building (1914). To enhance the effect of the floodlighting on the tower, the Wrigley Building's façade was finished in a gradation of six shades of gray and cream with the darkest tone at the base of the building transitioning to the lightest at the top of the tower. The floodlights trained on the building's façade mirrored this chromatic gradation, increasing in intensity along the elevation of the tower. The combined effect resulted in a brilliant white tower that set a new standard for architectural floodlighting and embodied "the qualities of freshness and health" associated with the company's chief product, peppermint chewing gum. The nighttime illumination transformed the Wrigley Building into a gleaming skyscraper, which, despite its historicizing details, represented a vision of the future in 1921. It defined the city's

nightscape and presented a striking validation of Chicago as equal in stature to other leading world cities of the era.[3]

The use of floodlighting to establish a nighttime presence for corporate architecture and to define the metropolitan nightscape continued unchallenged through the early nineteen-fifties. However as modern architectural materials such as glass and steel came to dominate new construction, floodlighting became problematic as an effective illumination strategy. Again, New York City provided early examples of the new direction in nocturnal architectural illumination with the Manufacturers Trust Building (1955) and the Seagram Building (1958; fig. a). Instead of floodlighting, both buildings employed trans-illumination strategies, lighting the buildings from the inside out. For the Seagram Building, Richard Kelly designed a luminous ceiling that transformed the opaque bronze daytime façade into an ethereal glowing golden tower at night.[4]

Jumping forward a half-century to Renzo Piano's *New York Times* Headquarters, we find the traditions of the early modern terracotta skyscraper and the mid-century glass tower richly united. Wrapping the glass tower with a lacelike screen of thin horizontal ceramic tubes, Piano provides the transparency of a clear glass façade with the benefit of the light-reflective properties of ceramic.[5] This layered cladding offered the project's lighting consultants, Office for Visual Interaction (OVI), the opportunity to sample from the tradition of the floodlit tower.[6] Using state-of-the-art optics, OVI created a lighting program that washes the *Times* Headquarters with a precise gradation of light, rising from the brightest levels at the base of the tower to the softest at its summit. This subtle gradation creates an appearance of light-

de mit der Eigenschaft von Keramik, Licht zu reflektieren.[5] Diese Verkleidung in Schichten gab den Lichtgestaltern, dem Office for Visual Interaction (OVI), die Möglichkeit, auf die Tradition des mit Flutlicht beleuchteten Turms zurückzugreifen.[6] Mit Hilfe modernster Optik schuf OVI ein Beleuchtungsprogramm, das die Times Headquarters mit präzise abgestuftem Licht umhüllt, von den hellsten Tönungen an der Basis bis zu den gedämpften an der Spitze des Turmes. Dank dieser subtilen Staffelung entsteht der Eindruck von Leichtigkeit und emporstrebender Eleganz – wichtige Aspekte für das architektonische Konzept des Projekts. Darüber hinaus entwarf OVI auch die Beleuchtung für die Basis des Gebäudes, das so genannte »Podium«. Das Podium ist von Glas umgeben und enthält die Lobby des Gebäudes, das Auditorium, Restaurants und einen Garten. Der zentral gelegene Garten, der die ganze Nacht über beleuchtet ist, bildet einen leuchtenden Hintergrund für die umgebenden Räume. Er zieht das Auge zudem in die Tiefen des Erdgeschosses und belohnt die Passanten mit einem Blick in diesen »magischen Garten«. OVI schuf diesen mysteriös illuminierten Bereich mit Hilfe einer indirekten Beleuchtung, die alle Bäume des Gartens mit sanftem weißem Licht umhüllt (die Bäume wiederum wurden speziell auf ihre Eigenart hin ausgewählt, Licht zu reflektieren).

Wie das Wrigley Building im frühen 20. Jahrhundert das nächtliche Stadtbild Chicagos zu definieren half, so verhilft das Times Headquarters Building zu Beginn des 21. Jahrhunderts der New Yorker Skyline zu einer eindrucksvollen Präsenz. Bei Nacht vermittelt das beleuchtete Times Headquarters Building ein komplexes, aber dennoch präzises Firmenimage der *New York Times,* ähnlich wie die nächtliche Illumination des Wrigley Building die Wrigley Corporation personifizierte. Und ähnlich wie das Wrigley Building nutzt auch Times Headquarters die neuesten Beleuchtungstechniken, um die raffiniertesten Lösungen zu erzielen. Das in technischer Hinsicht fortschrittliche Beleuchtungsprogramm prägt und betont den unverwechselbaren Charakter von Pianos Turm und kommuniziert zugleich Transparenz und eine gelöste Atmosphäre auf das von der Öffentlichkeit genutzte Straßenniveau. Der Intention des Architekten entsprechend stört der zurückhaltend beleuchtete Times Tower nicht das Gleichgewicht der berühmten New Yorker Nachtlandschaft, sondern spiegelt vielmehr subtil die Komplexität und Vielfalt der Metropole des 21. Jahrhunderts wider.   Margaret Maile Petty

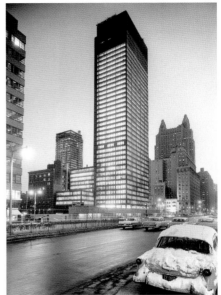

a

ness and soaring elegance, aspects central to the architectural concept for the project. In addition to the building's tower, OVI also designed the illumination for the base of the structure, known as the "Podium." Wrapped in clear glass, the Podium contains the building's lobby, auditorium, restaurants, and garden. Continually lit at night, the centrally placed garden acts as a luminous backdrop for these surrounding spaces. The illuminated garden also draws the eye into the depths of the ground floor, rewarding passersby with a peaceful view of this "magical garden." OVI created this mysteriously illuminated space with hidden recessed lighting that washes the garden's trees (specially selected for their light-reflective properties) with soft white light.

Just as the Wrigley Building helped to define Chicago's nightscape in the early twentieth century, the Times Headquarters contributes a significant presence to the New York City skyline as the twenty-first century opens. At night, the illuminated Times Headquarters asserts a complex yet refined corporate image of the *New York Times,* as the nighttime illumination of the Wrigley Building similarly personified the Wrigley Corporation. Also like the Wrigley Building, the *Times* Headquarters employs the latest illumination technologies in order to achieve the most sophisticated lighting solutions possible. The technologically advanced illumination program defines and articulates the unique character of Piano's tower, while communicating transparency and serenity to the public at street level. Finally, in keeping with the desires of its architect and designers, the softly illuminated Times tower does not disturb the balance of New York City's iconic nightscape and instead subtlety reflects the complexity and diversity of the twenty-first century metropolis.   Margaret Maile Petty

a   Samuel Gottscho, *Seagram Building,* 1958, Fotografie, Library of Congress, Prints and Photographs, Division Gottscho-Schleisner Collection

1   Dietrich Neumann, »Die Architektur der Nacht in den Vereinigten Staaten«, in: Dietrich Neumann, *Architektur der Nacht,* München und New York 2002, S. 54 – 64.
2   John A. Jakle, *City Lights: Illuminating the American Night,* Baltimore 2001, S. 180 – 194.
3   Karen Bouchard und Dietrich Neumann, »Wrigley Building, Chicago, Illinois, 1921«, in: Neumann 2002 (wie Anm. 1), S. 108 f.
4   »Seagram Building, New York City«, in: *International Lighting Review,* 12, 1961, S. 68 f.; »Seagram's Bronze Tower«, in: *Architectural Forum,* 109, 1, Juli 1958, S. 67 – 71.
5   Alexandra Lange, »White Out«, in: *Metropolis,* 21, 8, Aug./Sept. 2002, S. 104 – 107.
6   Website von The Office for Visual Interaction: http://www.oviinc.com/

" here is modernism indeed...

the years of years meant by

that this century of style."

that this century was

what electric light, which far

more than the familiar

that the changed...

called the architect.

of all architecture."

douglas haskell, 1931

eine resat, 1926

Lichtreklame   Schon im 19. Jahrhundert diente Reisenden die Werbung im Straßenbild gelegentlich als Gradmesser für die Kultiviertheit einer Nation. Anlässlich seines Besuchs in Boston 1842 schrieb der englische Schriftsteller Charles Dickens, dass ihm die ganze
Stadt so substanzlos wie ein Bühnenbild erscheine, weil alle Geschäftshäuser völlig von
Reklameschildern bedeckt seien.[1] Mark Twain auf der anderen Seite war begeistert, als er 50
Jahre später in Berlin entdeckte, wie die Reklame im Straßenbild geregelt und beschränkt
wurde. Berlin sei »eine Wohltat für die Augen«,[2] schrieb er. Zeitlich zwischen die beiden Rei-
sen fallen die Anfänge der Lichtreklame. 1851 bereits hatte der Architekt Gottfried Semper
geschildert, dass es in London Mode geworden sei, mit Gasflammen »allerhand Sterne, Feuerräder, Pyramiden, Wappenschilder, Inschriften und dergleichen mehr vor den Wänden der
Häuser« anzubringen, dass aber dadurch »die Fassaden hinter ihnen unsichtbar« würden.[3]
Bekanntestes Beispiel für diese Praxis ist die Gasleuchtschrift, mit der der Pariser Fotograf
Gaspard Félix Tournachon (1820 – 1910) seinen Künstlernamen »Nadar« vor der Glasfassade
des Studiogebäudes (1855) am Boulevard des Capucines Nr. 35 installierte. 1870 schließlich
meldete die *New York Times* die erste Gaslichtreklame an der Ecke Broadway / 23. Straße, wo
auf einem zweigeschossigen Gebäude hohe, vielfarbige Glastafeln mit Werbeschriften von
Gasflammen so hell hinterleuchtet wurden, dass sie angeblich die ganze Straßenbreite illu-
minierten.[4] 1892 erschien an der gleichen Kreuzung die erste elektrische Lichtreklame New
Yorks,[5] in Berlin folgte sie nur wenig später.
In den 1920er Jahren hatte die Lichtreklame am Broadway so zugenommen, dass sie, dem
Frankfurter Stadtbaurat Ernst May zufolge, ihre ursprüngliche Funktion verloren hatte
(Abb. 11; S. 60): »Hier liest das Auge keine Schrift, hier unterscheidet es keine Form mehr, hier
wird es nur noch geblendet durch eine Überfülle von Lichtgeflimmer, durch eine Überzahl von
Leuchtelementen, die sich gegenseitig in ihrer Wirkung aufheben.«[6] Die Unterschiede zwischen Deutschland und den Vereinigten Staaten bei dem Einsatz der Lichtreklame standen
von Anfang an im Zentrum der Diskussion über das Thema in der Weimarer Republik. Der
Berliner Architekt Alfred Gellhorn hatte im Frühjahr 1926 zwar »die Lichterpracht der nächtlichen Reklame« in New York und Paris »eine berückende Illumination« genannt, die man
schleunigst nach Deutschland holen solle, aber die beteiligten »Baumeister, Maler, Beleuch-

ter« müssten ein anderes Konzept verfolgen: »Nicht Reklame-
schilder vor die Fenster wie in Amerika, wo man sich ganze Häu-
serfronten kauft und dahinter bei künstlichem Licht arbeitet.
Sondern die Hausfronten selbst erfassen und so gestalten, dass
sie zugleich die räumlichen Möglichkeiten hergeben, die bei ihrer
Errichtung versäumt wurden.«[7] Dem stimmte der Berliner Feuille-
tonist Franz Hessel 1929 zu: »Die aufleuchtenden und verschwin-
denden, wandernden und wiederkehrenden Lichtreklamen ändern
noch einmal Tiefe, Höhe und Umriss der Gebäude. Das ist von großem Nutzen, besonders an Teilen des Kurfürstendamms«, wo, so
befand Hessel, »noch viel greulich Getürmtes, schaurig Ausla-
dendes und Überkrochenes«, gar »Geschwürhäuser […] hinter den
Reklamearchitekturen« verschwinden sollten.[8] Wichtiger noch,
als die unbeliebte Gründerzeitarchitektur zu verdecken, war es,
so schrieb Mays Kollege Walter Riezler, bei Um- und Neubauten
die Oberflächen zu schaffen, »die das Licht braucht, um sich in
voller Kraft zu entfalten. Die Flächen müssen hell sein und glatt,
damit kein Schatten eines Gesimses sich dem Licht entgegen-
stellt, und groß, damit das Licht sich hier in Ruhe gegenüber aller
Bewegtheit der Umgebung durchsetzen kann.«[9] Die Überlegungen zur Lichtreklame gaben hier also Schützenhilfe für die Verbreitung der modernen Architektur. Mehrere Berliner Umbauten
lieferten gleichzeitig die ersten Beispiele für eine moderne, auf
Reklame angelegte Fassadenarchitektur, so etwa der Umbau an
der Tauentzienstraße 3 von den Gebrüdern Luckhardt (Abb. 12;
S. 61) oder Erich Mendelsohns (1887 – 1953) Pelzhaus Herpich auf
der Leipziger Straße (Abb. a).
Der Biberacher Architekt Hugo Häring (1882 – 1958), einer der
Wortführer in der Diskussion um die Lichtarchitektur, differen-

Luminous Advertising   In the nineteenth century already travelers would look at the
degree of advertising in the streets as an indicator of the level of culture in a particular
country. After his 1842 visit to Boston, the British writer Charles Dickens wrote that the
entire city seemed as unsubstantial as a stage set to him, since all commercial buildings had
been entirely covered by advertising signs.[1] Mark Twain, on the other hand, was impressed
when he came to Berlin fifty years later, and discovered how billboards were being regulated
and limited. Berlin is a "rest to the eye,"[2] he wrote. Luminous advertising begins to emerge in
the years between these two dates. In 1851 already the German architect Gottfried Semper
had described how fashionable it was in London to create "all sorts of stars, firewheels,
pyramids, escutcheons, inscriptions and so on … with gas flames …" in front of the walls of
our houses but that as a result, "the façades are rendered invisible."[3] Best known example
for this practice is the gas-lit sign with which the Parisian photographer Gaspard Félix Tournachon (1820 – 1910) spelled out his artist's name "Nadar" on the glass façade of his studio
building (1855) at 35, Boulevard des Capucines. In 1870, finally, the *New York Times* announced
the first ever gas-lit advertisement in the city at the corner of Broadway and 23rd Street,
where on a two-story building high, multi-colored glass screens with advertising were lit by
gas from behind so brightly that they apparently illuminated the entire depth of the street.[4]
In 1892 the same intersection saw the first electric advertising of New York. Berlin followed
shortly afterwards.[5]
In the nineteen-twenties advertising on Broadway had increased so much that it had, according to Ernst May, the head of Frankfurt's city building department, lost its original function
(fig. 11; p. 60): "Here, the eye cannot decipher any writing, it cannot differentiate any forms, it
will only be blinded by flickering lights, and a vast number of luminous elements, which
eliminate each other's effects."[6] From the beginning, the differences in the application of
luminous advertising were at the heart of the debate in the Weimar Republic. In the spring of
1926 Berlin architect Alfred Gellhorn had called the "luminous splendor of the nocturnal
advertising" in New York and Paris "an enchanting illumination" which one should speedily
introduce in Germany. However, the involved "builders, painters, and lighting designers"
would have to apply a different concept: "Instead of placing billboards in front of the win-

dows as in America, where people buy entire building façades
and work behind them under artificial light. Instead let's claim
the actual façades and design them in such a way that they
yield the spatial potential that was missed when they were first
erected."[7] In 1929, the Berlin journalist Franz Hessel agreed: "The
flashing, vanishing, moving, and reappearing electric signs
change the depth, height and outline of the buildings. That is very
useful, especially for certain parts of Kurfürstendamm," where,
according to Hessel, "there is still so much that is awfully piled
up, atrociously growing and over-creeped," there were even "car-
buncled buildings … which should vanish behind the advertising
architectures."[8] More important than the desire to cover up the
unloved *fin-de-siècle* architecture was the need, according to
May's colleague Walter Riezler, to create, both when remodeling
or erecting entirely new façades, surfaces, "which the light needs
in order to fully emerge. These surfaces must be bright and flat,
so that no shadow of a cornice can obstruct the light, so that it
can calmly hold its own in the presence of all the movement in its
neighborhood."[9] Ideas about luminous advertising thus provided
support for the spread of the language of modern architecture.
At the same time, several renovations in Berlin provided the first
examples of a façade architecture designed to hold advertising,
such as the Luckhard Brothers' renovation of the building at
3, Tauentzienstrasse (fig. 12; p. 61) or Erich Mendelsohn's (1887 –
1953) Herpich furrier on Leipziger Strasse (fig. a).
The architect Hugo Häring (1882 – 1958), one of the leading figures in the debate about luminous architecture, looked more
carefully at the American situation. While he also contrasted the
"disciplined" German approach to advertising with the "primi-

zierte noch sorgfältiger als seine Kollegen. Er verglich zwar ebenso den »disziplinierten« deutschen Ansatz in der Werbung mit dem »primitiven« der Amerikaner, »die die Wirkung der Reklame ein wenig nach der Zahl der Birnen bemessen, die sie ins Feld führen und die also einen Standpunkt der Verschwendung und der Massen einnehmen.« Doch dürfe man nicht übersehen, dass sich bei den Amerikanern »die reine Wirkung« der »Lichtmassen ins Märchenhafte steigert, und dass [...] so eine Wirkung erreicht [wird], die der Natur des Lichtes entspricht, und die in der Tat die suggestive Macht enthält, die wir als substantiell von der Reklame verlangen.«[10] Häring bildete in diesem Zusammenhang das Wrigley Building von 1921 in Chicago ab (siehe S. 76), das am besten beleuchtete Gebäude der Welt. Es markierte den Beginn eines erstaunlichen Phänomens, das alle Vorurteile bezüglich der Unterschiede zwischen beiden Ländern unterlief.

In der Nachfolge des Wrigley Building verbreitete sich in den Vereinigten Staaten eine »architecture of the night«, die in der oft farbigen Beleuchtung von Hochhäusern bestand (Abb. b) und dabei völlig auf Schriftzüge und direkte Werbung verzichtete. Waren es zunächst häufig Elektrizitätsgesellschaften gewesen, die auf diese Weise allenfalls noch für ihr Produkt werben konnten, so folgten bald Banken, Immobilienfirmen, Versicherungsgesellschaften, die sich vom Leuchten ihres Verwaltungsgebäudes wenig unmittelbaren Verkaufserfolg versprechen konnten. Zum Teil mag sich das Phänomen einer Beleuchtung ohne direkte Werbebotschaft, das ja den deutschen Vorurteilen deutlich zuwiderlief, als bewusste Alternative zur oft als ordinär empfundenen Lichtreklame erklären lassen. Gleichzeitig aber zeigt sich hier ein Bemühen, die nächtliche Stadtlandschaft – ihre Silhouette, ihre Erscheinung vom Flugzeug aus – mitzugestalten, als Ausdruck der kollektiven Gemeinschaft der Stadtbewohner.
Dietrich Neumann

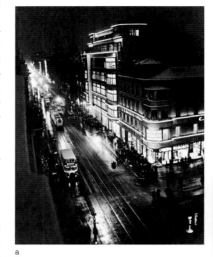

a

tive" American position, where one "measures the impact of advertising by the amount of light bulbs used, and thus assumes a position of waste and abundance," one should not overlook the fact that in America "the pure effect of these masses of light reaches the realm of the magical and thus achieves an impact, which is akin to the nature of light and indeed contains the suggestive power which we essentially expect from advertising."[10] Häring illustrated his argument with the Wrigley Building in Chicago of 1921, (see p. 76), the best-illuminated building in the world. It stood for the beginning of an astonishing phenomenon, which undermined all prejudices regarding the differences in the approach to lighting between the two countries.

Following the Wrigley Building, the United States saw the emergence of an "architecture of the night," consisting often of colorful illumination of skyscrapers (fig. b) while entirely abstaining from advertising signs and product names. While initially it was often the electricity providers who might advertise their products that way, soon there were banks, real estate, and insurance companies which would hardly gain any immediate increase in sales as a result of illuminating their building. The phenomenon of an illumination without an outspoken advertising message can perhaps be partially explained as a conscious attempt at setting itself apart from the ordinary lit advertising which was often considered vulgar. At the same time, however, we witness here the desire to contribute to a nocturnal cityscape, to its skyline, its appearance from the air, as an expression of the collective community of its inhabitants.   Dietrich Neumann

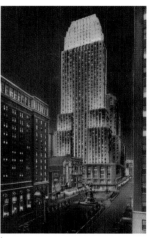

b

a   Erich Mendelsohn, Pelzhaus C. A. Herpich und Söhne, Berlin, 1928
b   Walter W. Ahlschlager, Carew Tower, Cincinnati, Ohio, 1929, zeitgenössische Postkarte

1   Charles Dickens, *American Notes* (1842), New York 2000, S. 34.
2   Mark Twain, »The Chicago of Europe«, in: *Chicago Daily Tribune,* 3. April 1892, zit. nach: http://www.twainquotes.com/Travel1891/April1892.html.
3   Gottfried Semper, *Wissenschaft, Industrie und Kunst,* hrsg. von Hans M. Wingler, Mainz 1966, S. 27 ff.
4   »A New Advertising Medium«, in: *The New York Times,* 18. August 1870, S. 4.
5   »The best ›Ad‹ in the City«, in: *The New York Times,* 4. Oktober 1896, S. 8.
6   Ernst May, »Städtebau und Lichtreklame«, in: *Licht und Beleuchtung,* hrsg. von Wilhelm Lotz, Berlin 1928, S. 44 – 47.
7   Alfred Gellhorn, »Reklame und Stadtbild«, in: *Die Form,* Nr. 7, April 1926, S. 133 – 135.
8   Franz Hessel, »Berlins Boulevard«, in: *Spazieren in Berlin,* Leipzig und Wien 1929, zit. nach: Franz Hessel, *Sämtliche Werke in fünf Bänden,* hrsg. von Hartmut Vollmer und Bernd Witte, Oldenburg 1999, Bd. 3: *Städte und Porträts,* S. 103 – 109.
9   Walter Riezler, »Licht und Architektur«, in: *Licht und Beleuchtung,* hrsg. von Wilhelm Lotz, Berlin 1928, S. 42 f.
10   Hugo Häring, »Lichtreklame im Stadtbild«, in: *Licht und Lampe,* 1928, S. 677 – 683.

Leuchtkörper   Im Sommer 1928 versuchte der Architekt Ludwig Mies van der Rohe (1886 – 1969) dem Berliner Unternehmer Georg Adam eine revolutionäre Gestaltungsidee für ein neues Kaufhaus schmackhaft zu machen: »Am Abend ist dasselbe ein gewaltiger Lichtkörper, und Sie sind in der Anbringung von Reklame ungehindert. Sie können machen, was Sie wollen, gleichviel ob Sie darauf schreiben ›Zur Sommerreise‹, ›Zum Wintersport‹ oder ›4 billige Tage‹. Immer wird eine solche Leuchtschrift auf dem gleichmäßig erhellten Hintergrund eine märchenhafte Wirkung ergeben.«[1] Die ganze Fassade des geplanten Kaufhauses an der Ecke Friedrichstraße / Leipzigerstraße hätte aus hinterleuchtetem Mattglas bestehen sollen, auf der die Firma Adam dann wechselnde Werbeschriften hätte anbringen können (Abb. a): »Sie brauchen Reklame und nochmals Reklame«,[2] ermutigte Mies seinen Kunden – allerdings ohne den erhofften Erfolg. Das Projekt verlief kurz danach im Sande. Die Familie Adam verließ Deutschland nach antisemitischen Ausschreitungen im Jahre 1933.
Als im Herbst des Jahres 1928 die Württembergische Landesbank in Stuttgart einen Wettbewerb für ein Bürohaus gegenüber dem Hauptbahnhof ausschrieb, nahm Mies einen neuen Anlauf. Obwohl es sich in Stuttgart um ein Bürohaus, und nicht um ein auf Konsum angelegtes Gebäude handelte, schlug er auch hier eine durchgehende Vorhangfassade aus hinterleuchtetem Opalglas vor, eine schimmernde Haut, die von keinerlei traditionellen Architekturelementen unterbrochen wurde (Abb. 14; S. 63).
Mies gelang mit diesem Entwurf ein Prototyp von großer Radikalität und nachhaltiger Wirkung. Zum ersten Mal hatte er künstliches Licht als zentrales Bauelement eingesetzt, nachdem er sich bislang wie die meisten Architekten der Moderne vor allem der Öffnung seiner Bauten zum Tageslicht gewidmet hatte. Anscheinend war Mies selbst sich der bahnbrechenden Wirkung dieses Entwurfs bewusst: Er ließ ein Modell herstellen und schickte es auf Ausstellungen – 1930 nach Paris[3] und 1933 auf die Triennale in Mailand.[4] Gerade die Stuttgarter werden die radikale Kühnheit dieses Entwurfs gut erfasst haben, denn Mies übertraf damit spielend alle hochmodernen Lichtarchitekturen der Stadt: Ganz in der Nähe befand sich das Lichthaus Luz von Richard Döcker (1927; Abb. b), dessen Fassadenerker von hellen Milchglasstreifen horizontal gegliedert war; Erich Mendelsohns in der gleichen Zeit errichtetes Kaufhaus Schocken erlaubte nachts Einblicke in sein leuchtendes Inneres; und der Tagblatt-Turm (1927 / 28) von Ernst Otto Oßwald verwandelte sich dank seiner rahmenden Konturbeleuchtung bei Dunkelheit in eine elegante Strichzeichnung (siehe S. 70). Doch Mies' Entwurf wurde von der Stuttgarter Wettbewerbsjury als »interessant, aber problematisch« eingestuft und nur mit einer ehrenhaften Erwähnung bedacht.
Die Anregung zu dieser Lösung verdankte Mies wohl der lebhaften Debatte, die in der Fachwelt um die Frage entbrannt war, wie man die unvermeidbare Lichtreklame in die Architektur integrieren könne. Hugo Häring hatte 1927 geschrieben: »Die Reklame ist auf dem Wege, die Architektur zu verdrängen … «, man könne gar von einer »Zerstörung der Architektur« durch die Lichtreklame sprechen, denn »… das Geschäftshaus hat keine Architekturfassade mehr, seine Schale ist lediglich Gerüst für Werbemittel, Schriftschilder, Lichtreklame.«[5] Viele Zeitgenossen erkannten hierin begeistert Vorboten einer zukünftigen Architektur aus »Farbe, Form und Licht«[6], ja einer »reine[n] Lichtbaukunst« als »letzte[r] ausdenkbare[n] Stufe unserer Bauentwicklung.«[7]
Leuchtende Bauteile und schimmernde Reklametafeln setzten sich in der Tat in den nächsten Jahren auf breiter Ebene durch. Auf dem dreieckigen Grundstück am Berliner Bahnhof Friedrichstraße zum Beispiel, für das Mies 1922 seinen bis dahin wohl berühmtesten Entwurf für ein Glashochhaus gefertigt hatte, entstand 1930 ein Restaurant der Engelhardt-Brauerei (Abb. c). Dessen leuchtende Reklametürme erschienen an den Ecken wie eine Hommage an Mies' unausgeführte Entwürfe. Die Stadt Berlin wurde insgesamt dank ihrer allgegenwärtigen »Schaubeleuchtung aus Glasbausteinen und Opalglas« in den Augen der *New York Times* zur »am besten beleuchteten Stadt Europas«.[8] Doch die Größe und Radikalität von Mies' Stuttgarter Vorschlag wurde nirgendwo erreicht. Mies selbst ließ eine große, doppelte Mattglaswand in den 1929 von ihm entworfenen Deutschen Pavillon

Luminous Bodies   In the summer of 1928, the architect Ludwig Mies van der Rohe (1886 – 1969) tried to convince the Berlin businessman Georg Adam to adopt a revolutionary architectural concept for his planned department store: "In the evening, the building will turn into an immense luminous body, and the possibilities for applying advertising will be endless. You can do whatever you like, it does not matter if you write: 'For Summer Travels,' 'Winter Sports,' or '4 Discount Days.' Such brilliant letters on an evenly illuminated background will always have a magical appearance."[1] The entire façade of the planned department store at the corner of Friedrichstrasse and Leipziger Strasse was to consist entirely of translucent glass, on which the Adam Co. could have applied ever-changing advertising slogans (fig. a): "You need advertising, nothing but advertising!"[2] Mies encouraged his client—albeit without success. The entire project amounted to nothing, and Mr. Adam and his family left Germany in 1933 in response to a growing climate of anti-Semitism.
When, in the fall of 1928, the Württemberg State Bank in Stuttgart launched a competition for an office building across from the railroad station, Mies tried to apply his concept anew. Although the Stuttgart competition was for an office building, he again presented a continuous, luminous glass curtain wall, a shining skin, not interrupted by any conventional architectural elements (fig. 14; p. 63).
Mies had created a prototype of great radicalism and long-lasting influence. For the first time in his career, he had used artificial light as a central design element, after previously caring predominantly—like most other modern architects—about bringing ample natural light into his buildings. In all likelihood, Mies was aware of the revolutionary potential of his design. He had a model made, which he sent to exhibitions—1930 in Paris[3] and 1933 at the Milan Triennale.[4] Stuttgarters might have especially appreciated the radical boldness of his design, as it so effortlessly surpassed all the state-of-the-art "light architectures" in the city. Richard Döcker's Lichthaus Luz of 1927 (fig. b) was situated nearby, with its bay window of luminous striations, Eric Mendelsohn's Schocken department store allowed views into its brightly lit interiors at night, and the neon outline lighting of the Tagblatt tower by Ernst Otto Osswald turned the building into an elegant linear sketch at night (see p. 70). Mies's design however was considered "interesting, but problematic" by the Stuttgart jury, and only awarded an honorary mention.
Mies's particular solution was probably inspired by the lively professional debates which had recently pondered the question of how the unavoidable luminous advertising could be integrated into the architecture. Hugo Häring had claimed in 1927: "Advertising is about to replace the architecture," and that one could even speak of a "destruction of architecture" by advertisements, as "the office building does not have an architectural façade anymore, its skin is merely a scaffolding for billboards, writing, luminous advertising."[5] Many contemporaries excitedly recognized these observations as prophesies of a future architecture consisting of nothing but "color, form and light,"[6] and even becoming a "pure light architecture" as the "last conceivable stage of our architectural development."[7]
Indeed, luminous building parts and gleaming billboards became ubiquitous in the next few years. On the triangular site at Friedrichstrasse Railroad Station in Berlin, for example, for which Mies had designed his famous 1922 glass skyscraper, in 1930 a beer hall (fig. c) went up, whose luminous advertising towers at the corners seemed like an homage to Mies's unbuilt designs. According to the *New York Times,* by 1932 Berlin had become "Europe's best illuminated city."[8] Thanks to its ubiquitous and ostentatious "illumination displays from glass blocks and opal glass."
None of these installations, however, reached the size and radicalism of Mies's Stuttgart design. Mies himself had a large, double translucent glass wall installed at the center of the German Pavilion at the Barcelona World's Fair in 1929 (see p. 108). At night

auf der Weltausstellung in Barcelona einbauen. Sie wurde nachts von innen beleuchtet und bildete einen bewussten und markanten Gegenpol zur farbigen Flutlichtsymphonie, die sich die Spanier von einer amerikanischen Firma hatten installieren lassen (siehe S. 108).
Es sollte Jahrzehnte dauern, bis Mies' brillantes Konzept schließlich von anderen Architekten in die Tat umgesetzt wurde. Das Kunsthaus Bregenz von Peter Zumthor (geb. 1943) aus dem Jahre 1997 (Abb. d) gehört ebenso zu den Nachfolgern wie Rafael Moneos (geb. 1937) Kulturzentrum in San Sebastian (Abb. 13; S. 62) von 1999. Die beiden bis zu 22 m hohen Baukörper des »Kursaals«, die Moneo an der Playa Zurriola geschaffen hat, sind jeweils von einer Haut aus durchscheinendem Glas umgeben. Sie schützt die holzgetäfelten Säle im Innern vor dem Seeklima und bietet Platz für Foyer und Wandelhallen. Tagsüber erinnert ihr kühles Schimmern an zwei kantige Eisberge, doch nachts werden die beiden geschliffenen Kristalle zu magisch leuchtendem Strandgut, angeschwemmt aus einer Zeit, als der Glaube an die Macht der Architektur noch ungebrochen war. 2001 wurde Rafael Moneo für diesen Bau mit dem Mies-van-der-Rohe-Preis der Europäischen Union für zeitgenössische Architektur ausgezeichnet.   Dietrich Neumann

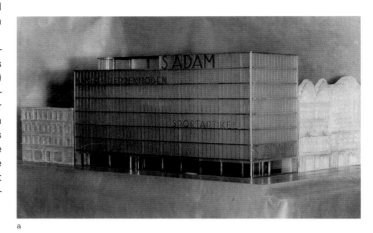

a

it was illuminated from inside, and created a careful and conscious counterpart to the colored floodlight symphony which the exhibition organizers had had installed by an American firm.
It was going to take decades until Mies's brilliant concept was finally realized by other architects. The art museum in Bregenz by Peter Zumthor (1996; fig. d) is among its successors, as well as Rafael Moneo's cultural center in San Sebastián (fig. 13; p. 62) of the year 1999. The two up to twenty-two-meter-high volumes of the "Kursaal" at the Playa Zurriola are each surrounded by a skin of trans-lucent glass. It protects the wood-clad concert halls inside from the ocean air, and provides space for foyers and the circulating public. During the daytime the buildings' cool luminosity reminds us of two floating icebergs, but at night these two crystalline volumes on the beach become magically glowing flotsam, washed ashore from a time when the faith in the power of architecture was yet unchallenged. In the year 2001, Rafael Moneo received the European Union's Mies van der Rohe Prize for this building.
Dietrich Neumann

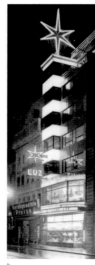

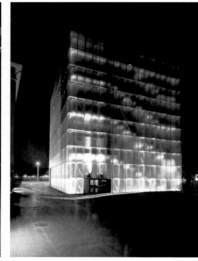

b   d

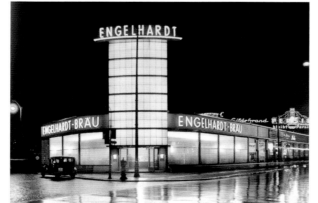

c

a   Ludwig Mies van der Rohe, Kaufhaus Adam, Berlin, 1928, Modell
b   Richard Döcker, Lichthaus Luz, Stuttgart, 1927, zeitgenössische Fotografie
c   Rudolf Fränkel, Restaurant Engelhardt-Brauerei, Berlin, 1930, zeitgenössische Fotografie
d   Peter Zumthor, Kunsthaus Bregenz, 1997

1   Ludwig Mies van der Rohe, »Briefentwurf zum Projekt des Geschäftshauses Adam 1928«, in: Fritz Neumeyer (Hrsg.), *Mies van der Rohe. Das kunstlose Wort*, Berlin 1986, S. 368.
2   Mies an Georg Adam im Juli 1928, zit. nach: Barry Berdoll und Terry Riley (Hrsg.), *Mies in Berlin*, München 2002, S. 230.
3   Mies an Mia Seeger, Paris, am 28. April 1930. Library of Congress, Mies van der Rohe Papers, Folder 1928.
4   Mies an Triennale di Milano am 19. April 1933. Library of Congress, Mies van der Rohe Papers, Folder T.
5   Hugo Häring, »Lichtreklame und Architektur«, in: *Architektur und Schaufenster*, 24. Jg., H. 8, 1927, S. 5–8.
6   Martin Wagner, »Das Formproblem eines Weltstadtplatzes«, in: *Das Neue Berlin*, 1, Nr. 2, 1929, S. 33–38.
7   Hanns Pfeffer, »Im Anfang war das Licht«, in: *Spannung. Die AEG Umschau*, 2, Nr. 1, Oktober 1928, S. 1–5.
8   Mildred Adams, »In their Lights the Cities are revealed«, in: *The New York Times*, 11. Dezember 1932, Sonntagsmagazin S. 12 und 15.

Kinetisches Licht   Die kybernetische Kunst Nicolas Schöffers (1912 – 1992) galt zu ihrer Entstehungszeit weithin als neuartig und unverwechselbar. Der ungarische Bauhaus-Lehrer László Moholy-Nagy (1895 – 1946) wird zwar zu Recht als einer der Pioniere der kinetischen Kunst angesehen, doch ist wohl der französische Künstler Nicolas Schöffer derjenige, der ihr in den 1960er Jahren zu ihrer größten Wirkung verhalf.
László Moholy-Nagys 8-Minuten-Film *Lichtspiel: Schwarz – Weiß – Grau* ist zwar in sich abgeschlossen (Abb. 15; S. 64) – doch eigentlich handelt es sich um den sechsten und letzten Teil eines unvollendeten abstrakten Films, an dem der Künstler zwischen 1925 und 1930 arbeitete.[1] Die Synopse verspricht eine gründliche Erforschung der grenzenlosen Lichtphänomene und führt tatsächlich zu deren Höhepunkt: einem Filmsegment, das den Zuschauer in den faszinierenden Mikrokosmos eines rotierenden »Lichtrequisits« projiziert. Das Ergebnis ist eine reine Form des Kinos, die nur ihre eigene spezifische Zeit- und Raumdimension enthüllt. Dennoch ist sie zielgerichtet.
Nach und nach gelangt der Zuschauer, nahezu berauscht von Spiegeleffekten, Überblendungen und prismatischen Linsen, zu der radikalen Erkenntnis, die der Künstler formuliert hatte: »Alle konkreten Formen lösen sich in Licht auf.« An diesem Punkt haben die Zuschauer die materielle Welt hinter sich gelassen und betreten »die Dimension einer neuen Wissenschaft und einer neuen Technologie, [die] sich für die Realisierung allumfassender Beziehungen nutzen ließe.«[2] Der Film ist abstrakt und hat dennoch ein Thema: den *Licht-Raum-Modulator* (Abb. a) oder das *Lichtrequisit,* eine kinetische Skulptur, die Moholy-Nagy zwischen 1922 und 1930 entwickelte. Diese kleine motorisierte Lichtbox aus Blech mit mehr als hundert verschieden- und weißfarbigen Glühbirnen machte auch auf ihren Schöpfer großen Eindruck. »Als das *Lichtrequisit* 1930 in einer kleinen Schlosserwerkstatt zum ersten Mal in Gang gesetzt wurde«, erinnerte sich der Künstler, »fühlte ich mich wie der Zauberlehrling. Das Mobile war in seinen koordinierten Bewegungen und in den Raumartikulationen von Licht- und Schattenfolgen so faszinierend, dass ich fast an Zauberei glaubte.«
Moholy-Nagy zweifelte nie daran, dass die Allgemeinheit von seiner Schöpfung profitieren könne. Sein Film bietet uns eine schnelle, sofortige Umerziehung unserer Sinne, damit sie sich den Anforderungen des modernen Lebens anpassen. Das kann, so glaubte er, »zur gleichzeitigen Befriedigung individueller und sozialer Bedürfnisse führen und zum Instrument für ein glücklicheres und gesünderes Leben werden.«[3] Seine Kunst eröffnet tatsächlich viele konstruktive Möglichkeiten, doch wäre zu deren Ausschöpfung eine Gemeinschaft nötig – ein einzelner Künstler kann dies nicht leisten. Bis dahin lässt sich sein Ideal nicht definitiv über jenen imaginären Bereich des Films hinaus anwenden, der das ultimative und wichtigste Ziel des Lichtrequisits ist. Als fragmentarische Arbeit aber verkörpert die Maschine zumindest eine Erwartung.

Wäre ein Besucher 1955 aus einer Vorführung von *Lichtspiel: Schwarz – Weiß – Grau* gekommen und hätte einen Spaziergang durch den Parc de Saint Cloud am Stadtrand von Paris gemacht, so hätte er geglaubt, einer Halluzination aufzusitzen: ein übergroßes, 50 m hohes »Lichtrequisit« hätte er da erblickt, *Tour spatiodynamique cybernétique et sonore (Spatiodynamischer kybernetischer und klingender Turm)* betitelt, das Nicolas Schöffer für einen begrenzten Zeitraum errichtet hatte. Um sein Werk zu verstehen, müsse man sich, so der Künstler, gründlich mit Norbert Wiener und dessen Theorie der Kybernetik auseinander setzen.[4] Denn Wiener sei es zu verdanken, dass der Turm nicht einfach ein faszinierendes und gleichzeitig vergängliches Spektakel sei. Bald, so Schöffer, werde die Reaktion dieser Konstruktion aus Metall und Licht auf ihre Umgebung – das sensorische Erfühlen von Veränderungen des Lichts, der Temperatur und der Geräusche dank eingebetteter Mikrofone, fotoelektrischer Zellen und Rheosta-

Kinetic Light   The cybernetic art of Nicolas Schöffer (1912 – 1992) is mostly seen—in accordance with the artist's own view—as absolutely unprecedented and unique. Even though the Hungarian Bauhaus teacher László Moholy-Nagy (1895 – 1946) is sometimes presented as an early pioneer of Kinetic Art, Schöffer appears to be the one who, in the nineteen-sixties, raised it to its full potential.
While complete in itself, László Moholy-Nagy's eight-minute film *Lichtspiel: Schwarz—Weiss—Grau* (Light Play: Black, White, and Gray) (1929 – 1930) is only a fragment (fig. 15; p. 64); the sixth and last part of an unrealized abstract motion picture on which the artist worked between 1925 and 1930.[1] The remaining synopsis promises a complete exploration of the limitless effects of light leading indeed to its existing apotheosis: a segment of film projecting the viewer into the fascinating microcosm of a rotating "Light Prop." The result is a form of pure cinema only revealing its own specific dimension of space-time. It induces, nonetheless, a certain climax.
Little by little, the viewer, almost drunken by the use of mirroring effects, superimposition, and the use of prismatic lenses, is led to the radical conclusion hence formulated by Moholy-Nagy: "All concrete shapes dissolve in light." We have then left the material world behind us to enter "the dimension of a new science and a new technology [which] could be used for the realization of all-embracing relationships."[2] Perfectly abstract, the film has nonetheless a subject: the *Licht-Raum-Modulator* (fig. a) or the *Lichtrequisit* (Space Light Modulator or Light Prop), a kinetic sculpture conceived by Moholy-Nagy between 1922 and 1930. Potentially using more than a hundred colored and non-colored light bulbs, this little motorized light box composed of Plexiglas and metal sheets produced a strong impression on its creator: "When the *Lichtrequisit* was set in motion for the first time in a small mechanics shop in 1930," remembered the artist, "I felt like the sorcerer's apprentice. The mobile was so startling in its coordinated motions and space articulations of light-and-shadow sequences that I almost believed in magic." Moholy-Nagy never doubted the possibility of sharing the benefits of his creation with the general public. To that end, his film offers us a fast-paced, instant reeducation of our senses to the exigencies of modern life which, he believed, can "lead to a simultaneous affirmation of individual and social needs and can become the instrument of a happier and healthier life."[3] His art, it is true, possesses many constructive implications, but it would take a community—not a single artist—to achieve them. Until then, his ideal has no definitive *application* beyond the imaginary space of the film which remains the final and most important destination of the *Lichtrequisit.* As a fragmentary piece, it embodies nothing but an expectation.

Coming out of a screening of *Lichtspiel: Schwarz—Weiss—Grau* in 1955, and taking a stroll in the public Parc de Saint-Cloud, in the outskirts of Paris, the passerby might have hallucinated. Here it was: an oversized, fifty-meters-high tower named *Tour spatiodynamique cybernétique et sonore* (Spatiodynamic Cybernetic and Sound-Equipped Tower) temporarily erected by Nicolas Schöffer. First, professes the artist, in order to understand his work, we must listen carefully to Norbert Wiener and his recent theory of cybernetics.[4] For it is thanks to Wiener that the tower is not simply a fascinating yet ephemeral spectacle. Soon, continues Schöffer, the way this structure of metal and light responds to its environment, sensing its modification in light, temperature, and noise thanks to the imbedded microphones, photoelectric cells, and rheostats, will be implemented at the scale of the *Ville cybernétique* (Cybernetic City). There, living in its programmed harmony, one will be supplied with "[the] sound, the smell, the heat, the moisture, the light dispensed … in balanced doses, [creating] a vivifying ambiance."[5] Nicolas Schöffer's *Ville cybernétique* (as he titled a book about his ideas in 1972), in which all types of information can be processed, culminated in his *Tour Lumière Cybernétique de Paris-La Défense* (T. L. C.; fig. 16; p. 65) of 1963 – 73, which was meant for the Parisian satellite city of La Défense. As an answer to the Eiffel Tower, this construction would have been 307 meters high, and four thousand projectors and

ten – im Maßstab der *Ville cybernétique (Kybernetischen Stadt)* erfahrbar werden. Dort erle-
be man in programmierter Harmonie »wohldosierte Portionen von Geräuschen, Gerüchen,
Hitze, Feuchtigkeit, Licht [...], sodass ein belebendes Ambiente entsteht.«[5]
Nicolas Schöffers *Ville cybernétique* (so sein Buch gleichen Titels, Paris 1972), in der alle
Arten von Information hätten kontrolliert werden können, kulminierte in seinem *Tour Lumière
Cybernétique de Paris – La Défense* (T.L.C.) von 1963 bis 1973 (Abb. 16; S. 65), der für die Pariser
Bürovorstadt La Défense vorgesehen war. Als Antwort auf den Eiffelturm hätte dieser Turm
307 m hoch sein sollen, und 4000 Blitzlichter und Projektoren sowie Hunderte von drehbaren
Spiegeln hätten ihn nachts in eine »riesige, lebendige Flamme« verwandelt. Die wichtigste
Eigenschaft dieser Skulptur war ihr kybernetisches Verhalten, in dem sie auf ihre Umgebung
und auf Paris reagierte, zu dessen Spiegelbild sie sich entwickeln sollte.
Die frühe Avantgarde hatte die Notwendigkeit erkannt, unsere Sinne neu zu stimulieren.
Doch welchen Einfluss kann ein abstrakter Film ausüben, verglichen etwa mit dem Pragma-
tismus der »Zentren für sexuelle Entspannung«, die Schöffer als prominentes Element der
Ville cybernétique entwarf? Letztlich könnte Schöffers Vision wie eine globale Konditio-
nierung erscheinen. Doch eine Sorge wäre da unbegründet: Die *Ville cybernétique* werde für
das angemessene ästhetische Feedback sorgen, indem es die Gemeinschaft mit einer Flut
»guter« Informationen überschwemme und die »schlechten« weglasse.[6] Schöffer sorgte
dafür, dass ein homöostatisches Gerät im Turm »einen Ausgleich schaffen und Wiederho-
lung, Stagnation und Überflüssigkeit ausschließen würde.«[7]
So sind alle programmierten Skulpturen Schöffers Welten im Werden. Michel Ragon erkennt
in ihnen »das ambitionierteste zeitgenössische Gesamtwerk, ein Werk, das sich als *grand
œuvre* präsentiert und zugleich zeitgenössische Skulptur und Architektur, Kunst und Wissenschaft sein will, ein Werk, das den Beginn einer neuen Welt zu verkörpern sucht.«[8]
Hervé Vanel

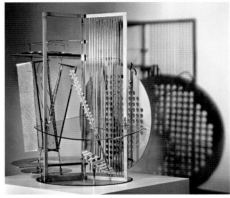

a

flashlights as well as hundreds of moving mirrors would have turned it into a "gigantic, living
flame" at night. The main characteristic of this sculpture was its cybernetic behavior inter-
acting with its environment and Paris of which it became the evolving reflection.
The first avant-garde might have perceived the need for our senses to be stimulated again,
but what is the power of an abstract film compared to for instance the pragmatism of the
"Centers of Sexual Leisure" designed by Schöffer as a prominent feature of the *Ville cybernétique?* Ultimately, Schöffer's vision might appear like a global conditioning. But don't you
worry: the *Ville cybernétique* will provide the appropriate esthetic feedback immersing the
community in a flow of *good* information, leaving out the *bad.*[6] Schöffer made sure that the
insertion of a homeostatic device in the tower would "produce a balance… and avoid repeti-
tion, stagnation, and redundance."[7]
Hence, each of Schöffer's programmed sculptures is a world in becoming, allowing Michel
Ragon to recognize in them the "most ambitious contemporary body of work, the work seeking to be the *grand oeuvre,* seeking to be at the same time sculpture and architecture, art
and science, the work seeking to be the cradle of a new world."[8]   Hervé Vanel

a   László Moholy-Nagy, *Licht-Raum-Modulator,* 1922 – 1930, Moderner Nachbau, Bauhaus-
Archiv, Berlin

1   László Moholy-Nagy, *Vision in Motion,* Chicago 1947, S. 238.
2   László Moholy-Nagy, *The New Vision,* New York (1928) 1947, S. 10.
3   László Moholy-Nagy 1947 (wie Anm. 1), S. 24.
4   »Kybernetik«, aus dem Griechischen für Betrachtungen über Gesetzmäßigkeiten im
Ablauf von Steuerungs- und Regelungsvorgängen; hier Anspielung auf die 1948, also kurz vor
der Entstehung des Werks, erschienene Publikation Norbert Wieners: *Kybernetik. Regelung
und Nachrichtenübertragung im Lebewesen und in der Maschine.*
5   Nicolas Schöffer, »Architecture and City Planning«, in: *Nicolas Schöffer,* Neuchâtel 1963,
S. 124.
6   Vgl. Nicolas Schöffer 1963 (wie Anm. 5), S. 46.
7   Ebd.
8   Michel Ragon, »Nicolas Schöffer, sculpteur ingénieur«, in. *Le Jardin des Arts,* 162,
Mai 1968, S. 23.

Anwendungsorte **Locations**

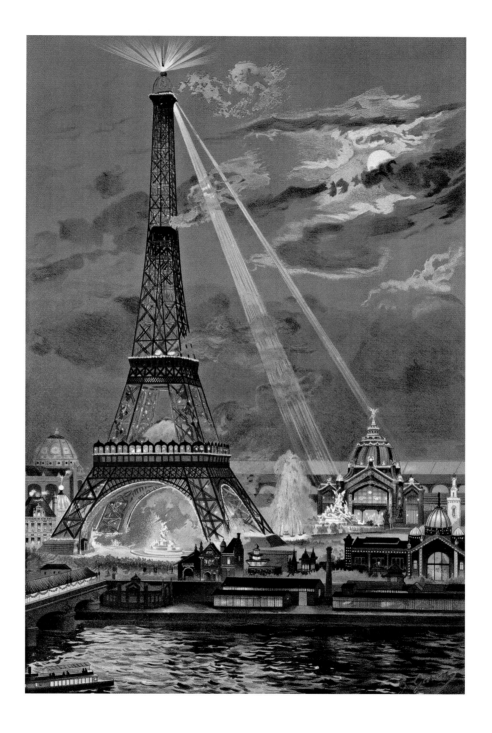

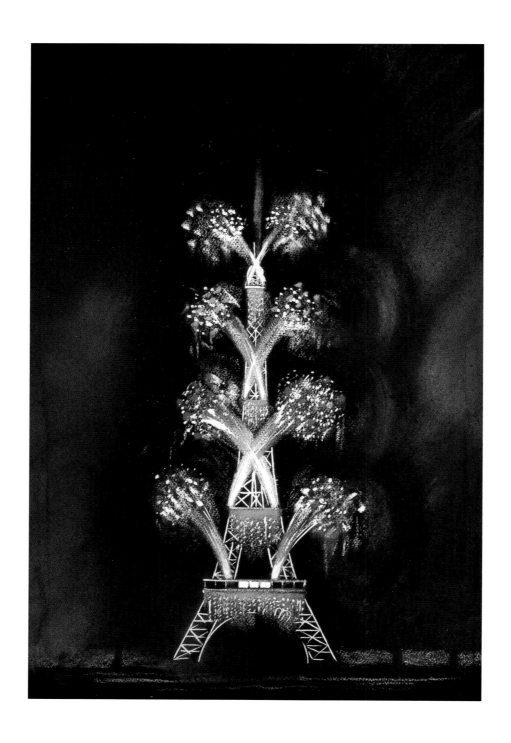

17   Georges Garen, *Embrasement de la Tour Eiffel pendant l'Exposition universelle de 1889*, Stich, Musée d'Orsay, Paris
18   André Granet, Studie zur Beleuchtung des Eiffelturms auf der Exposition internationale des arts et des techniques de Paris, 1937, Gouache auf Papier, Institut Français d'Architecture, DAF / CAP, Paris

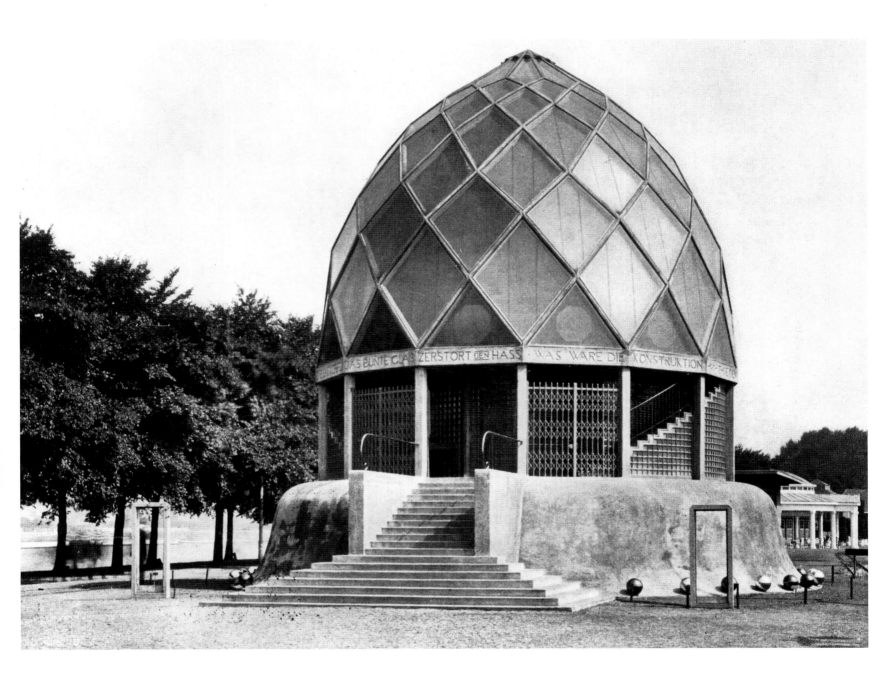

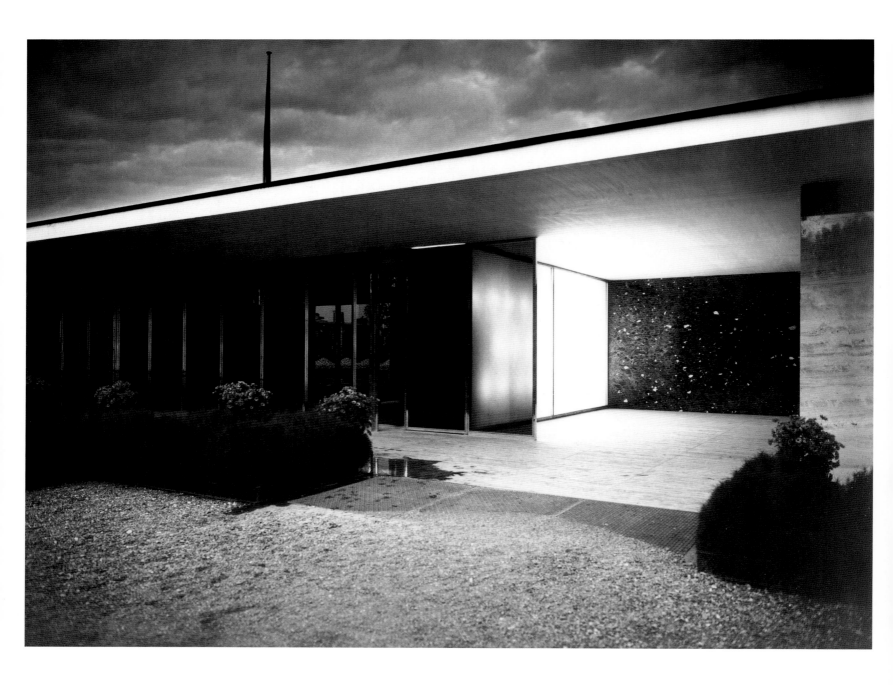

19 Bruno Taut, Glashaus, Werkbundausstellung Köln, 1914
20 Ludwig Mies van der Rohe, Deutscher Pavillon bei Nacht, Weltausstellung
Barcelona, 1929

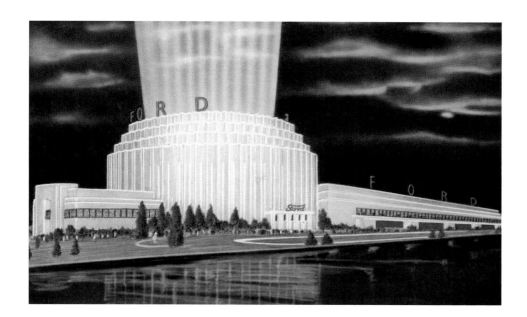

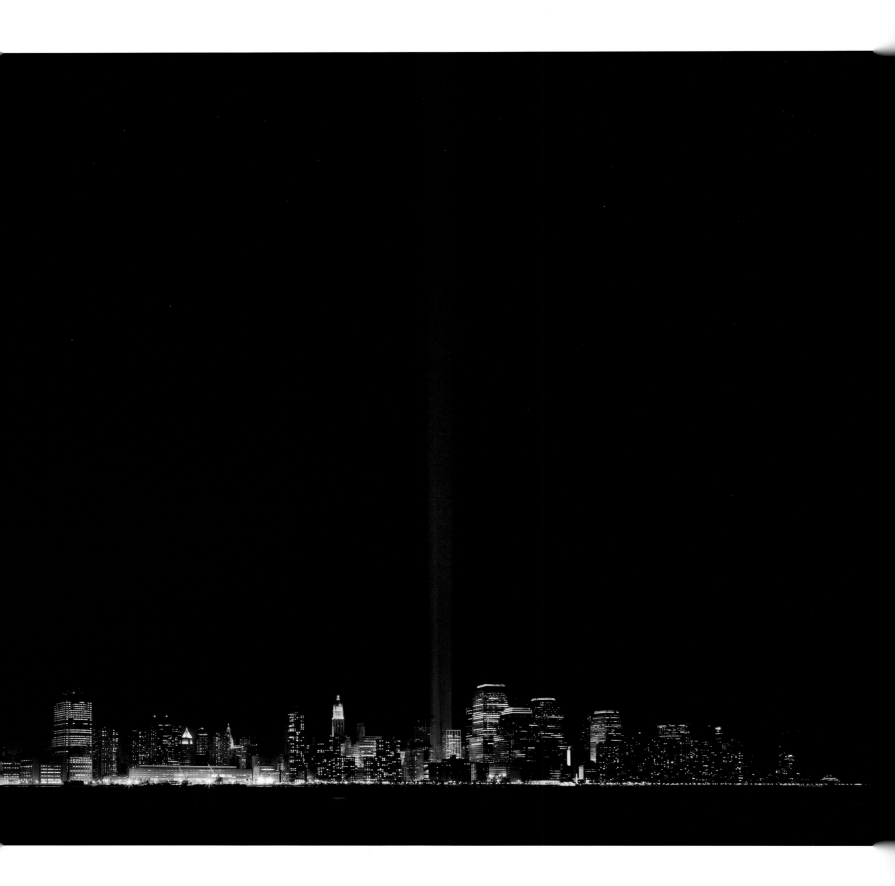

21 Albrecht Kahn, Ford-Rotunde, Chicago, 1934, zeitgenössische Postkarte
22 Julian LaVerdiere und Paul Myoda, *Tribute in Light,* New York, 2002, Lichtinstallation
zum Gedenken des 11. September 2001, Fotografie: Ralf Kaspers, *Tribute in Light II,* 2002
Kunstmuseum Stuttgart

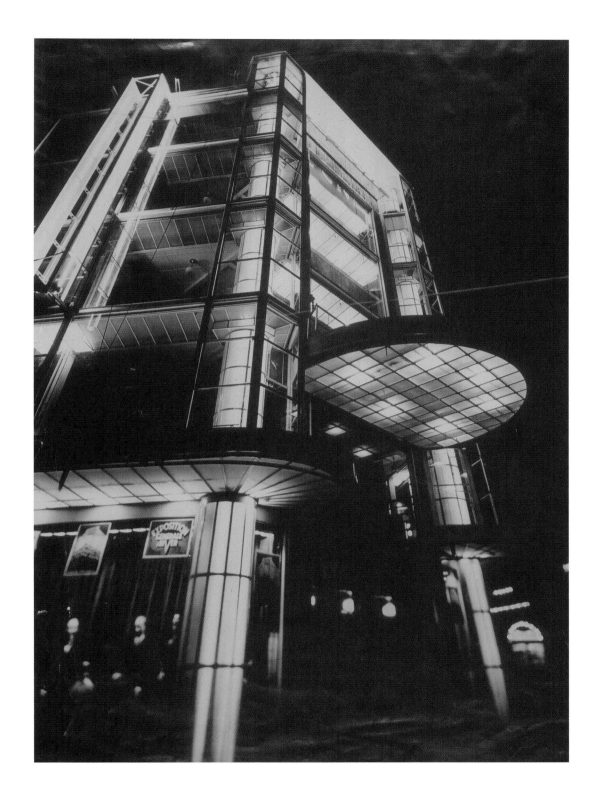

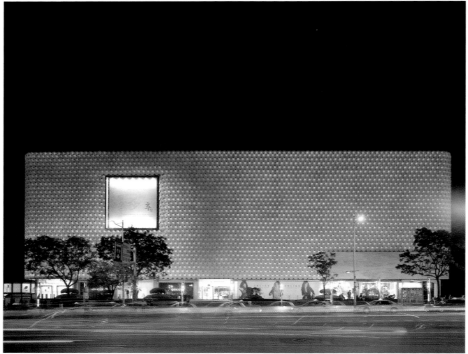

23 Frédéric Henri Sauvage, Grands Magasins Decré, Nantes, 1931, zeitgenössische Fotografie, Institut Français d'Architecture, DAF/CAP, Paris
24 UN Studio, Galleria Department Store, Seoul, 2004

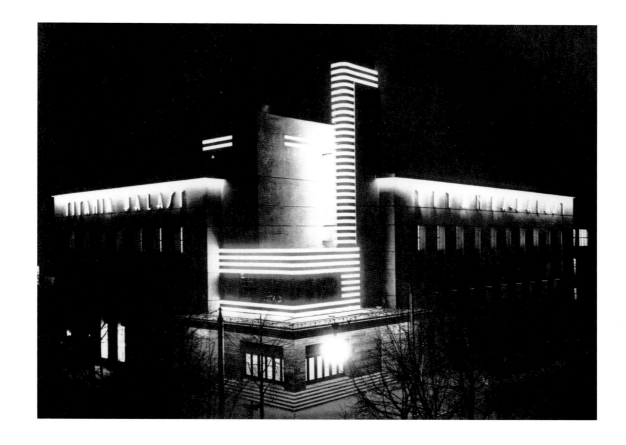

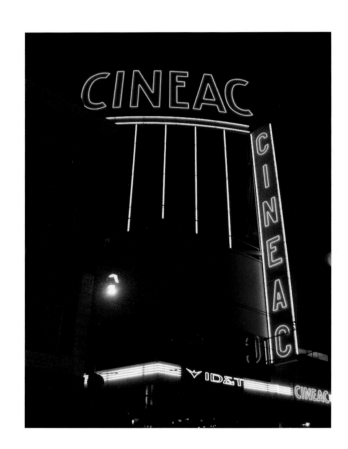

25   Ernst Schöffler, Carlo Schloenbach und Carl Jacobi, Titania-Palast,
Berlin-Steglitz, 1928
26   Johannes Duiker, Handelsblad-Cineac, Amsterdam, 1934

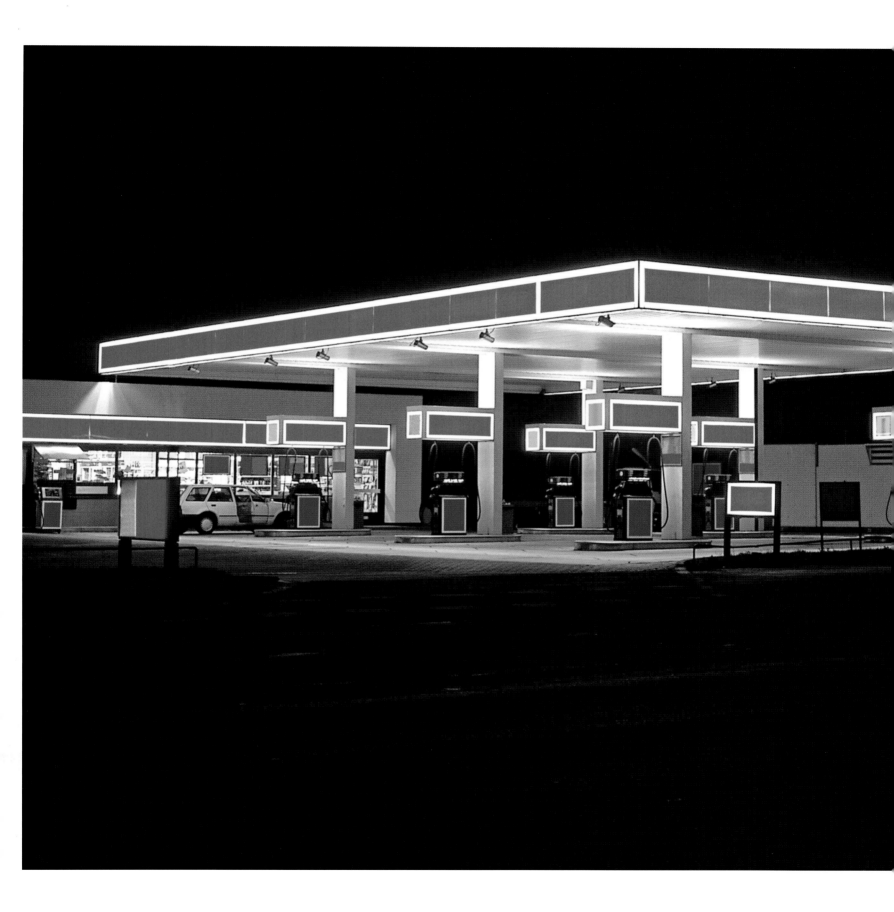

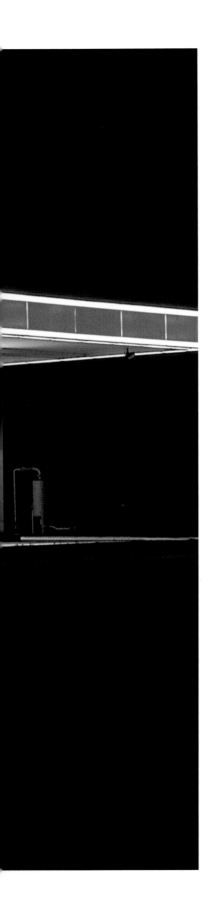

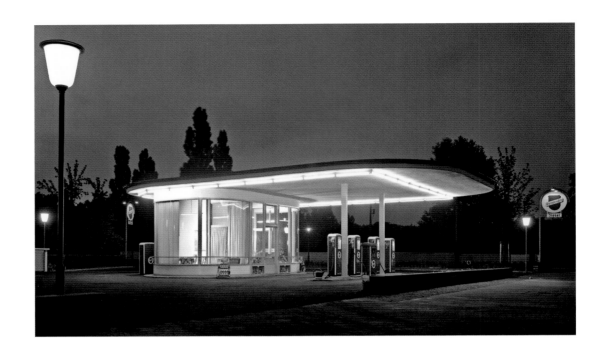

27　Ralf Peters, *Rot*, 1998, Fotografie, Galerie Bernhard Knaus, Mannheim
28　Karl Hugo Schmölz, *Tankstelle*, 1952, Fotografie, Archiv Wim Cox, Köln

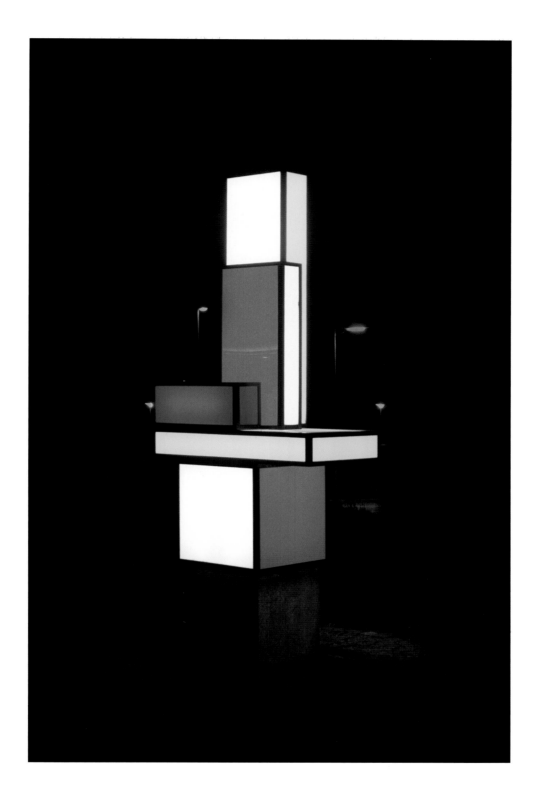

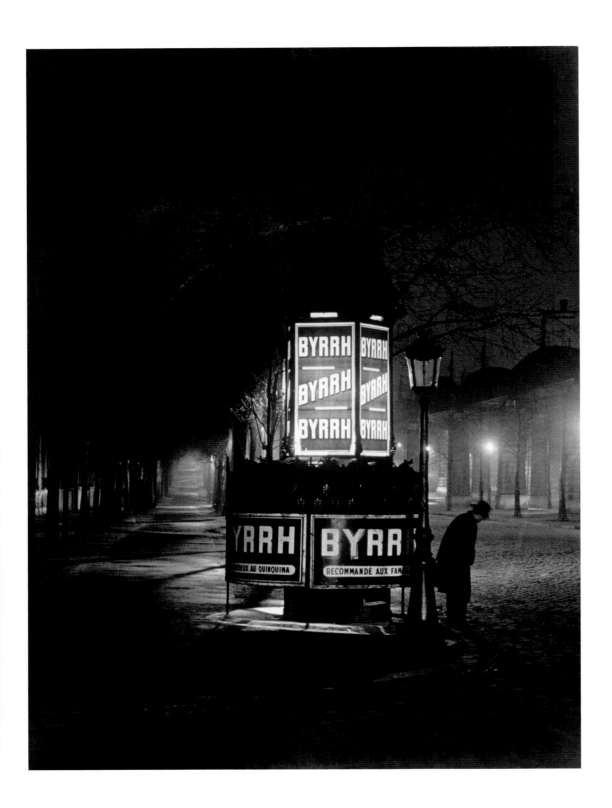

29 Walter Dexel, *Farbige Leuchtsäule II, Weiß mit Blau – Rot + Gelb*, Jena, Entwurf 1926, Ausführung 1973
30 Brassaï, *Vespienne,* 1932, Fotografie, Musée national d'Art moderne – Centre Georges Pompidou, Paris

Leuchtturm   Selten war ein Bauwerk so verschrien, bevor es überhaupt errichtet war. Der 1887 an den Baudirektor der Weltausstellung von 1889, Adolphe Alphand, ergangene »Protest der Künstler« gegen den »nutzlosen und monströsen Eiffelturm« war und bleibt eines der verblendetesten Manifeste des ausgehenden 19. Jahrhunderts (Abb. a). Die Unterzeichner – darunter der Schriftsteller Guy de Maupassant, der Komponist Charles Gounod, der dem akademischen Stil verpflichtete Maler William-Adolphe Bouguereau und der Erbauer der Oper, Charles Garnier – behaupteten mit allem Nachdruck: »Es gibt keinen Zweifel daran, daß der Eiffelturm, den selbst das geschäftstüchtige Amerika nicht haben möchte, die Entehrung von Paris ist.«[1] Der Turm wurde dennoch gebaut, und zwar alternativ zu einem »Sonnenturm«, der 1885 vom Architekten des am anderen Seineufer gelegenen Palais du Trocadéro, Jules Bourdais, entworfen worden war. Dieser hätte als eine Art Leuchtturm einen großen Teil von Paris erhellen sollen.

1889 meldete man einen triumphalen Erfolg. Einen geschäftlichen Erfolg zunächst, weil alle Aktionäre bereits in diesem Jahr, in dem 1,9 Millionen Ausstellungsbesucher den Turm bestiegen, ihre Einlagen zurückbekamen.[2] Und einen symbolischen Erfolg insofern, als der Turm den Status eines Tag- wie Nachtmonumentes erlangte, das schon vor der eigentlichen Ausstellung in zahllosen Modellen und Nippfiguren aller Art reproduziert worden war. Neuartige kartografische Hilfsmittel erleichterten die Aussicht vom Turm aus. Den Besuchern wurde ein Plan von der Pariser Region zum Kauf angeboten, mit Hilfe dessen sie an Schönwettertagen die in der Ferne rundum gesichteten Örtlichkeiten identifizieren konnten – sofern sie die Karte korrekt am Mittelpunkt, dem Turm, ausrichteten. Damit erhielt der Eiffelturm einen Doppelstatus, war von der Stadt aus sichtbares Baudenkmal und Beobachtungsposten zugleich.

Nach Auffassung von Roland Barthes war »der Eiffelturm der einzige blinde Fleck in dem totalen optischen System, dessen Zentrum er bildet und dessen Umkreis Paris ist. Doch in dieser ihn scheinbar begrenzenden Bewegung erwirbt er eine neue Macht: Objekt, wenn man ihn betrachtet, wird er seinerseits doch zum Blick, wenn man ihn besucht, und macht nun jenes Paris, das vorhin ihn betrachtete, zu einem zugleich ausgedehnten und versammelten Objekt. Der Eiffelturm ist ein Objekt, das sieht, ein Blick, der gesehen wird [...]. Der Eiffelturm (und darin liegt eine seiner mythischen Kräfte) überschreitet diese Trennung, die sonst übliche Scheidung von sehen und gesehen werden, er vollzieht eine souveräne Bewegung zwischen diesen beiden Funktionen; er ist ein vollständiges Objekt, das gewissermaßen beide Geschlechter des Blickes hat.«[3]

Auch sind bereits von 1889 an Tag und Nacht bei diesem »doppelten Objekt« nicht zu trennen, ist doch die Weltausstellung ein riesiges elektrisches Theater, auf dem, wie *La Construction moderne* anmerkte, die »ungebräuchliche Beleuchtung« den »großen Linien der Architektur« ein neues Aussehen verleihe. Die Zinkgravüre von Georges Garen (1854–?), welche *Embrasement de la Tour Eiffel pendant l'Exposition universelle de 1889 (Festbeleuchtung des Eiffelturms während der Weltausstellung 1889;* Abb. 17; S. 88) darstellt, veranschaulicht das von der Zeitschrift beschriebene Schauspiel: » [...] der Turm, dessen Bögen und Plattformen von Lichterketten gesäumt sind, entflammt in bengalischen Feuern, die ihm eine wahrhaft eindrucksvolle fantastische und grandiose Erscheinung verleihen. Der Koloss aus Eisen ragt von blutigen Flammen umhüllt in die Nacht, während an der Spitze der dreifarbige Scheinwerfer leuchtet und elektrische Reflektoren ihre blauen Strahlen auf Paris werfen«[4]. Die »beiden Geschlechter« des Bauwerks finden hier ihren lebhaftesten Ausdruck. Als glühende Skulptur scheint der Eiffelturm ebenso sehr an die Pariser Feuersbrünste von der »Blutigen Woche« von 1871 zu erinnern, wie er auch die Hüttenwerke beschwört, deren Produkt seine Gliedmaßen sind. Und mit dem Leuchtblick seines Scheinwerfers mustert er die Nacht und fixiert umliegende Bauten in einer anthropomorphen Haltung, die ihm Karikaturisten und Illustratoren seither immer wieder verliehen haben.

Lighthouse   Rarely has a monument been so disparaged before it was even built. Addressed to the director of building works for the Universal Exposition of 1889, the "artists' protest" against the "useless, monstrous Eiffel Tower" remains one of the most shortsighted manifestoes of the late nineteenth century (fig. a). The signatories—among them writer Guy de Maupassant, composer Charles Gounod, academic painter William-Adolphe Bouguereau, and Paris Opera architect Charles Garnier—passionately asserted that "the Eiffel Tower, which even mercantile America would want no part of, is incontrovertibly the shame of Paris."[1] But the tower went up—as an alternative, it should be emphasized, to the Sun Tower designed in 1885 by Jules Bourdais, architect of the Palais du Trocadéro; set on the other bank of the Seine, the latter was intended as a beacon illuminating a large part of the city.

The triumph came two years later. A business triumph: all the operation's backers had begun making a profit before the end of 1889, when 1.9 million people had made the climb to the top.[2] And a symbolic triumph as well, for even before the exhibition opened, the Tower, already a twenty-four-hour icon, was being reproduced ad infinitum in the form of models and curios. For the public, the observation process was simplified by a new kind of map of Paris and its environs: available on site, the map was circular and from its central point—the Tower —visitors could, in clear weather, faultlessly identify even the most distant localities. Thus the new structure became simultaneously a highly visible urban landmark and a point from which to observe the city.

As Roland Barthes wrote in 1964, "… the Tower is the only blind point of the total optical system of which it is the center and Paris the circumference. But in this movement that seems to limit it, the Tower acquires a new power: an object when we look at it, it becomes a lookout in its turn when we visit it, and now constitutes as an object, simultaneously extended and collected beneath it, that Paris which just now was looking at it. The Tower is an object which sees, a glance which is seen … . The Tower (and this is one of its mythic powers) transgresses this separation, this habitual divorce of seeing and being seen; it achieves a sovereign circulation between the two functions; it is a complete object which has, if one may say so, both sexes of sight."[3]

This dual object was also, from the very first, a daytime and a nighttime phenomenon: the Universal Exposition was an immense electrical theater in which, as *La Construction moderne* noted, this "uncommon form of lighting" gave a new look to the "major architectural outlines." Georges Garen's (1854–?) zinc etching *L'Embrasement de la Tour Eiffel pendant l'Exposition universelle de 1889* (The Blaze of the Eiffel Tower during the Universal Exhibition of 1889) (fig. 17, p. 88) is a vivid rendering of the spectacle as described in the magazine: "The Tower, its arches and platforms edged with ropes of light, blazes with Catherine wheels that make it inspiringly fantastic and truly imposing. The iron colossus stands erect in the night enveloped in bloody flames, while at its topmost point the tricolor beacon gleams and electric reflectors send their blue rays out across Paris."[4] Here those "two sexes" found their most vibrant expression: as an incandescent sculpture reminiscent of the fires that swept Paris during the "Bloody Week" of 1871, and evocation of the steelworks from which its members had come; and as a luminous-gazed beacon, scrutinizing the night and staring at the surrounding buildings from the anthropomorphic posture cartoonists and illustrators have never ceased to attribute to it.

Eleven years later, at the next Exposition, an assiduous amateur photographer named Émile Zola caught the illuminations on the Tower: the treatment was now more restrained, being limited to light bulbs dotted along the edges (fig. b).[5] By then, of course, electricity had become part of everyday life. But at the same time the Eiffel Tower was taking on fresh meaning for artists, writers, and architects bent on forging a culture of modernity: they made it their heroine,[6] contrasting it with the city spread out at its feet.

Im Jahre 1900, bei der nächsten in Paris stattfindenden Weltausstellung, erfasste der Schriftsteller Emile Zola, der zwar Amateurfotograf, dabei aber überaus engagiert war, mit seinem Objektiv das Schauspiel der Turmbeleuchtung. Es war diesmal nüchterner gehalten, beschränkte es sich doch auf eine Markierung der Streben durch Glühbirnen (Abb. b).[5] Die Elektrizität gehörte inzwischen zum Alltag. Indes bekam der Eiffelturm eine neue Bedeutung für die Künstler; die für den Aufbau einer modernen Kultur eintretenden Schriftsteller und Architekten erklärten die eiserne Figur zu ihrer Heldin[6] und hoben sie aus der sich zu ihren Füßen erstreckenden Stadt heraus. Der Schriftsteller Guillaume Apollinaire sprach ihr den desillusionierten Blick einer Schäferin zu, die aus dem Augenwinkel die Herde der Brücken beaufsichtigt und es offenbar »satt hat, in der griechischen und modernen Antike zu leben«. Und als die Funkstation des Turms 1914 eine Nachricht des Heeres von Wilhelm II. abfing, erblickte der Dichter in einem seiner berühmtesten Kalligramme darin jene »beredte Zunge, die dein Mund, o Paris, den Deutschen herausstreckt und immer herausstrecken wird«[7].

Im Zusammenhang mit der »Exposition des arts décoratifs« von 1925 rühmte der Architekt Le Corbusier den Eiffelturm. In seinen Augen stand er »über den Gipspalästen, an denen sich der Zierat windet, und erscheint rein wie im Kristall«.[8] Demgegenüber schrieb Louis Aragon ihm damals das Leben einer »femme fatale« zu und zeigte sich entzückt, als »[die Turmgestalt] mit ihren gespreizten Eisenbeinen ein weibliches Geschlecht erkennen ließ, das man bei ihr gar nicht vermutet hätte.«[9] Indes wurde diese Kreatur von ihrem Eigentümer prostituiert: Die Stadt Paris vermietete die Außenfläche an den Automobilhersteller André Citroën, der durch seine zahlreichen Reisen in die Vereinigten Staaten mit großformatigen Leuchtreklamen und deren Wirkung vertraut war. Am 4. Juli 1925 verwandelte sich der Turm in ein Leuchtkalligramm, dem in 30 Meter hohen Lettern der Name des Unternehmens eingeschrieben war. Zur Umsetzung der sechsfarbigen Komposition des Beleuchtungsexperten Fernando Jacopozzi wurden 250 000 Glühbirnen eingesetzt und auf ein 40-sekündiges Lichtspiel programmiert, bei dem vor einem Hintergrund aus Kometen, Sternen und Tierkreiszeichen das Fischgrätensignet der Automarke mit den Daten 1889 bis 1925 alternierte (Abb. c).

In einer Fotografie nimmt Brassaï diese Lichtgirlanden durch eine Tür des Palais du Trocadéro auf, deren schmiedeeisernes Gitter einen dunklen Widerschein davon abgab (Abb. d).[10] Der

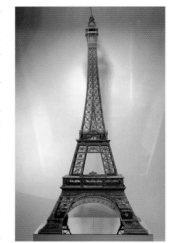
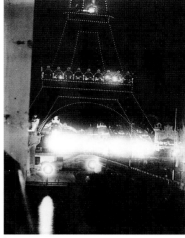

a

b

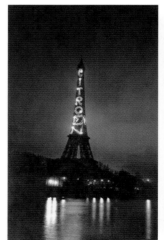
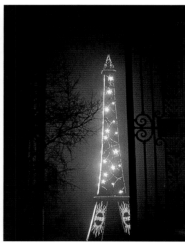

c

d

The poet Guillaume Apollinaire ascribed to it the disenchanted gaze of a shepherdess, watching her flock out of the corner of her eye and seemingly "bored with a life surrounded by Greek and Roman antiquity." And in 1914, when a message from the army of Kaiser Wilhelm II was intercepted by the radio station on the Tower, Apollinaire turned the heroine into one of his most celebrated *calligrammes:* "eloquent tongue that you, oh Paris, will now and forever poke out at the Germans."[7]

At the time of the International Exhibition of Modern Decorative and Industrial Arts in 1925, Le Corbusier hailed the Tower in *L'Art décoratif d'aujourd'hui:* "Rising above plaster palaces with writhing decors, she stands pure as a crystal."[8] Louis Aragon, by contrast, would see the Tower's career as that of a *femme fatale,* and was filled with wonder when, "with her iron legs apart, she displayed a vulva whose existence one hardly expected."[9] This gorgeous creature had nonetheless been prostituted by its owner, the City of Paris, which rented it out to car manufacturer André Citroën after numerous voyages to the United States had honed his knowledge of what big bright advertisements could achieve. On July 4, 1925 the Tower became a luminous calligram, with the company name spelt out vertically in letters thirty meters tall. This six-color composition by Fernando Jacopozzi called for 250,000 light bulbs programmed to provide a forty-second show alternating Citroën's chevron logo with the dates 1889 – 1925 against a backdrop of comets, stars, and signs of the zodiac (fig. c).

In a famous photograph of 1929, Brassaï framed these festoons of light through a gateway of the Palais du Trocadéro, whose ironwork provided a stunningly dark visual resonance (fig. d).[10] The rent and advertising taxes levied by the City were considerable, even for a company so committed to getting its message across, but the Tower would remain at the service of the inventor of the classic *Traction avant* (front-wheel-drive) car until the marque was bought by Michelin ten years later. Such was its renown as a beacon during the Citroën era that the aviator Charles Lindbergh swore he had been guided by its lights as he approached Paris at the end of his nonstop crossing of the Atlantic on May 24, 1927. Indeed, its association with the spectacle of the city by night became automatic, and in 1928 Robert Delaunay, who had used the Tower in so many of his paintings, included nocturnal versions in his set for the *Triomphe de Paris* (see p. 33).

(see p. 33)

a   Modell des Eiffelturms, 1888, Galerie Marc Maison, Paris
b   Emile Zola, *Eiffelturm bei Nacht,* 1900, Fotografie
c   Fernando Jacopozzi, Beleuchtung des Eiffelturms mit Citroën-Reklame, um 1925, zeitgenössische Postkarte
d   Brassaï, *Tour Eiffel,* 1930 – 1932, Fotografie, Musée national d'Art moderne – Centre Georges Pompidou, Paris
e   André Granet, Exposition internationale des arts et de techniques de Paris, 1937, Institut Français d'Architecture, DAF / CAP, Paris

Turm blieb im Dienste des Erfinders des »Vorderradantriebs«, bis Michelin zehn Jahre später die Automarke aufkaufte. Denn die Anmietung des Turms und die von der Stadt erhobenen Werbesteuern belasteten bei aller Begeisterung für Kommunikation den Etat des Unternehmens ganz erheblich. Die durch Citroën vorgenommenen Gestaltungsmaßnahmen verstärkten die Leuchtturmfunktion des Turmes so erheblich, dass der Flieger Charles Lindbergh versicherte, er habe sich am Ende seines Alleinflugs über den Atlantik am 21. Mai 1927 beim Anflug auf Paris an den Lichtern des Turms orientiert. Der Turm wurde zum selbstverständlichen Bestandteil des nächtlichen Schauspiels von Paris, und Robert Delaunay (1885 – 1941), der dem Bauwerk in so vielen Gemälden gehuldigt hatte, zeichnete 1928 für das Bühnenbild des Schauspiels *Triomphe de Paris* einige Skizzen des nachts beleuchteten Eiffelturms (siehe S. 33).

Nach einer kurzen Dunkelperiode entflammte der Turm 1937 bei der Weltausstellung der Künste und Technik erneut, diesmal in einem Paris, das ins Neonzeitalter eingetreten war. Der Architekt André Granet, der sein Geschick bereits bei der Dekoration des Automobil- und des Luftfahrtsalons im Grand Palais bewiesen hatte und auch die Beleuchtung des Opernplatzes anlässlich des Besuchs des englischen Königs 1938 entwerfen sollte, wurde beauftragt, den Turm und das linke Flussufer zu illuminieren (Abb. 18; S. 89). Im Zuge einer Modernisierung des Bauwerks ließ er die spitzbogigen Formen in der ersten Etage abtragen und durch ein geradliniges Gesims ersetzen, denn er befand, die »rein rationelle« Gestalt des Baus sei »bei seiner Entstehung mit Dekors überfrachtet worden, die ein wenig zu sehr Ausdruck ihrer Epoche waren«. Er erhellte die Unterseite der ersten Etage mit fluoreszierenden Röhren »in schönen blauen, rosigen, smaragdgrünen Farben« und schuf so »den größten Kronleuchter, der je gebaut worden war«[11] (Abb. e). Die Lichtquellen wurden nun indirekt eingesetzt, und 750 im Gerüst verborgene Scheinwerfer hoben den Turm im Wechsel roter, grüner und goldschimmernder Farben plastisch hervor. Das Bauwerk wurde damit zur vertikalen Stütze einer Reihe von Lichtmotiven aus radial oder parallel verlaufenden Strahlenbündeln. Die von den elektrischen Systemen erzeugten Figuren waren in eine Aureole aus Nebelkerzen und Leuchtfeuergarben gehüllt, die vom Turm aus wiederum elektrisch gezündet wurden.

The Michelin takeover was followed by a brief period of darkness, but the Tower blazed forth again in 1937 for the International Exhibition of Art and Technology in Modern Life. Architect André Granet, whose skill had been demonstrated at the automobile and aeronautics shows at the Grand Palais, and who had designed the lighting on the Place de l'Opéra for the Queen of England's visit in 1928, was charged with illuminating the Tower and the Left Bank of the Seine (fig. 18; p. 89). He began by modernizing the structure itself: the first-floor ribbing was removed and replaced with a straight cornice, Granet considering that the Tower's "purely rational" form had been "overburdened since birth by ornaments somewhat too typical of their period." He lit the underside of the first floor with fluorescent tubes "in beautiful shades of blue, pink, and emerald green," thus creating the "biggest chandelier ever made" (fig. e).[11] The other light sources were indirect, with 750 internally concealed spotlights throwing the framework into relief in alternations of red, green, and gold. The building became the vertical backdrop for a series of luminous patterns of radiating and parallel rays, and the forms generated by the electrical systems were enveloped in a halo of smoke and firework clusters electrically activated from the Tower itself.

It would be almost a half-century before, in 1985, a new, permanent lighting system was installed in a Tower now bare of all advertising. More than three hundred sodium spotlights produced a yellow luminosity inside the see-through structure that made it show up, so to speak, like a negative in the night. Fitted with two long-distance beacons, the Tower had its most recent hour of nocturnal glory during the year 2000 millennium celebrations, when twenty thousand flash devices were used to overlay a sparkling effect on the sodium yellow. This system became permanent in 2003, hallowing the luminous presence of the symbol of Paris, that "useless, irreplaceable building"[12] so brilliantly demystified by Roland Barthes.
Jean-Louis Cohen

Rund ein halbes Jahrhundert sollte vergehen, bis 1985 erneut eine permanente Lichtinstallation eingerichtet wurde, die diesmal frei von jeglicher Werbung war. Mehr als 300 Natriumlampen erzeugten im Innern der durchbrochenen Struktur ein gelbes Licht, das diese nachts gewissermaßen hervortreten ließ. Mit zwei weit reichenden Scheinwerfern ausgerüstet, erfuhr der Turm seine jüngste Glanzstunde bei der Millenniumsfeier zum Jahr 2000. 20 000 Blitzlichter wurden eingesetzt, um einen Glitzereffekt zu erzeugen, der die gelbe Lichtstimmung überblendete. Diese Installation wurde 2003 zur Dauereinrichtung und konsekrierte damit die leuchtende Gegenwart der Sinnbilds von Paris, das jenes »nutzlose und unersetzbare Bauwerk«[12] bildet, welches Roland Barthes so glänzend entmystifiziert hat.
Jean-Louis Cohen

1   »Protestation contre la tour de M. Eiffel«, in: *Le Temps,* 14. Februar 1887.
2   Caroline Mathieu, »Introduction«, in: *1889: La Tour Eiffel et l'exposition universelle,* Paris 1989, S. 11 – 45.
3   Roland Barthes und André Martin, *La Tour Eiffel,* Paris 1964, hier: *Der Eiffelturm,* dt. Übersetzung von Helmut Scheffel, München 1970, S. 27 f.
4   *La Construction moderne,* 11. Mai 1889, zit. nach: Mathieu 1989 (wie Anm. 2), S. 35.
5   François Émile-Zola, *Zola Photographer,* New York 1988, S. 124.
6   Vera Kowitz, *La Tour Eiffel: ein Bauwerk als Symbol und als Motiv in Literatur und Kunst,* Essen 1989.
7   Guillaume Apollinaire, »Calligrammes«, in: *Œuvres complètes,* Paris 1966, Bd. 3, S. 203.
8   Le Corbusier, *L'Art décoratif d'aujourd'hui,* Paris 1925, S. 141.
9   Louis Aragon, »La Grande gaîté«, in: *Œuvres poétiques,* Paris 1974, Bd. 4, S. 273.
10   Brassaï, *Paris de nuit,* Paris 1932, Tafel 57.
11   André Granet, *Décors éphémères: les expositions, jeux d'eau et de lumière,* Paris 1948, S. 21 und 27. Über sein Werk siehe: Yvonne Brunhammer und Amélie Granet, *Les Salons de l'automobile et de l'aviation: décors éphémères d'Andre Granet,* Paris 1993.
12   Barthes und Martin 1970 (wie Anm. 3), S. 84.

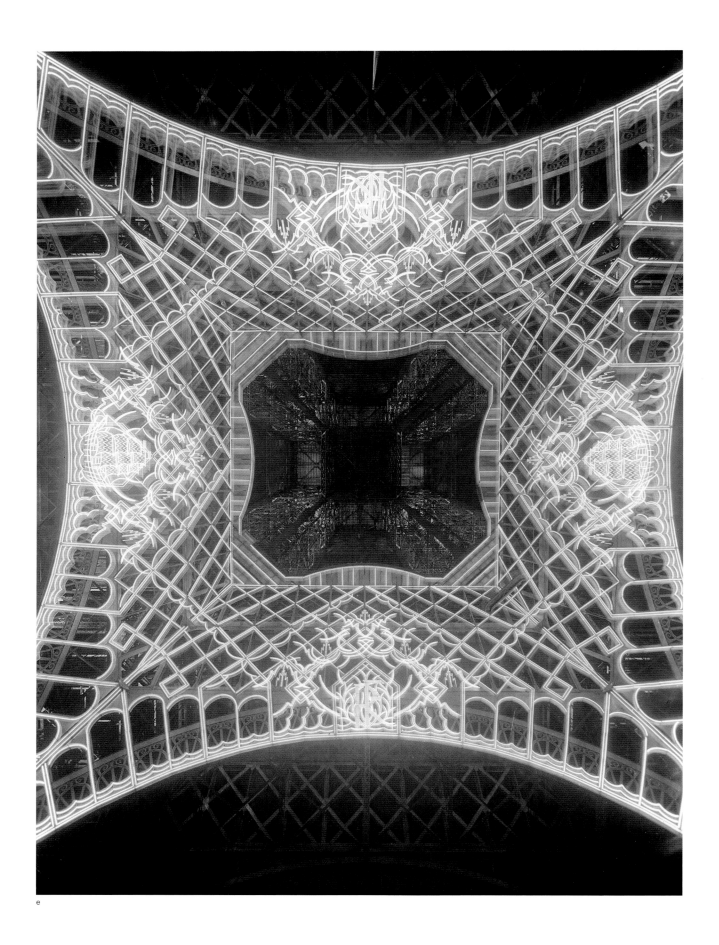

e

Ausstellungspavillons   »Das Glashaus hat keinen anderen Zweck als schön zu sein.«[1] Mit diesen Worten stellte der Architekt Bruno Taut (1880 – 1938) sein Glashaus am Rande der Kölner Werkbundausstellung 1914 als ein reines Werk der Architektur vor (Abb. 19; S. 90), losgelöst von den Zwängen der Funktion und Benutzbarkeit. Ganz ähnlich haben sich 15 Jahre später Zeitgenossen zum Deutschen Pavillon von Ludwig Mies van der Rohe (1886 – 1969) geäußert, den er auf der Weltausstellung in Barcelona präsentierte (Abb. 20; S. 91): »Die Aufgabe war eine heutzutage ungewöhnliche: ein Gebäude ohne Funktion, oder zumindest ohne eine sichtbare, spürbare, offensichtliche Funktion – ein Bau, der der Repräsentation gewidmet war, ein leerer Raum, und deswegen Raum-an-sich, Architektur als eine freie Kunst, Ausdruck einer geistigen Haltung«,[2] schrieb der Kritiker Justus Bier im Werkbund-Journal *Die Form.*

Obwohl beide Bauten im Rahmen ihrer jeweiligen Ausstellungen nur eine Lebensdauer von einigen Monaten hatten (jener in Barcelona wurde 1981 bis 1986 wieder aufgebaut), fehlen sie heute in kaum einer Architekturgeschichte des 20. Jahrhunderts. Sie gelten gewissermaßen als markante Anfangs- und Endpunkte der intensivsten Entwicklungsphase der modernen Architektur: Der Kölner Bau vom Vorabend des Ersten Weltkriegs wurde nach dem Krieg zum anregenden Vorbild für strahlende Architekturutopien, in denen Glaskathedralen zum Mittelpunkt neuer sozialer Gemeinschaften werden sollten. Der Abglanz solcher Visionen ist in Bauten wie dem Bauhaus in Dessau oder den Berliner Wohnsiedlungen des Architekten Bruno Taut noch durchaus zu spüren. Der Deutsche Pavillon in Barcelona, am Vorabend der Weltwirtschaftskrise entstanden, erschien im Rückblick als die vollkommenste Zusammenfassung der Architekturideen der 1920er Jahre; von der sich hier äußernden souveränen Raum- und Materialbehandlung sollten noch mehrere Generationen von Architekten nach dem Zweiten Weltkrieg zehren.

Bislang hat die Tatsache, dass beide Bauten auch ganz bewusst auf ihre Nachtwirkung hin konzipiert worden waren, wenig Beachtung gefunden. Dabei hatte Bruno Taut, der Architekt des Glaspavillons, die Frage der Beleuchtung eindeutig angesprochen: »Am Abend lenkt das beleuchtete Gebäude die Blicke auf sich. Bei einem Glashause braucht man für keine ›Illumination‹ durch aufgesetzte Glühbirnen und dergl. zu sorgen. Man braucht das Glashaus nur in seinen Räumen zu beleuchten und es zeigt sich nach außen im schönsten Lichte illuminiert.«[3] Bruno Taut unterschied hier zwischen der Beleuchtung eines Gebäudes von außen und dem Erglühen der jeweiligen durchscheinenden Architekturformen. Er setzte sich damit bewusst von der üblichen Konturbeleuchtung durch Ketten kleiner Glühbirnen ab und von den Anfängen der Flutlichtbeleuchtung zur Gebäudebestrahlung. Die Idee, das Gebäude selbst zum Leuchten zu bringen, auf die Taut wohl durch Paul Scheerbarts Schriften zur Glasarchitektur[4] gekommen war, war etwas weit gehend Neues zu dieser Zeit, aber sie passte zu den zentralen Ansätzen der neuen Architektursprache (Abb. a): Anstatt wie im vorangegangenen Historismus auf die Geschichte Bezug zu nehmen, ging ein Bau nun sozusagen auf sich selbst ein, indem er die eigenen Materialien, den Herstellungsprozess, Konstruktion und Funktion thematisierte. Dass ein solcher, moderner Bau keine zusätzlichen Lichterketten oder Scheinwerfer benötigte, die aus Licht eine neue Form des Ornaments gemacht hätten, sondern aus der eigenen Form heraus erglühte, setzte diesen Ansatz logisch fort.

Mit Mies van der Rohes Pavillon 1929 in Barcelona meldete sich Deutschland im Kreis der Nationen auf internationalem Parkett zurück, nachdem es in der Zeit kurz nach dem Ersten Weltkrieg von vergleichbaren Ereignissen ausgeschlossen gewesen war. Viele Kritiker lobten die Einheitlichkeit, mit der Mies van der Rohe und Lilly Reich alle Auftritte der deutschen Industrie in den Ausstellungspalästen gestaltet hatten, und sahen in der eleganten Zurückhaltung des Deutschen Pavillons den Höhepunkt dieser gelungenen Selbstdarstellung (Abb. b). Der ehrenamtliche deutsche Ausstellungskommissar Georg von Schnitzler (im Hauptbe-

Exhibition Pavilions   "The glass house has no other purpose than to be beautiful."[1] With these words its architect Bruno Taut (1880 – 1938) presented his glass pavilion just outside of Cologne's 1914 Werkbund Exhibition as a "pure" work of architecture, untouched by the constraints of a specific function or purpose (fig. 19; p. 90). Quite similar were the comments fifteen years later about the German Pavilion at the Barcelona World's Fair by Ludwig Mies van der Rohe (1886 – 1969; fig. 20; p. 91): "The task was quite unusual for today: a building without function, or at least without apparent, tangible, or obvious function—a building dedicated to representation, an empty space, and for this very reason space-in-itself, architecture as a free art, the expression of a spiritual commitment,"[2] the critic Justus Bier wrote in the Werkbund journal *Die Form.*

Although both buildings only existed for a few months as part of their respective exhibitions, (the one in Barcelona was rebuilt between 1981 and 1986) one can be certain to find both of them in any standard survey of twentieth-century architecture. They are considered to be the crucial monuments that frame the most intense phase of development of modern architecture: the building in Cologne, built on the eve of the First World War, became after the war the revered model for radiant architectural visions, in which glass cathedrals became the centers of new utopian communities. The echo of such visions can still be detected in buildings such as the Bauhaus in Dessau (Walter Gropius, 1926) or the Berlin housing settlements by its architect Bruno Taut. The German Pavilion in Barcelona, built on the eve of the Depression, seemed in retrospect the perfect summary of the architectural ideas of the nineteen-twenties. Generations of architects after the Second World War were going to profit from its confident and innovative treatment of space and materials.

Up to now, the fact that both buildings were also conceived quite consciously with their nocturnal appearance in mind, has been little known. Bruno Taut, the architect of the glass pavilion, had, in fact, addressed the question of its illumination quite clearly: "In the evening the lighted building will attract great attention. For a glass house you don't need to provide 'illumination' with added incandescent bulbs and such. You just need to light up the rooms of the glass house, and from the inside it will shine in the most beautiful light."[3] Bruno Taut differentiated here between the illumination of a building from outside, and the luminosity of its own architectural form (fig. a). He clearly set his own approach apart from the ubiquitous outline lighting through chains of light bulbs, as well as from the just emerging art of architectural floodlighting. The idea of making the building itself glow from inside, which Taut had probably adopted from the numerous publications of Paul Scheerbart,[4] was something new at the time, but fit well with the central philosophy of the new architectural language: Instead of offering historic references, which had been a common approach in nineteenth-century architecture, a building would now become self-referential, and thematize its own materials, the building process, structure, and function. In the absence of outline lighting or floodlights, which would have turned light into a new form of applied ornament, the building itself glowed, and thus continued this new approach.

Mies van der Rohe's famous pavilion in Barcelona symbolized to a certain extent Germany's return to the international community of nations, after it had been shunned at similar occasions immediately after the First World War. Many critics welcomed the uniformity with which Mies van der Rohe and his associate Lilly Reich had designed all representations of German industry in the different exhibition palaces, and they considered the elegant restraint of the German pavilion the most convincing example of this carefully planned representation of a country (fig. b). Georg von Schnitzler, the honorary German commissary (he was a top manager at the German chemical giant IG Farben in Frankfurt) had, in his speech at the opening of the pavilion, presented a rather influential interpretation of the building as an expression of a new spirit in Germany: "We wanted to be able to demonstrate here what we want, what we can do, who we are, what we feel and

ruf Manager bei IG Farben) hatte in seiner Eröffnungsrede die Richtung der zukünftigen Interpretation vorgegeben, indem er den Bau als Ausdruck einer neuen Gesinnung in Deutschland präsentierte: »Wir haben hier das zeigen wollen, was wir können, was wir sind, wie wir heute fühlen, sehen. Wir wollen nichts anderes als Klarheit, Schlichtheit, Aufrichtigkeit.«[5] Mies van der Rohe hatte den Bau bewusst von allem freigehalten, was von der Architektur hätte ablenken können. Der Pavillon bot seinen Besuchern nichts als eine offene Folge räumlicher Situationen, die von Wänden aus verschiedenfarbigem Marmor und wandhohen Glasscheiben gefasst wurden und von acht verchromten, schlanken Stützen zusätzlichen Rhythmus erhielten. Eleganz, Präzision und Reichtum sprachen aus der Ausführung des Baues, die sich offenbar deutlich von den historistischen Ausstellungspalästen absetzen wollte.

Am Abend jedoch war der Kontrast des Pavillons zur Umgebung am überzeugendsten. Die Ausstellung verdankte einen wesentlichen Teil ihres Erfolgs dem aufwändigen Beleuchtungsprogramm. Die Veranstalter hatten vom amerikanischen Westinghouse-Konzern für 250 000 Dollar eine eigens konstruierte Anlage erworben, die es ermöglichte, die Farbwechsel aller 850 Flutlichtscheinwerfer vor den Außenwänden der Ausstellungspaläste zu koordinieren und auf diese Weise ein Lichtspektakel zu schaffen, das, wie es hieß, »alles bisher da Gewesene um ein Vielfaches übertraf.«[6] Die Gebäudeanleuchtung wurde durch eine Sequenz von 50 Springbrunnen und Wasserfällen ergänzt, deren Formen und Farben vom katalanischen »Meister des Lichts«, Carles Buigas, entworfen worden waren. In den 1000 Meter langen Kaskaden schienen »Farben vom Wasser langsam hinabgetragen« zu werden.[7] Entlang den Hauptwegen erglühten zusätzlich 200 beleuchtete Glasstelen und Kristallelemente in wechselndem Farblicht (Abb. c). Den Höhepunkt dieser Farblichtsymphonie bildete jede Nacht eine Aurora aus 24 farbigen Scheinwerfern hinter der Kuppel des alles überragenden Nationalpalastes.

Mies van der Rohe hatte darauf bestanden, den Deutschen Pavillon an das Ende der Querachse zu verlegen, wo er zu einem vorzüglichen Aussichtspunkt für das nächtliche Lichterspiel wurde. Gleichzeitig jedoch bildete der Pavillon einen souveränen, ruhigen Gegenpol zur lauten, »amerikanischen« Farbsymphonie der Umgebung. Seine einzige Lichtquelle war eine große Doppelwand aus Milchglas im Zentrum, die dank innen liegender Lampen abends weiß

erglühte. Die Idee einer geheimnisvoll schimmernden Wand setzte Mies van der Rohe gleichzeitig in großem Stil bei Entwürfen für leuchtende Großbauten in Berlin und Stuttgart ein. Das Vorbild von Bruno Tauts neuer Strategie in der Architekturbeleuchtung hatte Früchte getragen. Mies selbst erinnerte sich im Rückblick: »Für mich war die Arbeit in Barcelona ein leuchtender Augenblick in meinem Leben.«[8]   Dietrich Neumann

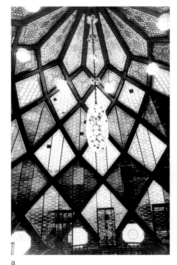
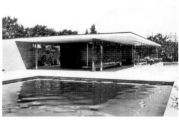
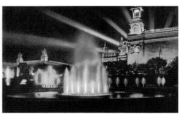

a   Bruno Taut, Glashaus, Werkbundausstellung Köln, 1914
b   Ludwig Mies van der Rohe, Deutscher Pavillon, Weltausstellung Barcelona, 1929
c   Carles Buigas, Lichtinszenierung, Weltausstellung Barcelona, 1929, zeitgenössische Illustration

see today. We want nothing but clarity, decency, honesty."[5] Mies van der Rohe had kept anything out of the pavilion that would have distracted from its architecture. It offered to its visitors nothing but an open sequence of spatial situations that were framed by walls out of colored marble and wall-high panes of glass, punctuated by eight slender, chromium-covered columns. The execution of the building suggested elegance, precision, and wealth, and was markedly different from the historicist exhibition palaces next to it. At night, however, the pavilion's contrast to its environment was most pronounced.

The exhibition owed a major part of its success to its elaborate lighting scheme. The organizers had purchased 250,000 dollars worth of lighting equipment from the American Westinghouse Corporation, which made it possible to orchestrate changing color effects of 850 floodlight projectors in front of the exhibition palaces, and to create a nocturnal spectacle that was on "a scale several times larger than any similar display hitherto produced."[6] The illumination of the buildings was complemented by a sequence of fifty fountains and waterfalls that had been designed by the Catalan "magician of light," Carles Buigas. The 1000-meter-long cascades seemed as if in them "color was slowly carried down by the water."[7] Along the main walkways on the exhibition grounds, two hundred luminous glass stelae and crystalline elements glowed in ever changing colored light (fig. c). The spectacle reached its climax each night with the aurora of twenty-four colored searchlights behind the dome of the National Palace.

Mies van der Rohe had insisted on placing the pavilion at the end of the transverse axis, where it became a perfect vantage point for the nocturnal light performance. At the same time, however, the pavilion assumed a calm, self-assured counter position to the loud, "American" color symphony that surrounded it. Its only source of light was a large, double-layered frosted glass wall in its center, which, thanks to the lamps inside, glowed in white light at night. Mies used the idea of a mysteriously glowing wall at the same time on a major scale for large department store and office projects in Berlin and Stuttgart. The model of Bruno Taut's new strategy in the illumination of architecture had yielded fruit. Mies himself remembered later: "For me, the work in Barcelona was a luminous moment in my life."[8]
Dietrich Neumann

1   Zit. nach: Angelika Thiekötter (Hrsg.), *Kristallisationen, Splitterungen: Bruno Tauts Glashaus,* Berlin und Boston 1994, S. 89.
2   Justus Bier, »Mies' Reichspavillon in Barcelona«, in: *Die Form,* 16, 4.1929 (15. August 1929), S. 423–430.
3   Bruno Taut, »Glashaus, Werkbundausstellung Cöln 1914«, in: Achim Wendschuh (Hrsg.), *Bruno Taut 1880–1938.* Ausst.-Kat. Akademie der Künste, Berlin, Berlin 1980, S. 182.
4   Paul Scheerbart, *Glasarchitektur,* Berlin 1914.
5   L. S. M. (Lilly von Schnitzler Mallinckrodt), »Die Weltausstellung Barcelona 1929«, in: *Der Querschnitt,* IX, Nr. 8, (August 1929), S. 582–584.
6   Charles J. Stahl, »The Colored Floodlighting of the International Exposition at Barcelona, Spain«, in: *Transactions of the Illuminating Engineering Society,* 24, Nr. 9 (1929), S. 876–889.
7   Charles J. Stahl, »Mobile Color Lighting at Barcelona Exposition«, in: *American Institute of Electrical Engineers Journal,* Dezember 1929, S. 918 f.
8   Ludwig Mies van der Rohe, Brief an die Zeitschrift *Arquitectura* (Madrid), 1957. Zit. nach: Josep Quetglas, *Fear of Glass: Mies van der Rohe's Pavilion in Barcelona,* Basel u. a., S. 181.

Lichtdome   Am Ende des 19. Jahrhunderts riefen die elektrischen Lichtvor-führungen auf der »Worlds Columbian Exhibition« in Chicago unter den Zuschauern tiefes Erstaunen hervor. In seinem 1893 aus diesem Anlass erschienenen Artikel »Electricity at the Fair« schrieb M. Halstead der nächtlichen Beleuchtung spirituelle Kräfte zu: »[…] die stärks-ten Scheinwerfer der Welt streiften über den Himmel, als würden Erde und Firmament durch die unermesslichen Zauberstäbe kolossaler Magier verwandelt.«[1]
Während diese Scheinwerfer von kommendem, mystischem Reichtum kündeten, war die Lichtschau der »Century of Progress Exhibition« von 1933 in Chicago darauf angelegt, die Dunkelheit der Großen Depression zu erhellen und die Morgenröte des New Deal anzukün-digen. Präsident Franklin D. Roosevelt war so beeindruckt von der Kaufkraft, die die Weltaus-stellung freisetzte, dass er die Organisatoren zu einer Neuauflage im folgenden Jahr drängte. Henry Ford (1863 – 1947) hatte sich 1933 an der Messe nicht beteiligt; doch im Jahr darauf mietete er einen großen Teil des Messegeländes, nachdem er gemerkt hatte, wie viel Auf-merksamkeit die Konkurrent General Motors durch die Werbung dort erlangt hatte.[2] Fest entschlossen, seine Mitbewerber auszustechen, ließ Ford seinen Architekten Albert Kahn (1869 – 1947) den größten Ausstellungskomplex mit der ambitioniertesten elektrischen Licht-installation bauen, die jemals in einem einzigen Gebäude verwirklicht worden war (Abb. 21; S. 92). Die Rotunde – 65 Meter im Durchmesser und 33,5 Meter hoch – war das Prunkstück des riesigen Fordkomplexes und der hellste Punkt der Ausstellung in jenem Jahr. Der Ford-komplex benötigte für seine Lichtschau 6000 Kilowatt Strom, mehr als 30 Prozent der auf der Messe von 1933 insgesamt verbrauchten Stromenergie. *The Torch,* die »Fackel«, eine Batterie von 24 Scheinwerfern mit jeweils 90 Zentimeter Durchmesser, schoss von der kreisförmigen Brüstung der Rotunde aus eine Lichtsäule von 60 Meter Durchmesser 1600 Meter hoch in den Nachthimmel über Chicago. Der Strahl hatte eine Leuchtkraft von 30 Millionen Kerzen.[3]
Die Halle der Rotunde, *The Place of Memory (Ort der Erinnerung)* genannt, zeigte die Firma Ford auf ihrem Triumphzug durch eine revisionistische Geschichte des Beförderungswesens. Der Einflussbereich des Ford'schen Firmenimperiums war auf einem gigantischen Globus eingezeichnet, der im Zentrum der Rotunde stand, in einem auf 27 Meter Durchmesser an-gelegten, offenen Innenhof. Allen Berichten zufolge war das Ford-Gebäude die beliebteste

Attraktion der Ausstellung im Jahre 1934, und seine technisch hochmoderne Lichtkrone versinnbildlichte Fords Selbsternen-nung zum Kaiser der amerikanischen Automobilindustrie.
Eine Gleichzeitigkeit der Megalomanie bestand zwischen Kahns grandiosem Beleuchtungsdesign für die Ford-Rotunde und Albert Speers berüchtigtem Lichtdom, der den Parteitag der National-sozialisten seit 1934 in Nürnberg erleuchtete (Abb. a). Man könn-te deren Ähnlichkeit für reinen Zufall halten oder dem kulturellen Zeitgeist zuschreiben, wäre da nicht das vorausgegangene Jahr-zehnt, in dem sich finanzielle und politische Bindungen zwischen den Nationalsozialisten und der Firma Ford entwickelt hatten.
In den frühen 1920er Jahren hatte Henry Ford Berichten zufolge Hitlers nationalistische und antisemitische Umtriebe in München mitfinanziert und die Parteizentrale ausgestattet, in der an pro-minenter Stelle Fords Porträt hing und seine Veröffentlichungen auslagen.[4] Im Juni 1934 publizierten die *Ford News* das Lichtde-sign für den Rundbau, und es ist keineswegs unwahrscheinlich, dass die Nazis sich die Werbestrategie der Firma Ford für ihre nächtlichen Zeremonien auf dem Parteitag einige Monate später angeeignet haben. Ford hatte durchaus Kenntnis von diesen Par-teikundgebungen. Die Filmemacherin Leni Riefenstahl zitiert Ford mit den Worten: »Wenn Sie nach Ihrer Rückkehr den Führer sehen, sagen Sie ihm, ich bewundere ihn und freue mich, ihn auf dem kommenden Parteitag in Nürnberg kennen zu lernen.«[5]
Die Weltwirtschaftskrise ermöglichte es sowohl Ford als auch Hitler, die Arbeiterklasse mit bombastischen Architekturschau-spielen zu ködern. Speer spekulierte: »Man soll diesen Hang zu maßstäblicher Übergröße nicht auf die Regierungsform allein zu-rückführen; schnell gewonnener Reichtum hat ebenso teil daran

Light Cathedrals   On the eve of the nineteenth century, electric lighting demon-strations at the 1893 Chicago's Worlds Columbian Exhibition mystified spectators. In an 1893 article, "Electricity at the Fair," M. Halstead ascribed spiritual power to nocturnal illumina-tion—"the most powerful searchlights in the world swept across the sky as if the earth and sky were transformed by the immeasurable wands of colossal Magicians."[1]
If searchlights divined the coming of mystical wealth, then Chicago's 1933 Century of Prog-ress Exhibition was a light show designed to illuminate the darkness of the Great Depres-sion, and herald the dawning of the New Deal. President Franklin D. Roosevelt was so im-pressed with the Fair's power to stimulate spending that he urged the organizers to open it again in 1934. Henry Ford (1863 – 1947), who had chosen not to participate in the 1933 Fair, leased a large portion of the 1934 fairground after witnessing the publicity that rival General Motors had already generated for itself.[2] Determined to dominate his competitors, Ford had his architect Albert Kahn (1869 – 1942) build the largest exhibition complex with the most ambitious electrical lighting installation that had ever be attempted in a single structure (fig. 21; p. 92). The Rotunda—214 feet in diameter, and 110 feet tall—was the hub of the massive Ford complex and the brightest point of the 1934 Fair. The Ford complex used six thousand kilowatts of electricity for its lighting display, more than 30 percent of the power consumed by the entire 1933 Fair. *The Torch,* a battery of twenty-four searchlights (which were each thirty-six inches in diameter) shot a two-hundred-foot diameter colonnade of light from the Rotunda's circular parapet, producing a thirty-million-candle power beam, which projected a mile into Chicago's night sky.[3]
The Rotunda's circular hall, titled *The Place of Memory,* exhibited the Ford Company's march of progress through a revisionist history of transportation. The scope of Ford's corporate empire was plotted on the surface of a gigantic globe, which stood in the epicenter of the Ro-tunda's courtyard, an open-air space ninety feet in diameter. By all accounts, the Ford Build-ing was the most popular attraction at the 1934 Fair, and its state-of-the-art crown of light symbolized Ford's auto-coronation as Emperor of the American automobile industry.
A megalomaniac synchronicity existed between Kahn's grandiose architectural lighting designs for Ford's Rotunda and Albert Speer's infamous *Cathedral of Light* that illuminated

the Nazi Party Rallies in Nuremberg since 1934 (fig. a). Their simi-larity might have been merely a coincidence of cultural zeitgeist if it were not for the financial and political bonds between the Nazi Party and the Ford Corporation during the preceding de-cade.
In the early nineteen-twenties, Henry Ford reportedly helped fi-nance Hitler's nationalist and anti-Semitic movements in Munich, and Ford's portrait and publications were prominently displayed at Party headquarters which Ford's backing had helped to fur-nish.[4] In 1934 the lighting design and schematics for the Rotunda were published in the *Ford News,* and it is probable that the Nazi Party had appropriated Ford's corporate advertising strategy for the nocturnal ceremonies of their Party Rally held later that year. Ford was well aware of these Party demonstrations. Filmmaker Leni Riefenstahl quotes Ford as saying, "When you see the *Führer,* tell him that I admire him and I am looking forward to meeting him at the coming Party Rally in Nuremberg."[5]
The Great Depression enabled both Ford and Hitler to lure the working class with grandiose architectural spectacles. Speer speculated that the Nazi party's "love of vast proportions was not only tied up with the totalitarian cast of Hitler's regime. Such tendencies, and the urge to demonstrate one's strength on all occasions, are characteristic of quickly acquired wealth."[6] Like-wise, the 1934 Chicago Fair suggested that America, despite the Depression, was on its way to a consumer paradise.
Critics have occasionally drawn comparisons between Speer's *Cathedral of Light* and New York City's *Tribute in Light* memorial for the victims of the September 11 attacks (fig. 22; p. 93). The destroyed World Trade Center had become the very symbol of a

wie das Bedürfnis, die eigene Macht aus welchen Gründen auch immer zu demonstrieren.«[6] In diesem Sinne demonstrierte die Weltausstellung 1934 in Chicago, dass Amerika trotz der Depression auf dem Weg zu einem Konsumparadies sei.

Gelegentlich wurden in Kommentaren Vergleiche zwischen Speers Lichtdom und der *Tribute-in-Light*-Installation für die Opfer der Angriffe vom 11. September in New York City gezogen (Abb. 22; S. 93). Das World Trade Center war auf dem Höhepunkt von Amerikas Technikgläubigkeit entstanden und zum Inbegriff eines globalen Konsumstaates geworden. Seine Zerstörung ereignete sich zum Zeitpunkt einer sich anbahnenden wirtschaftlichen Rezession, weltweit steigender Ölpreise und wachsender Spannungen im Mittleren Osten. Der Verlust des World Trade Centers markierte das Ende von Amerikas Zeitalter des wirtschaftlichen Überschwangs im 20. Jahrhundert.

Das New Yorker *Tribute in Light* war ursprünglich als Denkmal gedacht, das im Chaos der Bergungsarbeiten am World Trade Center Hoffnung und Trost spenden sollte. Der erste Entwurf wurde von zwei Künstlern, Paul Myoda und dem Autor dieser Zeilen, gestaltet. Die *Lichttürme* sollten als Stellvertreter dienen, um den Bürgern von New York Kraft zu geben. (Das *New York Times Magazine* bildete sie am 23. September 2001 auf der Titelseite ab; Abb. b.) Im März 2002 wurde der Vorschlag eines *Tribute in Light* von der Stadtregierung bewilligt und durch die *Tribute in Light Initiative* umgesetzt.[7] Die Installation bestand aus 88 8000-Watt-Xenonscheinwerfern, die von einer Stelle nahe Ground Zero 15 Quadratmeter umfassende Zwillingstürme aus Licht fast acht Kilometer hoch in den Nachthimmel über New York projizierten. Später beschloss die Stadt New York, dieses Projekt zu einem Gedenkereignis zu machen, das alljährlich in der Nacht des 11. September stattfinden soll.

In metaphysischer Hinsicht ähnelt das *Tribute in Light* der »Fackel« der Ford-Rotunde und dem Lichtdom nur insofern, als es auf psychologischer Ebene beabsichtigte, wehrlose und verzweifelte Bürger in einer mystischen Gemeinschaft zu versammeln. Allerdings weisen diese Lichtdenkmäler fundamentale ideologische und architektonische Unterschiede auf. Die Lichtinstallation der Ford-Rotunde und der Lichtdom bargen für ihre Betrachter ein gewissermaßen religiöses Erlebnis. Diese Strukturen vermittelten eine Illusion von Schutz – von

innen wirkten sie wie große Lichtkathedralen, von daher einem Dom oder einer Rotunde ähnlich. Das Publikum wurde in eine geschlossene Lichtkolonnade geführt, um dort zu Konsumenten oder Parteimitgliedern einer Sache bekehrt zu werden, die auf Vermehrung wirtschaftlicher oder politischer Macht zielte. Im Gegensatz dazu erlebten die Bürger von New York das *Tribute in Light* als autonomes, sichtbares Zeichen der Trauer, Kerzen einer Nachtwache oder ewige Feuer, entzündet in Erinnerung an tragischen Tod und Verlust nationaler Unschuld. Wiewohl das *Tribute in Light* nicht auf geschäftliche oder politische Interessen zielte, war es vom Missbrauch zu chauvinistischer Propaganda bedroht. Keine Ikone, wie ernsthaft oder rein ihre Absicht auch sein mag, ist vor Umdeutungen gefeit.   Julian LaVerdiere

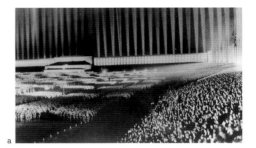
a

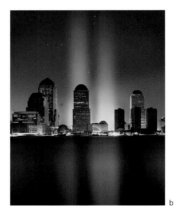
b

global consumer state, and its buildings had been designed and built when America's ambition and faith in technology were at their height. The Trade Center's destruction and subsequent martyrdom occurred concurrently with a looming economic recession, rising international oil prices and international tensions in the Middle East. The loss of the World Trade Center marked the end of America's twentieth-century age of economic exuberance.

New York's *Tribute in Light* was initially conceived as a memorial to provide hope and solace during the chaos of the Trade Center recovery effort. Its first image (published on the cover of *The New York Times Magazine*, September 23, 2001; fig. b) was created by two artists, Paul Myoda and myself, as surrogate *Towers of Light* to generate strength for New York's citizens. In March of 2002, the *Tribute in Light* proposal was approved by the City Government and brought to fruition by the Tribute in Light Initiative[7]. The *Tribute in Light* installation incorporated eighty-eight eight-thousand-watt xenon spotlights, which projected fifty-square-foot twin towers of light from a location near Ground Zero, almost five miles into the night air above New York. This project was subsequently chosen and endorsed by the City of New York to become an annual memorial event marking the night of September 11.

Metaphysically, the *Tribute in Light* is similar to the *Torch* of the Ford Rotunda and the *Cathedral of Light* only in that its psychological intention was to draw vulnerable and depressed citizens together in a state of mystical communion. However, these light monuments exhibit fundamental ideological and architectonic differences. The light installations of the Ford Rotunda and the *Cathedral of Light* hosted a quasi-religious experience for their spectators. These structures provided a sheltering illusion—from within, they appeared as great light domes, thus the likeness to a cathedral or rotunda. The public was ushered into a closed colonnade of light to become converted as consumers or party members of a cause founded on commercial or political self-aggrandizement. Conversely, New York's citizens have experienced the *Tribute in Light* as autonomous funerary markers, vigil candles, or eternal flames, illuminated in memoriam for tragic death and loss of national innocence. Although the *Tribute in Light* was not designed for commercial or political benefit, it has unfortunately been threatened by misappropriation for jingoistic propaganda. No icon, no matter however earnest or pure its intent, is free from reinterpretation.   Julian LaVerdiere

a   Albert Speer, Lichtdom auf dem Nürnberger Reichsparteitag, 1937, zeitgenössische Fotografie
b   Titelseite des *New York Times Magazine*, 23. September 2001: Phantom Towers, LaVerdiere & Myoda

1   Linda Simon, *Dark Light*, Orlando 2004, S. 251.
2   Robert W. Rydell, »World of Fairs«, Chicago 1993, S. 116.
3   »Lighting the Exposition«, in: *Ford News*, Juni 1934, S. 113.
4   »Berlin hears Ford is Backing Hitler«, in: *NY Times*, 20. Dezember 1922, S. 2.
5   Leni Riefenstahl, *Memoiren*, München und Hamburg 1987, S. 325.
6   Albert Speer, *Erinnerungen*, Frankfurt a. M. und Berlin 1969, S. 82.
7   Tribute in Light Initiative, ein gestalterisches Team: Julian LaVerdiere, Paul Myoda, John Bennet, Gustavo Bonevardi, Richard Nash Gould, Paul Marantz, Creative Time und The Municipal Art Society. Siehe auch: www.tributeinlight.com.

Kaufhäuser Das 1931 in Nantes eröffnete Kaufhaus Grands Magasins Decré (Abb. 23; S. 94) ist das letzte Bauwerk von Frédéric Henri Sauvage (1873 – 1932). In der Architekturgeschichte fand dieses Gebäude, das als ein sein Gesamtwerk krönendes Statement[1] bezeichnet werden könnte, bisher erstaunlicherweise kaum Beachtung. Erste Erfahrungen im Bereich der Kaufhausarchitektur erlangte Sauvage bei der Konzeption von La Samaritaine. Dieses berühmte Warenhaus entstand von 1926 bis 1929 in Zusammenarbeit mit Frantz Jourdain; seine Art-déco-Fassade setzte im Pariser Stadtbild einen bedeutenden Akzent. Henri Sauvage lernte Jourdain während seiner Ausbildung an der Ecole des Beaux-Arts in Paris kennen. Beide schlossen sich einem Kreis von reformorientierten und progressiven Künstlern und Architekten an. Im Jahr 1912 ließ sich das Architektenteam das Prinzip der zurückgesetzten Terrassenbauweise patentieren. Durch diesen Typ der Dachkonstruktion, die von der Straßenflucht treppenartig zurücksprang, sollte zwischen den Häuserzeilen zum Himmel hin eine trichterartige Öffnung entstehen, die mehr Licht einfallen ließ. Damit reagierten die Architekten auf neueste medizinische Erkenntnisse: Der dänische Arzt Niels Ryberg Finsen hatte erstmals die heilende Wirkung der Lichtbehandlung nachweisen können. Er wandte sie in der Behandlung von Tuberkulose an und erhielt 1903 für die Sonnenlichttherapie den Nobelpreis. Das Patent von Sauvage und Charles Sarazin nahm zugleich die »Setback«-Regelung für Hochhäuser vorweg, die 1916 in New York als Teil der neuen Staffelbauordnung eingeführt wurde.

Das aus einem Stahlskelett errichtete Kaufhaus Decré wurde in 100 Tagen aufgebaut und brach damit alle vorhergehenden persönlichen Rekorde des Architekten. Achtzig blau gestrichene Pfosten stützten die Balken, Träger und die Glasfassade. Mit einer Grundfläche von 1200 Quadratmetern lag das Decré an einer Straßenecke zwischen der Rue du Moulin und der Rue de la Marne. Sein Grundriss griff die Struktur der Vorgängerarchitektur auf. Denn der Bauherr, die Kaufmannsfamilie Decré, wollte die Anlage der alten kleinen Geschäftspassagen erhalten und erwartete, dass die Waren für Kunden auch im Neubau möglichst schnell wieder zu finden wären. Das Gebäude bestand aus sechs Etagen und einem Kellergeschoss, in dem in gläsernen Kojen Nahrungsmittel feilgeboten wurden. Im ersten, zweiten und dritten Stock konnten Konsumbegeisterte Stoffe, Mode und Möbel erwerben. Verflüchtigte sich der Kaufrausch der Kunden, so bot die vierte Etage Entspannung: Ein Besuch des Restaurants oder des Kinos verwandelte den Einkauf im Decré in ein gesellschaftliches und kulturelles Erlebnis. Die beiden oberen Etagen des Gebäudes waren in Terrassenbauweise von der Glasfront der Fassade des ersten bis vierten Stocks zurückgesetzt. Dort befanden sich Büroräume, aber auch ein Kindergarten für den Nachwuchs der Angestellten und eine Schule für Auszubildende.

Die gläserne Hülle des Kaufhauses erzeugte eine maximale Transparenz und elegante Leichtigkeit der Architektur.[2] Sie evozierte auf diese Weise einen Austausch zwischen dem alltäglichen Leben auf der Straße und der in den Schaufenstern des Kaufhauses geradezu theatralisch inszenierten Handlung des Konsumierens im Inneren des Gebäudes. Die Glasfassade war mit einem Vorsprung vom ersten bis zum vierten Stock vor die eigentliche Verkaufsfläche gehängt. Über die gesamte Höhe der Fassade liefen entlang der Stahlträger und dekorativen Säulenelemente weiße Neonlampen. Ein durch das vorgehängte Glas entstehendes Dach über dem Erdgeschoss war ebenfalls vollständig mit weißen Glasplatten ausgestattet, hinter denen nachts Neonleuchten strahlten. Trotz der Reduktion der Baumaterialien auf Glas und Stahl entfaltete vor allem bei Nacht das Eingangsportal mit seinem weit vorstehenden runden Dach und der großzügigen Leuchtreklame, die vor den Fenstern der vierten Etage prangte und den Namen des Kaufhauses trug, eine an den architektonischen Prunk barocker Kolossalordnungen erinnernde Wirkung. Nachts erstrahlte das Kaufhaus wie ein Kino oder Varieté, in dem sich die so erleuchteten Waren in den Fenstern zu Stars verwandelten. Das Decré, 1943 bei einem Bombenangriff zerstört, kann wohl als eine der fortschrittlichsten Glasarchitekturen zur Zeit seiner Entstehung bezeichnet werden.

Department Stores The year 1931 saw the opening in Nantes of the Grands Magasins Decré (fig. 23; p. 94), the last building by Frédéric Henri Sauvage (1873 – 1932). Astonishingly enough, up to now architectural historians have barely taken notice of this building, which could be called the crowning achievement of his career.[1] Sauvage's first experience with store architecture occurred with the conception of La Samaritaine, the famous department store built between 1926 and 1929 in collaboration with Frantz Jourdain. Its Art Deco façade was an important addition to the image of metropolitan Paris. Sauvage became acquainted with Jourdain while attending the École des Beaux-Arts in Paris. Both joined a circle of reform-oriented, progressive artists and architects. In 1912 the architectural team patented a method for building recessed terraces. This type of roof construction, featuring stair-like elements recessed away from the street, was meant to create a gap between the rows of buildings, opening up like a funnel toward the sky to let in more light. It represented the architects' reaction to the latest medical discoveries: Danish physician Niels Ryberg Finsen had recently proved that light treatment could be healing. Finsen used light to treat tuberculosis and received the Nobel Prize in 1903 for his sunlight therapy. At the same time, the patent taken out by Sauvage and Charles Sarazin anticipated the "setback" rule for skyscrapers, which was introduced in New York in 1916 as part of the new recessed-building code.

The Decré department store was built in one hundred days out of a steel skeleton, breaking all of the architect's previous personal records. Eighty posts painted blue carried the beams, supports, and the glass façade. With a base of 1,200 square meters, the Decré was on a street corner between Rue du Moulin and Rue de la Marne. Its ground plan picked up on the structure of its predecessor, since the owners, the Decré family of merchants, wanted to keep the layout of the older building's small passageways, with the expectation that customers would be able to find what they wanted quickly in the new building, too. The building had six stories and a basement, where customers could buy food at transparent glass stands. Fabrics, fashion, and furniture were available on the first, second, and third floors. When customers got tired of shopping, they could relax on the fourth floor: a visit to the restaurant or cinema transformed shopping at Decré into a social and cultural experience. The two upper stories of the building were terraced away from the glass façade of the first to fourth floors. They contained offices, a kindergarten for the employees' children, and a staff-training center.

The glass shell of the department store featured maximum transparency evoking an elegant weightlessness.[2] It allowed for exchange between daily life outside and the act of consumption, which was virtually staged in the theatrical settings of the shop windows inside the building. From the first to the fourth story, the glass façade projected out over the actual sales floor space. White neon lights ran vertically along all of the steel supports and decorative pillars. A roof over the ground floor, created by the glass projection, was also completely covered in white glass plates backlighted by neon lights at night. Despite its minimal construction materials of glass and steel, the entryway stood out especially at night, thanks to the extreme projection of its round roof and the generous-sized neon signs featuring the store name that stood resplendent in front of the fourth-floor windows. The effect recalled the splendor of colossal Baroque architecture. At night, the department store glowed like a cinema or a cabaret, where the illuminated wares in the windows were transformed into stars. The Decré, which was destroyed in a bomb attack in 1943, could certainly be called one of the most progressive glass structures of its time.

In Berlin, the Tietz department store (1899 – 1900, fig. a), whose glass façade was designed by Bernhard Sehring (1855 – 1941), also contained enormous show windows.[3] However, its opulent, figurative decoration, the monumental glass sphere on the roof,

Das Berliner Kaufhaus Tietz (1899–1900; Abb. a), für das Bernhard Sehring (1855–1941) die Glasfassade entworfen hatte, bestand zwar auch aus riesigen Schaufensterflächen.[3] Sein opulenter Figurenschmuck, die monumentale Glaskugel auf dem Dach und das Bossenwerk bildeten jedoch eher einen widersprüchlichen Kontrast zu den transparenten Glasflächen der Fassade. Sucht man nach ähnlich modernen Bauten unter den in jener Zeit entstandenen Warenhäusern, so lässt sich das Decré am ehesten noch mit Michel de Klerks (1884–1923) De Bijenkorf (Der Bienenkorb) in Den Haag oder Willem Marinus Dudoks (1884–1974) Rotterdamer Filiale der gleichen Kette von 1929 (Abb. b) vergleichen.

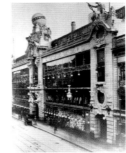

Die seit 2003 vom Amsterdamer Architekturbüro UN Studio neu gestaltete Fassade des Galleria Department Store (Abb. 24; S. 95) in Seoul greift den spielerischen Dialog zwischen Innen und Außen wieder auf.[4] An die existierende alte Fassade des südkoreanischen Luxuskaufhauses wurde eine Metallstruktur montiert, die von 4330 runden Glasscheiben bedeckt ist. Die Scheiben sind mit einer schillernden Beschichtung überzogen, die das Glas in eine sich ständig wandelnde farbige Oberfläche transformiert. UN Studio und ArupLighting konzipierten ein spezielles Lichtsystem für die Nachtwirkung der Fassade. Sie wechselt ihre Farbigkeit nachts in Reaktion auf atmosphärische Veränderungen der äußeren Umgebung, etwa wenn Passanten vor dem Gebäude vorbeilaufen. Die Faszination, die von dieser durch den Farbwechsel erzeugten Bewegung der Fassade ausgeht, lässt sich mit Effekten einer Filmvorführung auf einer großen Kinoleinwand vergleichen. Die von UN Studio entwickelte Kaufhausfassade ersetzt damit gleichsam das Kino im vierten Stock des ehemaligen Decré in Nantes und wird selbst zum Abenteuer. Wie ein Schleier, der gelüftet werden möchte, lockt sie finanzkräftige Kunden und verspricht auch denen, die nur zuschauen, dass ein bloßes Durchschreiten des Inneren bisher ungeahnte Erlebnisse birgt.

Dass eine Kaufhausfassade bisweilen die Funktion eines Labels übernehmen kann, spiegelt sich auch in der Geschichte der Horten-Kaufhäuser wider. Die Kaufhauskette entschied sich 1959 trotz heftiger Proteste, den Bau, den Erich Mendelsohn 1926 bis 1928 für die ehemalige jüdische Warenhauskette Schocken entworfen hatte, mit seinem vollverglasten Treppenturm (Abb. c) abzureißen. Die Stuttgarter Filiale sollte an dieser Stelle einen Neubau erhalten, mit einer zeitgemäßen, von Egon Eiermann konzipierten Fassade aus Keramikelementen. Eiermanns wabenartige Fassade blieb bis in die 1980er Jahre das Aushängeschild der Horten-Kaufhäuser (Abb. d).   Cara Schweitzer

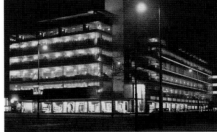
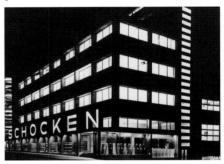
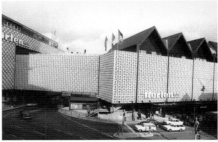

and the rusticated stonework make up what is rather a contradictory contrast to the transparent glass surfaces of the façade. If we look for similar modern buildings among the department stores built during that period, the Decré can be best compared to Michel de Klerk's (1884–1923) De Bijenkorf (The Bee Hive) in The Hague or Willem Marinus Dudok's (1884–1974) Rotterdam branch of the same chain, built in 1929 (fig. b).

In 2003 UN Studio in Amsterdam created a new design for the façade of the Galleria Department Store (fig. 24; p. 95) in Seoul. It once again picked up on the playful dialogue between inside and outside.[4] A metal structure, covered with 4,330 round glass panes, was mounted on the extant façade of the South Korean luxury department store. The panes have a glittering layer that transforms the glass into a surface of constantly changing colors. UN Studio and ArupLighting conceived a special lighting system for the façade at night. In the dark, it changes color in reaction to atmospheric variations in the external environment, such as when people pass by the building. The fascination of the motion-induced change in colors can be compared to the effect of a movie shown on a big cinema screen. Hence, UN Studio's façade is like a replacement for the cinema on the fourth floor of the former Decré in Nantes, becoming an adventure in itself. Like a veil waiting to be lifted, it attracts wealthy customers and at the same time promises those who only want to look that just simply going inside will be an undreamed-of experience.

In the meanwhile, the notion that a department store façade can take on the function of a label is reflected in the history of the Horten department stores. In 1959 this department-store chain decided, despite heavy protests, to tear down the building with its staircase tower completely made of glass (fig. c), designed by Erich Mendelsohn between 1926 and 1928 as the formerly Jewish-owned Schocken department store. In its place, the Stuttgart store was rebuilt with a contemporary façade of ceramic elements designed by Egon Eiermann. Eiermann's honeycomb façade (fig. d) remained a recognizable symbol for the Horten department stores until the nineteen-eighties.   Cara Schweitzer

a   Bernhard Sehring, Kaufhaus Tietz, Berlin, 1899–1900
b   Willem Marinus Dudok, De Bijenkorf, Rotterdam, 1929
c   Erich Mendelsohn, Kaufhaus Schocken, Stuttgart, 1926–1928
d   Egon Eiermann, Kaufhaus Horten (1960), Stuttgart, Aufnahme 1972

1   Jean-Baptiste Minnaert, *Henri Sauvage. Ou l'exercice du renouvellement*, Paris 2002, S. 299–308.
2   Jacques Tournant, »Architecture en France. Grands Magasins Decré a Nantes«, in: *L'Architecture d'aujourd'hui*, 1931, Nr. 8, S. 37–44; Gabriel Morice, »Transformation des magasins Decré à Nantes«, in: *L'Architecture*, Juli 1933, S. 371–376.
3   Cathrine Coley, »Les Magasins Réunis: from the provinces to Paris, from art nouveau to art deco«, in: Geoffrey Crossick und Serge Jaumain (Hrsg.), *Cathedrals of Consumption. The European Department Store. 1850–1939*, Vermont 1999, S. 225–278, hier S. 258 f.
4   Antonello Marotta und Ben van Berkel, *La prospettiva roveschiate di UN Studio*, Rom 2003; Ben van Berkel u. a., *UN Studio unfold*, Rotterdam 2002.

paul goldberger about the 42nd street studio, 2000

» ein flutendes licht bei tage
und ein herausflutendes licht
bei nacht erzeugen ein gänzlich neues gesicht des platzes.
farbe, form und licht (reklame)
sind die drei hauptbau-
elemente für neue weltstadtplätze. «

martin wagner, 1929

Lichtspielhäuser   Lichtspielhausarchitektur – ein schönes deutsches Wortungetüm und noch dazu eines, dessen Halbwertszeit längst abgelaufen, das aus dem allgemeinen Sprachgebrauch schon beinahe gänzlich wieder verschwunden ist. Man geht »ins Kino« wie in den zwanziger Jahren des vorigen Jahrhunderts auch, als sich der Film aus dem Tingeltangel-Milieu der Bierhallen, Hinterhofvarietés und Jahrmarktssensationen befreit hatte und sich endgültig als eigenständiges Kultur- und Unterhaltungsmedium zu etablieren begann. Der *Kino*besuch aber gilt dem Ereignis an sich – der Absicht, sich einen Film anzusehen – und eher selten einem spezifischen Ort oder gar raumästhetischen Erlebnis. Kinoarchitektur oder, ärger noch, Kinohausarchitektur[1] will einem so recht nicht über die Lippen; zu banal und im wahrsten Sinne des Wortes unspektakulär sind heute die zweckoptimierten modernen Gehäuse, zu allerwelthaft und typologisch inkongruent ist das äußere Erscheinungsbild des Kinos, als dass sich daran die unverwechselbaren Merkmale einer spezifischen Baugattung ablesen ließen.

Anders das Lichtspieltheater der Zwischen- und frühen Nachkriegszeit. Dem gewichtigen Ernst und repräsentativen Anspruch der bürgerlich-aristokratischen Musentempel, die sich zumeist weithin sichtbar durch Freitreppen, Säulenportiken und allegorisch aufgeladenen Giebelschmuck als solche zu erkennen gaben, trat es architektonisch bescheidener und dennoch nicht ohne Selbstbewusstsein entgegen. Als kommerzieller Antipode zu öffentlich geförderten Bildungseinrichtungen wie Oper, Schauspiel und Konzert stand es in hartem Wettbewerb um die Publikumsgunst, was nicht selten zu einem modisch-aggressiven, offen um Kundschaft buhlenden Erscheinungsbild führte. Außengestaltung und Raumdisposition des Kinos folgten und folgen vorrangig dem Rentabilitätsprinzip; um Besucher anzulocken, greift man intensiv auch auf werbestrategische Mittel zurück.[2]

Dass dabei gerade der Lichtinszenierung eine zentrale Bedeutung zufallen musste, lag in mehrfacher Hinsicht nahe. Als lange Zeit wichtigste Freizeiteinrichtung prägten die Lichtspielhäuser mit ihrer auffälligen Leuchtreklame das nächtliche Bild der Großstadt – denn die breite Masse der berufstätigen Bevölkerung suchte vor allem in den Abendstunden Entspannung und Unterhaltung.[3] Die Beleuchtung am Außenbau fungierte hier gleichsam als Umkehrung der Filmprojektion im verdunkelten Innenraum. In großen Berliner Spielstätten wie

dem 1928 eröffneten Titania-Palast in Steglitz von Ernst Schöffler, Carlo Schloenbach und Carl Jacobi (Abb. 25; S. 96) kamen gleichzeitig die unterschiedlichsten Lichtsysteme zum Einsatz: Es waren hier Neonröhren für die Großlettern des Namenszugs, Reflektorscheinwerfer zur plakativen Heraushebung des jeweils aktuellen Filmprogramms, über Eck verlaufende Lichtbänder aus Opalglas über dem Eingang und an dem als Signalmast wirkenden Lüftungsschacht, schließlich eine durchgehende Soffittenbeleuchtung unter dem Kranzgesims, durch die sich die Silhouette des Baukörpers scharf vor dem Nachthimmel abzeichnete.[4] Der tags architektonisch eher belanglos anmutende Eckbau entwickelte dadurch nach Einbruch der Dunkelheit eine höchst dynamische Außenwirkung, die Zeitgenossen wie dem Architekten Paul Zucker und dem Publizisten Georg Otto Stindt geradezu revolutionär erscheinen musste: »Bei keinem anderen Lichtspieltheater Berlins ist in gleichem Maße die Lichtwirkung als Element der Außenarchitektur mit eingesetzt worden. Im Allgemeinen ist die nächtliche Beleuchtung ein neues, manchmal fremdes Element, das zur Architektur hinzukommt. Hier ist sie ein Element der Architektur selbst.«[5]

Noch eindringlicher zeigt dies die ein Jahr später fertig gestellte Lichtburg (Abb. a) im Berliner Arbeiterbezirk Wedding (1928/29)[6]; Rudolf Fränkel zeichnete hier für Architektur und Lichtgestaltung verantwortlich. Der markante Eckvorbau mit seinen vertikalen Lichtbändern barg im Erdgeschoss die Eingangs- und Kassenhalle und wurde von einem ebenfalls kreisrunden Dachpavillon überragt, von dem aus rotierende Scheinwerfer ihre Lichtfinger in den nächtlichen Himmel Berlins entsandten. Das architektonische Spektrum der in den 1920er Jahren errichteten Kinobauten umspannte die gesamte Breite der stilistischen Möglichkeiten, von talmihaft exotischen Märchenpalästen über pseudobarocken Theaterplüsch bis hin zu gemäßigt avantgardistischen Bauten wie

Picture Palaces   *Lichtspielhausarchitektur* sounds like a typical German monstrosity. Once the official technical term for movie theaters, *Lichtspielhaus* actually never made its way into everyday speech. As in the nineteen-twenties, when film showing had emancipated from the sleazy milieu of beer halls, nickelodeons, and fairground sensations and was finally acknowledged as an independent genre of culture and entertainment, people still "go to the movies." But "going to a movie" is all about the event as such, and hardly ever concerns a particular place, let alone a special form of architectural sensation. The terms *Kinoarchitektur* (cinema architecture) or, worse still, *Kinohausarchitektur* (movie theater architecture) occasionally used in German publications[1] don't really give a convincing alternative. Modern function-oriented cinemas are too banal and unspectacular, their exteriors too ordinary and typologically incongruous, to identify themselves as a class of their own or as individual examples of a specific building type.

It was quite different with the picture palaces of the interwar and immediate postwar years. Generally devoid of the weighty gravity and resplendent ambition that designated already well-established cultural institutions, with their imposing presence recognizable from afar by pompous flights of steps, classical porticoes, and allegorically charged pediments, they were architecturally more modest yet not without self-confidence. As the commercial antipode of publicly subsidized theaters, opera houses, and concert halls, cinemas had to fight hard for the public's attention. Quite frequently this led to a fashionably aggressive styling that overtly touted for customers. The general appearance and spatial layout of cinemas was and is largely based on the profitability principle. To attract business, wholehearted attention was paid to promotional strategies.[2]

That artificial lighting would play a key part in this was inevitable for several reasons. For decades the most important institutions of popular off-time leisure, the strikingly illuminated adverts of the picture palaces often dominated the city scene at night.[3] The brightly lit façades acted here as a kind of reversing out of the film projection in the darkened interior. In major cinemas such as the Titania Palast in Steglitz by Ernst Schöffler, Carlo Schloenbach, and Carl Jacobi (fig. 25; p. 96), a great variety of lighting systems were used side by side. There were neon tubes for the large lettering of the cinema's name, spotlights to high-

light the poster advertising the current program, illuminated strips of opaline glass outlining the entrance and on the beacon-like ventilation shaft, and finally continuous lighting beneath the cornice, delineating the skyline of the building against the dark.[4] What during daytime appeared to be a rather ordinary looking corner building thus acquired a highly dynamic external appearance at night that seemed downright revolutionary to contemporaries such as the authors Paul Zucker and Georg Otto Stindt: "In no other picture palace in Berlin have the effects of light been incorporated into the architecture to such an extent. In general, nocturnal illumination is a new, sometimes alien element that is added to the building proper. Here it is an element of the architecture itself."[5]

This was even more apparent on the Lichtburg theater, completed the year after (fig. a) in the Berlin working class district of Wedding (1928/29).[6] The architect was Rudolf Fränkel who also designed lighting devices. The distinctive projecting corner section with its vertical strips of light contained the circular entrance lobby and ticket hall. Looming over it was the roof pavilion, on which revolving searchlights sent out rays of light into the nightly sky of Berlin.

The architectural spectrum of cinema buildings erected in the nineteen-twenties spanned the whole gamut of the stylistic palette, ranging from sham exotic fairy-tale palaces via pseudo-Baroque theatrical plush to moderately avant-garde buildings such as the Lichtburg or Hans Poelzig's picture palaces Capitol in

der Lichtburg oder Hans Poelzigs Berliner (Capitol, 1926) und Breslauer (Deli, 1927) Lichtspielhäusern. Fast immer stand dabei die oberflächliche Attraktion im Vordergrund der Betreiberinteressen, das kurzfristige »Gefangennehmen« eines sensationssüchtigen und nach ständiger Abwechslung gierenden Publikums. Der zumeist ephemere Charakter der Lichtinszenierungen kam diesen Bedürfnissen in idealer Weise entgegen, während eine knapp bemessene und auf rasche Rendite hin angelegte Kosten-Nutzen-Kalkulation architektonisch anspruchsvolleren Lösungen von vornherein enge Grenzen setzte.

Johannes Duikers (1890 – 1935) Handelsblad-Cineac (Abb. 26; S. 97) in Amsterdam von 1934[7] bildete neben Erich Mendelsohns Universum am Berliner Kurfürstendamm (1927/28)[8] eine der eher seltenen Ausnahmen. In den Ausmaßen wie in der Sitzplatzkapazität vergleichsweise bescheiden und seiner eher kleinstädtisch anmutenden Nachbarschaft zum Trotz, entwickelte es dennoch einen ausgeprägt urbanen Charakter. Dies lag zum einen an der offenbar bewusst maßstabsprengenden Fassadendisposition, die zwar die Trauflinie der angrenzenden Bebauung respektierte, deren niedrigere Geschosshöhen jedoch geschickt überspielte; zum anderen und vor allem aber war es der gewaltige Gerüstaufbau mit seinen riesigen Neonlettern, der bei Dunkelheit dominierte und den Eindruck eines beinahe doppelt so hohen Gebäudes erweckte. Tag- und Nachtansicht des Cineac waren grundverschieden, dabei jedoch komplementär aufeinander abgestimmt. Die Beleuchtungsanordnung erfolgte weit gehend unabhängig vom eigentlichen Baukörper, bezog diesen jedoch in ein dynamisches Spannungsverhältnis gezielt mit ein. Hier scheint der zeitgenössische Begriff der Lichtarchitektur in der Tat einmal gerechtfertigt: Nicht länger waren die Beleuchtungselemente etwas mehr oder weniger willkürlich Hinzugefügtes; sie wurden stattdessen zum Ausgangspunkt und integralen Bestandteil des architektonischen Gesamtkonzepts. Die neue Bauaufgabe »Kino« bot den modernen technischen Möglichkeiten der Lichtinszenierung ein breites Einsatzfeld, hat indes nur selten zu ähnlich überzeugenden Lösungen geführt.
Wolf Tegethoff

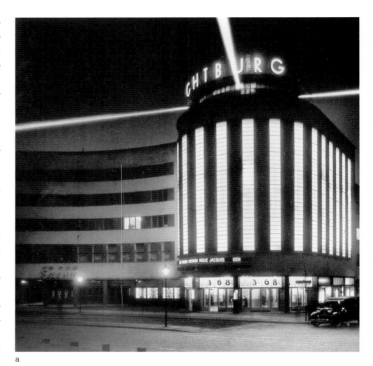

a

Berlin (1926) and Deli in Breslau/Wroclaw (1927). In almost every case, the investors' interests were best served by superficial appeal, capturing the short-term attention of a public hungry for thrilling sensations and constant variety. The generally ephemeral character of the dramatic lighting responded to these needs, while interest-oriented cost-benefit calculations virtually ruled out any more ambitious architectural solutions from the first.

Johannes Duiker's (1890 – 1935) Handelsblad-Cineac (fig. 26; p. 97) in Amsterdam (1934)[7] along with Erich Mendelsohn's Universum at Berlin's Kurfürstendamm (1927/28)[8] are among the rare exceptions. Relatively modest in both size and seating capacity, the Cineac took on a distinctly urbane character despite its rather ordinary surroundings. One reason for this was the intentionally out-of-scale arrangement of the façade that, though it respected the level of the eaves of neighboring structures, completely ignored their lower floor heights. The other and even more obvious reason was the huge scaffolding structure with its giant neon letters that dominated the scene after dark and created the impression of a building almost twice as high. The daytime and nighttime views of the Cineac were wholly different, and yet attuned to each other in a complementary way. The lighting arrangements kept largely independent of the actual building, but were nonetheless skillfully incorporated into the general scheme, so to create a dynamic and exciting image relationship.

Here, the contemporary understanding of luminous architecture seems justified for once. Instead of more or less arbitrary additions, the lighting devices were the starting point and an integral component of the overall architectural concept. The cinema as a new building type offered a whole range of opportunities for the technical possibilities of modern lighting, yet in everyday practice, this rarely led to a solution as much convincing as this.
Wolf Tegethoff

a   Rudolf Fränkel, Lichtburg, Berlin-Wedding, 1928/29

1   Rolf Peter Baacke, *Lichtspielhausarchitektur in Deutschland: Von der Schaubude bis zum Kinopalast*, Berlin 1982, S. 8 ff.
2   Stefanie Lieb, »Verführung und Illusion: Gestaltungsmittel der Kinoarchitektur in Deutschland bis 1960«, in: *Wallraf-Richartz-Jahrbuch*, LXIII, 2002, S. 345 – 358, hier S. 345.
3   Baacke 1982 (wie Anm. 1), S. 8.
4   Zum Titania-Palast siehe Paul Schaefer, »Der Titania-Palast in Berlin-Steglitz«, in: *Neue Baukunst*, IV, H. 7, 1928, S. 2; Paul Zucker und Georg Otto Stindt, *Lichtspielhäuser und Tonfilmtheater*, Berlin 1931, S. 86 – 88; Sylvaine Hänsel und Angelika Schmitt (Hrsg.), *Kinoarchitektur in Berlin 1895 – 1995*, Berlin 1995, S. 180 f.
5   Zucker und Stindt 1931 (wie Anm. 4), S. 86.
6   Hänsel und Schmitt 1995 (wie Anm. 4), S. 214 f.
7   Peter Bak u. a., *J. Duiker bouwkundig ingenieur*, Rotterdam 1981, S. 186 – 213.
8   Hänsel und Schmitt 1995 (wie Anm. 4), S. 242 f.

Tankstellen   *»Am Benzinmix freuen sich die Sterne«[1]*

Aus der Perspektive eines langsam herannahenden Autofahrers fotografiert Ralf Peters (geb. 1960) Tankstellen bei Nacht. Auf den ersten Blick mag das banal sein, doch die vordergründige Langeweile, die Orte wie Tankstellen hervorrufen, fordert Künstler offenbar heraus. Ed Ruscha (geb. 1937) publizierte 1963 das Künstlerbuch *26 Gasoline Stations*.[2] Seine Fotografien, die im Buch als schwarz-weiße Offsetdrucke reproduziert sind, zeigen wie Ralf Peters' Aufnahmen Auffüllstationen aus immer gleichem Blickwinkel. Ed Ruschas Tankstellen-Typologie wirkte als Initialzündung und löste eine intensive Auseinandersetzung mit seriellen Verfahren in der Kunst aus. Indem Ralf Peters sich diesem Motiv in Nachtfotografien annähert, spielt er unmittelbar auf einen der Väter der Concept Art an.

Das von den Tankstellen ausstrahlende weiße und farbige Licht auf Peters Bildern setzt sich kontrastreich von der dunklen Umgebung ab und hinterlässt im mittleren Teil der nahezu schwarzen Fotos ein helles Band. Er betitelt die Fotografien seiner Tankstellenserie nicht mit den jeweiligen Benzinmarken, sondern benennt sie, entsprechend deren Farbdesign, ironisch *Rot* (Abb. 27; S. 100) oder *Blau/Weiß*. Gezielt tilgt der Fotograf in digitaler Nachbearbeitung alle schriftlichen Informationen aus den Leuchtreklamen.[3] Farbiges Licht wird auf seinen Fotos zum wichtigen Bedeutungsträger; denn das Farbkonzept der Benzinfirmen hat sich uns so tief eingeprägt, dass wir sofort zu wissen meinen, welche Treibstoffmarke hier feilgeboten wird.

Ralf Peters konzentriert sich für seine Aufnahmen auf einen Bautyp mit variablem Grundschema, den bereits Architekten in den 1920er Jahren, etwa für die Deutsch-Amerikanische Petroleumgesellschaft (D.A.P.G.), entworfen hatten. Sie versuchten, im Tankstellenbau die konstruktivistischen und funktionalen Ideale des Bauhauses zu verwirklichen. Indem man eine von der Straße getrennte Zone mit mehreren Tanksäulen schuf, die über eine Auf- und Abfahrt zu erreichen war, wurde erstmals der Prozess des Auftankens aus dem fließenden Verkehr gelöst. Dieser Typ wurde fortan Großtankstelle genannt.[4] Zu den Modulen, aus denen sich die Architektur zusammensetzte, zählte ein Betondach, das Autofahrer vor Unwetter schützte und sie zugleich mittels der großzügigen Dimension in die Rolle von Filmstars versetzte, des Weiteren filigrane Stützpfeiler und ein Kassenhäuschen, das meist aus einer Eisenskelettkonstruktion mit Glasfenstern bestand. Aus dem Inneren des von allen Seiten einsehbaren Glashäuschens leuchtete es abends hell.

Dieser Typ wurde in der Architektur der 1950er Jahre wieder aufgegriffen. Erst jüngst entdeckte die Fotografiegeschichte die Nachtbilder des Kölners Karl Hugo Schmölz (1917–1986).[5] Eines seiner Schwarz-Weiß-Fotos zeigt eine Tankstelle der Marke Rheinpreußen (1952; Abb. 28; S. 101), die im Juni 1952 an der Aachener Straße in Köln aufgenommen wurde. Auch bei dieser Tankstellenfotografie konzentriert sich der Blick auf einen mittleren hellen Bildstreifen. Das an einen Kiosk erinnernde Kassenhäuschen mit großen abgerundeten Glasfenstern leuchtet in dunkler Nacht als einladende Insel. Die helle Fläche unter dem weit über das Kassenhäuschen vorspringenden Dach ist von schmalen Neonröhren gerahmt. In direkter Beleuchtung erstrahlen vier Tanksäulen. Zugleich umgibt das Streulicht die Station mit einem Lichtkranz, der gegen das Schwarz der Nacht triumphiert. Die verschwenderisch beleuchtete Tankoase im Stil der 1950er Jahre scheint in sonst düsterer Umgebung die Hoffnung auf das herannahende Wirtschaftswunder zu symbolisieren.

In der Nachkriegszeit waren innovative Werbekonzepte auch im Bereich Mineralölwirtschaft bald wieder gefragt und man besann sich auf die Reklameprojekte der Firma D.A.P.G. für das Warenzeichen Dapolin aus den 1920er Jahren. Der Gestalter Robert Michel (1897–1983) hatte 1928 gemeinsam mit der Architektin Lucy Hillebrand (1906–1998) in Frankfurt eine Petrolstation mit Tag- und Nachtöffnungszeit entworfen (Abb. a).[6] Sie bot einen Ruheraum für Tankwärter über dem Kassenhaus. Nachts lotste

Filling Stations   *"The blend of gasoline is a joy to the stars."[1]*

Ralf Peters (1960) photographs filling stations at night from the perspective of a slowly approaching automobile driver. While that may seem rather banal at first glance, the artist evidently feels challenged by the apparent boredom evoked by places like filling stations. The American artist Ed Ruscha (born 1937) published an artist's book entitled *26 Gasoline Stations* in 1963.[2] Like Ralf Peters's images, Ruscha's photographs, which are reproduced in the book as black-and-white offset prints, show a series of filling stations from the same angle of vision. This typology of gas stations had a seminal effect and gave rise to an intense interest in serial techniques in art. In approaching this subject in night-time photographs, Ralf Peters alludes directly to one of the founders of Conceptual Art.

The white and colored light that radiates from the filling stations in Peters's photographs stands out in strong contrast to the dark surroundings and produces a bright band in the middle of these nearly black images. The titles he selects for the photographs in this series do not identify the respective oil companies but are instead simple references to their color designs, as in *Red* (fig. 27; p. 100) or *Blue/White*. The photographer processes his images digitally and deliberately eliminates all of the printed information on the neon signs.[3] Colored light becomes an important vehicle for the communication of meaning in his photos, as oil companies' characteristic color schemes are etched so clearly in our minds that we know immediately what brand of gasoline is sold in each case.

Ralf Peters has selected a specific architectural model with a variable basic configuration for his photographs, a concept that was developed by architects during the nineteen-twenties for such firms as the Deutsch-Amerikanische Petroleumgesellschaft (D.A.P.G.). In their gas station designs, these architects attempted to realize the Constructivist, functional ideals of the Bauhaus. By creating an island with several gasoline pumps separated from the main roadway and accessible via entry and exit ramps, they facilitated the process of refueling vehicles without disturbing the flow of traffic. This model was referred to henceforth as the *Grosstankstelle* (large-scale filling station).[4] The modules used to compose this architecture included a concrete roof that protected drivers from inclement weather (while placing them in the role of movie stars by virtue of the expansive overhead light), as well as slender supporting pillars and a cashier's booth usually consisting of a steel skeleton with plate-glass windows. Bright light shone from all sides of these little glass buildings.

This model was revived in the architecture of the nineteen-fifties. Historians of photography have only recently rediscovered the night photographs of Karl Hugo Schmölz (1917–1986) of Cologne.[5] One of his black-and white images shows a Rheinpreussen filling station (1952; fig. 28; p. 101) photographed on Aachener Strasse in Cologne in June 1952. The viewer's gaze is attracted to a bright band in the middle of the image in this photograph as well. The cashier's booth, which resembles a kiosk with large, rounded glass windows, shines forth as an alluring island in the darkness of night. The light field below the roof that protrudes far over the cashier's booth is framed by slim neon tubes. Four gasoline pumps stand out in direct illumination. The diffuse light also surrounds the filling station with a circle of light that triumphs over the black of night. This sumptuously illuminated fifties-style gasoline oasis appears as a symbol of hopes for the coming economic miracle in an otherwise dark and dreary setting. Innovative advertising concepts were soon in demand in the petroleum business as well in the postwar years, and advertising designers recalled the marketing projects launched by D.A.P.G. for the Dapolin trademark during the nineteen-twenties. Designer Robert Michel (1897–1983) and architect Lucy Hillebrand (1906–1998) had designed an all-night gasoline station in Frankfurt in 1928 (fig. a).[6] The facility had a room for filling-station attendants above the cashier's booth. At night, a luminous column with clearly readable print guided drivers safely to the

eine selbstleuchtende Säule mit klar lesbarer Groteskschrift Autofahrer sicher auf die Tank-insel (Abb. b). Dieses Modell ähnelte der Leuchtsäule, die der Konstruktivist Walter Dexel 1927 für das Reinigungsmittel Persil entworfen hatte. Robert Michel montierte den Marken-namen Dapolin in großen Leuchtbuchstaben auf das schmale Band der Dachkante und setzte damit Maßstäbe, die selbst in den späten 1970er Jahren dem Designer Saul Bass (1920 bis 1996) für seine Revolution des Tankstellenbaus nützlich wurden.

Bass erarbeitete für den amerikanischen Konzern Exxon ein neues Marketingkonzept und definierte Tankstellen als »Maschinen für Marketing-Kommunikation«.[7] In ihrer Modul-Bau-weise zitieren sie die Architektur der 1920er Jahre. Das Prinzip des Ökonomischen trieb Bass auf die Spitze, indem er gänzlich kontext- und ortsunabhängige Auffüllstationen schuf, die damit global einsetzbar wurden (Abb. c). Diese Ortsunabhängigkeit spiegelt sich auch in den Tankstellenfotos von Ralf Peters, auf denen das Dunkel der Nacht den individuellen Ort nahe-zu völlig verschluckt. Das Designprinzip dieses Tankstellentyps, das tagsüber bisweilen noch in starkem Kontrast zur jeweiligen Umgebung der Tankstelle tritt, scheint erst nachts durch die vereinheitlichende Dunkelheit plötzlich legitimiert zu sein.

Saul Bass konzipierte seine Tankstelle nun vollkommen aus der Sicht eines Autofahrers, mit-tels eines einheitlichen Zeichensystems, bei dem Architektur, Typografie und Beleuchtung zusammenwirken und das schnelle Erfassen sämtlicher Funktionsräume der Tankstation er-möglichen. Direktes und indirektes Licht unter der weißen Halle des Daches erzeugen bei Nacht eine angenehme Atmosphäre. Die Tankstelle erscheint im Dunkeln als schwebende weiße Lichtwolke. – Diese Wirkung lässt sich auch auf der Fotografie Rot (Abb. 27; S. 100) von Ralf Peters gut nachvollziehen. – Entgegen der bis dahin eher wahllosen Verwendung von Farbe, die Tankstellen wie auf den Highways verstreute »Konfettis« erscheinen ließ, setzte Bass Farbigkeit gezielt zur Markeninformation ein.[8]

pumps' location (fig. b). This model resembled the light column designed by the Constructiv-ist Walter Dexel for Persil detergent powder in 1927. Robert Michel mounted large neon let-ters spelling out the brand name Dapolin along the thin edge of the roof, thereby setting standards that designer Saul Bass (1920 – 1996) found useful for his revolutionary filling station architecture as late as the late nineteen-seventies.

Bass developed a new marketing concept for the American Exxon company and defined fill-ing stations as "machines for marketing communication."[7] Their modular construction re-called the architecture of the nineteen-twenties. Bass carried the principle of economy in architecture to the extreme by creating filling stations that owed no allegiance to context or location and could thus be placed anywhere on the globe (fig. c). This independence from location is reflected in the filling-station photos of Ralf Peters, in which the nocturnal dark-ness almost entirely obscures the individual local settings. The design principle behind this type of filling station, which often stands in stark contrast to its specific surroundings during the day, appears suddenly to derive its legitimacy from the equalizing darkness.

Saul Bass designed his filling station completely from the driver's perspective by employ-ing a system of signs and symbols in which architecture, typography, and lighting work to-gether and facilitate immediate recognition of all functional areas of a filling station. Direct and indirect light beneath the white hall of the roof create a pleasant atmosphere at night. In the dark, the filling station appears as a suspended white cloud of light. (This effect is also evident in Ralf Peters's photograph entitled Red, fig. 27; p. 100.) In contrast to the previ-ously more random use of color that gave filling stations the look of bits of confetti dis-tributed along highways, Bass employed color systematically as a medium of brand commu-nication.[8]

In this way, the new filling station designed in accordance with the principles of the total work of art was dedicated as a temple of consumption, the magnetic pull of which is almost impossible to evade even today. The consequences for the trade were significant. Filling sta-tions have been selling much more than gasoline for some time now. Color, which achieves its most striking effects under night lighting, became a recognizable symbol, a label for a brand of gasoline. By the early nineties at last, all major oil companies had climbed on the bandwagon and developed their own globally distributable filling station models designed in keeping with the principle of corporate identity. Even in an era in which we witness rapid shifts in the ownership of petroleum companies, the color of a filling station still remains a key identifying factor. Ralf Peters's filling-station photographs put this recognition effect to the test.   Cara Schweitzer

Die neue, nach den Kriterien eines Gesamtkunstwerks geschaffe-ne Tankstation wurde auf diese Weise zu einem Konsumtempel geweiht, dessen Sogkraft auch heute kaum zu entkommen ist. Die Folgen für den Handel waren erheblich; längst wird an Tank-stellen nicht mehr nur Benzin verkauft. Die Farbe, die ihre Wirkung in nächtlicher Beleuchtung am besten entfaltet, wurde zum wie-dererkennbaren Zeichen, zum Label einer Benzinmarke. Sämt-liche großen Firmen zogen spätestens Anfang der 1990er Jahre nach und entwickelten eigene, weltweit einsetzbare Tankstellen-modelle, deren Gestaltung vom Prinzip der Corporate Identity dik-tiert wird. Die Farbigkeit der Tankstellen bleibt, selbst im Zuge der aktuellen, sich schnell verändernden Eigentumsverhältnisse unter den Mineralölgesellschaften, identitätsstiftend. Ralf Peters Tankstellenfotografien wiederum testen diesen Wiedererken-nungseffekt aus. Die Fotoserie funktioniert wie ein Memoryspiel, mit dem sich unsere Markenkompetenz auf dem Gebiet der Petro-chemie trainieren lässt.   Cara Schweitzer

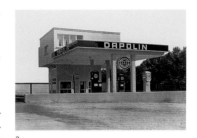

a

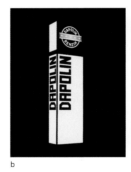

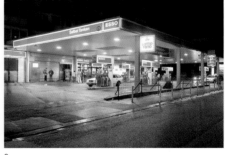

b   c

a   Robert Michel, D.A.P.G. (Dapolin) Musterstation, um 1926, Fotografie, Sprengel Museum Hannover
b   Robert Michel, D.A.P.G. (Dapolin) Selbstleuchtende Säule, 1926/27, Fotografie, Sprengel Museum Hannover
c   Esso-Tankstelle bei Nacht

1   Aus: Ferdinand Hardekopf, »Rapidität« (1915), in: Die Aktion, 24/25, 1915, Sp. 301, zit. nach: Peter Salomon und Horst Brandstätter, 327 km/h PS Hero. 50 exemplarische Auto-gedichte mit Bildern von Johannes Vennekamp, Zürich 2001.
2   Siri Engberg und Clive Phillpot, Edward Ruscha. Editions 1959 – 1999. Catalogue raisonné, Bd. 1, Minneapolis 1999.
3   Ralf Peters, Plastische Fotografie, hrsg. von Bernhard Knaus, Ausst.-Kat. Kunsthalle Wilhelmshaven, Mannheim 2004, S. 7 ff.
4   Joachim Kleinmann, Super, voll. Kleine Kulturgeschichte der Tankstelle, Marburg 2002, S. 51.
5   Vgl. Karl Hugo Schmölz und Rolf Sachsse, Hugo Schmölz. Fotografierte Architektur 1924 – 1937, München 1982, S. 20 ff.; Reinhold Mißelbeck und Wolfram Hagspiel, Köln-Ansich-ten, Fotografien von Karl Hugo Schmölz. 1947 bis 1985, Köln 1999.
6   Christian Grohn und Norbert Nobis, »Robert Michels Zusammenarbeit mit der Archi-tektin Lucy Hillebrand in Frankfurt zwischen 1928 und 1930«, in: Robert Michel 1897 – 1983. Collagen, Malerei, Aquarelle, Zeichnungen, Druckgraphik, Reklame, Typographie, Entwürfe, hrsg. von Norbert Nobis, Ausst.-Kat. Sprengel Museum Hannover, Hannover 1988, S. 119 ff.
7   Bernd Polster, Super oder Normal. Tankstellen – Geschichte eines modernen Mythos, Köln 1996, S. 220.
8   Polster 1996 (wie Anm. 7), S. 222.

Lichtsäulen

In den 1920er Jahren führten zahlreiche Künstler, Architekten und Gestalter in Deutschland eine lebhafte Diskussion, wie eine anspruchsvolle Lichtreklame harmonisch in das nächtliche Stadtbild eingebunden werden könnte. Eine Vorreiterrolle nahm dabei der Kunsthistoriker und Künstler Walter Dexel (1890–1973) ein. Er setzte sich nicht nur, wie viele seiner Kollegen – etwa die Gebrüder Luckhardt, Martin Wagner oder Hugo Häring – mit der Reklamegestaltung an Hausfassaden auseinander, sondern beschäftigte sich auch mit der Wirkung der Reklame im Straßenraum. Sein Ansatz zielte darauf, den Leuchtkörper in gelungener Ästhetik und mit hoher Funktionalität zu gestalten. Mit seiner Lichtsäule sollte ihm das am anschaulichsten gelingen. Denn diese wurde beiden Forderungen gerecht: Dexel setzte die Leuchtsäule als städtisches Mobiliar ein und entwickelte aus ihr eine autonome Lichtskulptur.

Walter Dexel war 1918 zum Ausstellungsleiter des Jenaer Kunstvereins avanciert und hatte ihn zu einem der prominentesten Ausstellungsorte der Weimarer Republik gemacht. Er selber beteiligte sich mit Gemälden an zahlreichen Avantgarde-Ausstellungen und interessierte sich zunehmend für den Bereich Typografie und Reklame. Ihm wurde bald klar, dass er einen kommerziellen Partner brauchte, wollte er den öffentlichen Raum gestalten. Das Städtische Gaswerk in Jena suchte in diesen Jahren nach neuen Aufgaben im öffentlichen Raum, da die ausgedienten Gaskandelaber durch eine elektrische Straßenbeleuchtung ersetzt wurden. Walter Dexel entwickelte in dessen Auftrag Gas-Reklamelampen (Abb. a), die schnell das Interesse der Jenaer Geschäftsleute weckten. 1924 standen die ersten Werbeleuchtsäulen vor dem Gewerkschaftshaus zum Löwen und vor Frommanns Buchhandlung in Jena.[1]

Der Frankfurter Stadtbaurat Ernst May berief im Jahr 1926 Dexel als freiberuflichen Berater für die städtische Reklamegestaltung. May war überzeugt, zur »Lösung des Reklameproblems« gehöre, dass »die Lichtreklame beim Entwurf des Einzelbauwerkes […] von vornherein berücksichtigt wird« und »sich bei Tage wie bei Nacht der Architektur des Hauses harmonisch anpasst.«[2] In diesem Sinne engagierte Dexel sich für eine Vereinheitlichung der Leuchtreklame an den Fassaden und plädierte für genormte Grundformen, die flexibel an den Hauswänden angebracht werden konnten. Diese Reformen konnte er jedoch nicht durchsetzen. Stattdessen realisierte er einige neuartige Lösungen für die Möblierung des öffentlichen Raums: beleuchtete Straßenschilder, Leuchtsäulen für Haltestellen und beleuchtete Telefon-zellen, die gleichzeitig als Werbeträger und öffentliche Uhr dienten. Anders als die herkömmlichen Litfasssäulen, die sich seit ihrer Einführung in Berlin 1855 überall in Deutschland durchgesetzt hatten und planlos wechselnde Plakate trugen, waren die Dexel'schen Reklameträger als Ganzes konzipiert. Die Schrift war meist eine serifenlose Grotesk, Abbildungen oder Reklamezeichen wurden vermieden, der leuchtende Hintergrund war in einer Grundfarbe gehalten, und statt aus einer einfachen Leuchtsäule oder eines quadratischen Leuchtpfeilers bestanden sie aus mehrteiligen, kubistischen Kompositionen. Als freistehende Glaskörper hatten sie den Vorteil, bei Tage vom Licht durchdrungen zu werden, und somit weniger leblos zu wirken als Lichtreklamen an Fassaden.

Schließlich entwarf Dexel eine Festbeleuchtung für Jena und beschäftigte sich mit der zweckfreien Leuchtsäule (Abb. 29; S. 102), die als Lichtskulptur den öffentlichen Raum zieren sollte. Seine ersten Entwürfe stammten aus dem Jahr 1926 (Abb. b); ausgeführt wurde die *Farbige Leuchtsäule II, Weiß mit Blau – Rot + Gelb* erst in seinem letzten Lebensjahr 1973. Dexel legte fest, dass es vier autorisierte Anfertigungen der Lichtsäule geben dürfe. Die Umsetzung erlebte er nicht mehr.

Wie bei einem in die Dreidimensionalität überführten Piet-Mondrian-Gemälde fügte Dexel Würfel und Quader zusammen, deren Flächen in Gelb, Blau, Weiß oder Rot erstrahlten. Seine künstlerische Nähe zu der holländischen »De Stijl«-Bewegung wird an dieser Plastik besonders deutlich. Ebenso war Dexel auch von dem Lichttheoretiker und Künstler Arthur Segal beeinflusst, der zusammen mit dem ungarischen Künstler Nikolaus Braun die Abhandlung *Lichtprobleme der bildenden Kunst* (1925) veröffentlicht hatte.[3]

Light Columns

The nineteen-twenties witnessed a lively discussion among numerous artists, architects, and designers in Germany on the issue of how sophisticated neon advertising signs could be incorporated harmoniously into the nocturnal urban setting. The art historian and artist Walter Dexel (1890–1973) played a pioneering role in this context. Like many of his colleagues—among them the Luckhardt brothers, Martin Wagner, and Hugo Häring—he undertook an in-depth study of the design of advertising on building façades, but he also focused his attention on the effects of advertising in city streets. His aim was to design highly functional light objects with aesthetic appeal. His light column is the most striking example of his work in this field, for it met both requirements. Dexel used the light column as a kind of urban furnishing and developed it into a form of autonomous light sculpture.

Appointed Director of Exhibitions at the Jenaer Kunstverein in 1918, Dexel went on to build the artist society into one of the most prominent exhibition venues in the Weimar Republic. He exhibited paintings of his own at numerous avant-garde exhibitions and developed an increasingly intense interest in typography and advertising. He soon realized that he would need a commercial partner in order to realize his plans to design for the public realm. At that time, the Städtische Gaswerke (Municipal Gas Works) in Jena were looking for new ways to assert a strong presence in the city's public area, as the old gaslights had been replaced by electric streetlight systems. Under a commission from the Gaswerke, Walter Dexel designed gas advertising lamps (fig. a) which soon attracted interest within the Jena business community. The first light advertising columns were erected in front of the Gewerkschaftshaus zum Löwen and outside Frommann's bookstore in Jena in 1924.[1]

Frankfurt City Building Commissioner Ernst May engaged Dexel as an independent consultant for urban advertising design in 1926. May was firmly convinced that a solution to the "advertising problem" could only be found if "neon lighting is taken into consideration in the design of individual buildings … from the outset" and "designed to blend harmoniously with building architecture both day and night."[2] In this spirit, Dexel advocated the adoption of uniform standards for neon signs on building façades and appealed for standard basic forms that could be affixed variably to building walls. Yet he was unable to gain acceptance for these reforms. Instead, he realized several innovative solutions for the furnishing of public space: illuminated street signs, light columns at bus and tram stops, and lighted telephone booths which also served as advertising media and public clocks. Unlike the traditional *Litfasssäulen* (advertising pillars or columns) exhibiting a random sequence of posters, which had become increasingly popular throughout Germany since their introduction in 1855, Dexel's advertising columns embodied a holistic concept. The most commonly used print was an Antiqua sans serif; illustrations and advertising symbols were avoided; the luminous background was filled with a primary color; and the columns consisted of multiple, Cubistic compositions rather than a simple light column or a square light pillar. As freestanding glass objects, they offered the advantage of transparency during the day and thus evoked a less lifeless effect than neon signs on building façades.

Dexel later designed a festive lighting system for Jena and began working on a purpose-free light column (fig. 29; p. 102) that would adorn its public setting as a light sculpture. His first designs were presented in 1926 (fig. b); his *Farbige Leuchtsäule II, Weiss mit Blau—Rot + Gelb* (Light Column II, White with Blue—Red + Yellow) was not executed until 1973, the last year of his life. Dexel specifically authorized the realization of four of these light columns. He did not live to see them completed.

Dexel combined cubes and squares with radiant yellow, blue, white, or red surfaces in the manner of a Piet Mondrian painting expanded into three dimensions. His close affinities to the Dutch

Dexels sorgfältige Überlegungen zur Gestaltung von Lichtreklame setzten sich in der Praxis nur selten durch. Im Paris der 1920er Jahre herrschte beispielsweise ein großzügiger und wenig reglementierter Umgang mit Lichtreklame vor, wie sich an den leuchtenden Urinoirs zeigte, die gleichzeitig als Leuchtsäulen für Werbung dienten. Der Fotograf Brassaï (1899 bis 1984) begeisterte sich für diese kuriose Möblierung des öffentlichen Raums und nahm eine ganze Serie mit *Urinoirs* (Abb. 30; S. 103) auf. Brassaï durchstreifte mit seinen Freunden, darunter Henri Michaux oder auch André Breton, regelmäßig das nächtliche Paris auf der Suche nach skurrilen und unverhofften Situationen. In seinem Bildband *Paris de nuit* (1932; Dt.: *Nächtliches Paris)* wechseln Innenaufnahmen aus Cafés, Kabaretts und Bordellen mit ruhigen, menschenleeren Fotografien der schlafenden Großstadt. Markante Plätze oder die im Dunkeln liegenden Monumente von Paris, die wie mächtige Schattenrisse wirken, gehörten für ihn ebenso zu diesem atmosphärischen Stadtbild.

Dexel griff gestaltend in die zeitgenössische Diskussion zur Lichtreklame ein, während Brassaï mit Sicherheit an diesem Thema nicht interessiert war. Letzterer versuchte, die Stimmung einzufangen und die Gegensätze von Stille und Lärm, Dunkelheit und Licht in Bilder umzusetzen. Die Leuchtsäule begriffen jedoch beide Künstler als markantes Zeichen ihrer Zeit, das zwischen Funktionalität und Kunstwerk angesiedelt war.   Simone Schimpf

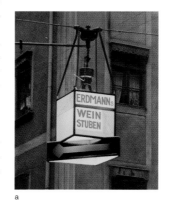

a

De Stijl movement are particularly evident in this sculpture. Dexel was also influenced by the light theorist and artist Arthur Segal, who had published a treatise entitled *Lichtprobleme der bildenden Kunst* (Light Problems of Fine Arts, 1925) in collaboration with the Hungarian artist Nikolaus Braun.[3]

Few of Dexel's thoughtfully conceived ideas regarding the design of neon advertising signs were implemented in practice. Fluorescent lights were used variously and without significant restrictions in Paris during the nineteen-twenties, for example, as is evident in the illuminated *urinoirs* that also served as columns for advertising. The photographer Brassaï (1899–1984) was fascinated by these curious public furnishings and devoted an entire series to *Urinoirs* (fig. 30; p. 103). Brassaï and his friends, including Henri Michaux and André Breton, took frequent strolls through the streets of Paris at night in search of scurrilous, unexpected situations. His book of photographs entitled *Paris de nuit* (Paris by Night, 1932), presents interior scenes from cafés, cabarets, and bordellos along with photographs of tranquil scenes devoid of human figures in the dormant metropolis. His atmospheric images of the city also included prominent squares and Paris monuments shrouded in darkness that have the look of massive shadows.

Dexel played a leading role in the contemporary discussion regarding luminous advertising signs, whereas Brassaï surely had no interest in the subject at all. The photographer attempted to capture moods and to translate the complementary pairs of stillness and noise, darkness and light in his photographs. Yet both artists saw the light column as a striking symbol of their time and a blend of function and art.   Simone Schimpf

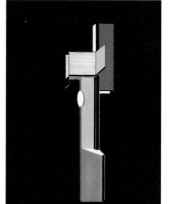

b

a   Walter Dexel, Gas-Leuchtreklamelampe für Erdmanns Weinstuben, Jena, 1925
b   Walter Dexel, *Farbige Elektrische Beleuchtungsglasplastik als Festdekoration*, 1926, Gouache, Tusche, Bleistift, Collage auf schwarzem Karton, Städtische Museen Jena

1   Matias Mieth, »Reklame, Licht, Verkehr. Walter Dexels Wegweiser in die Gegenwart«, in: *Dexel in Jena,* hrsg. von Maria Schmid, Ausst.-Kat. Städtische Museen Jena, Jena 2002, S. 84 – 88.
2   Ernst May, »Städtebau und Lichtreklame« (1928), Nachdruck in: *archithese,* Heft 1, 1995, S. 18 f.
3   Ruth Wöbkemeier, »Das Werk Dexels in seiner Zeit«, in: dies., *Walter Dexel. 1890 – 1973. Werkverzeichnis,* Heidelberg 1995, S. 64 f.

Visionen **Visions**

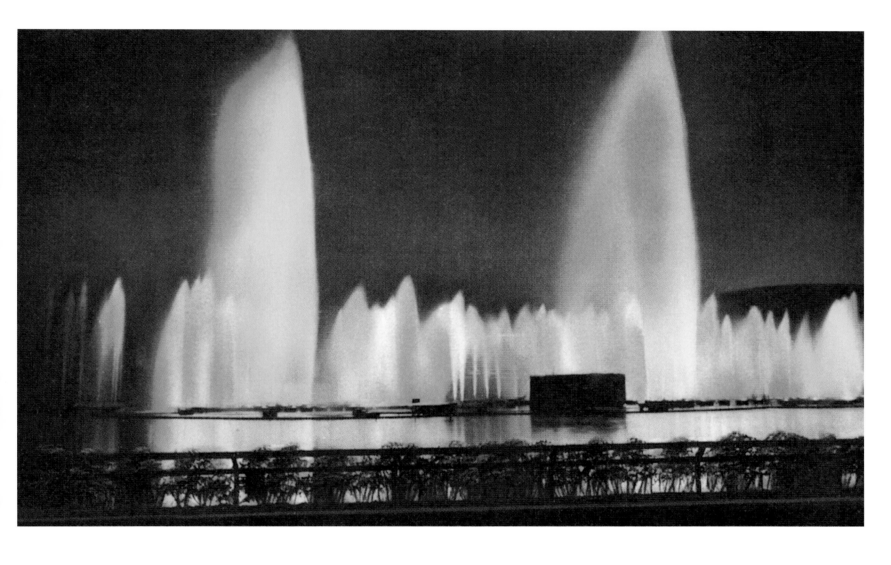

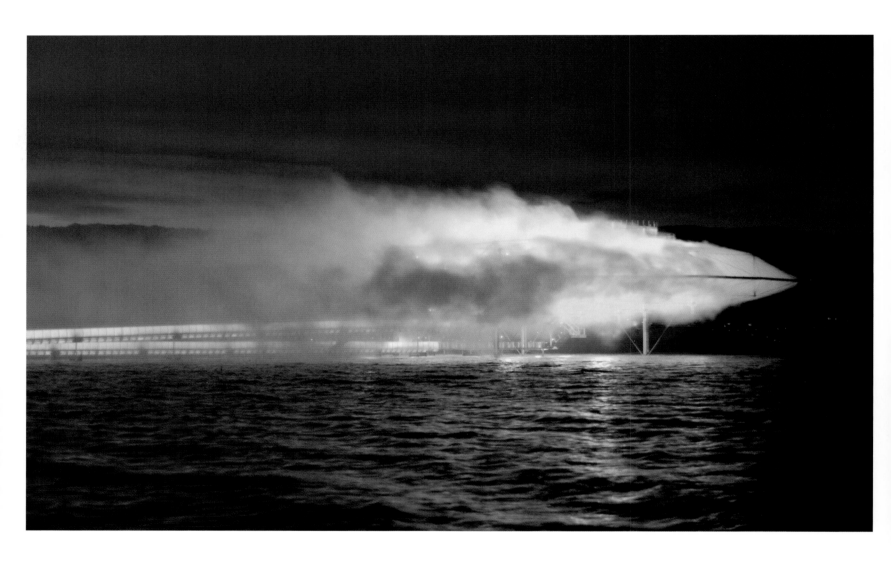

31 Jean Labatut, Leuchtfontäne *Lagoon of Nations*, Weltausstellung New York, 1939,
zeitgenössische Postkarte
32 Elizabeth Diller und Ricardo Scofidio, *Blur Building*, Schweizerische Landesausstellung
am Neuenburger See (Lac de Neuchâtel), 2002

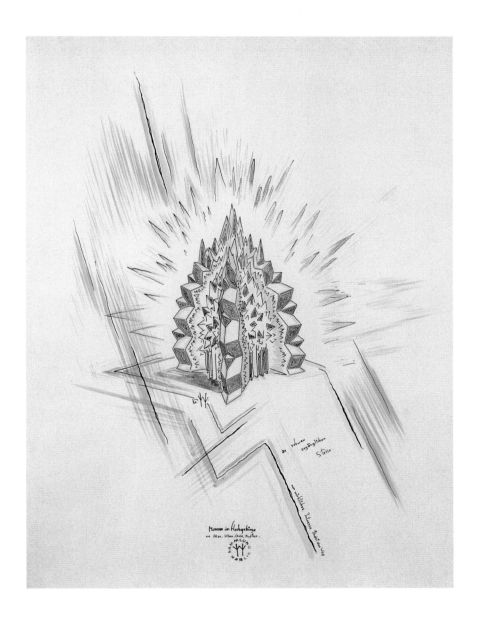

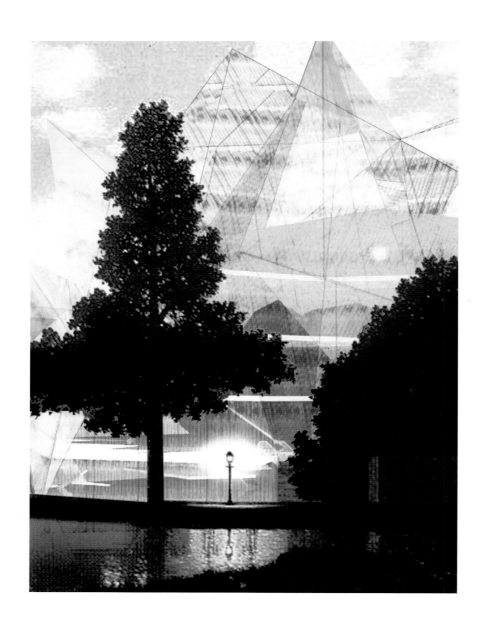

33 Wenzel Hablik, *Museum im Hochgebirge,* 1920, Aquarell und Tusche auf Karton, Wenzel Hablik Museum, Itzehoe
34 Claus & Kaan, Entwurf für das Opernhaus, Gent, 2004, Computersimulation

hugo häring 1927

die reklame ist auf dem wege,
die architektur zu verdrängen.
[...] die tatsache ist, das
architektur hat keine architektur da mehr. seine
fassade ist lediglich gerüst
für werbemittel, schriftli-
der lichtreklame. das dar-
sind fenster.

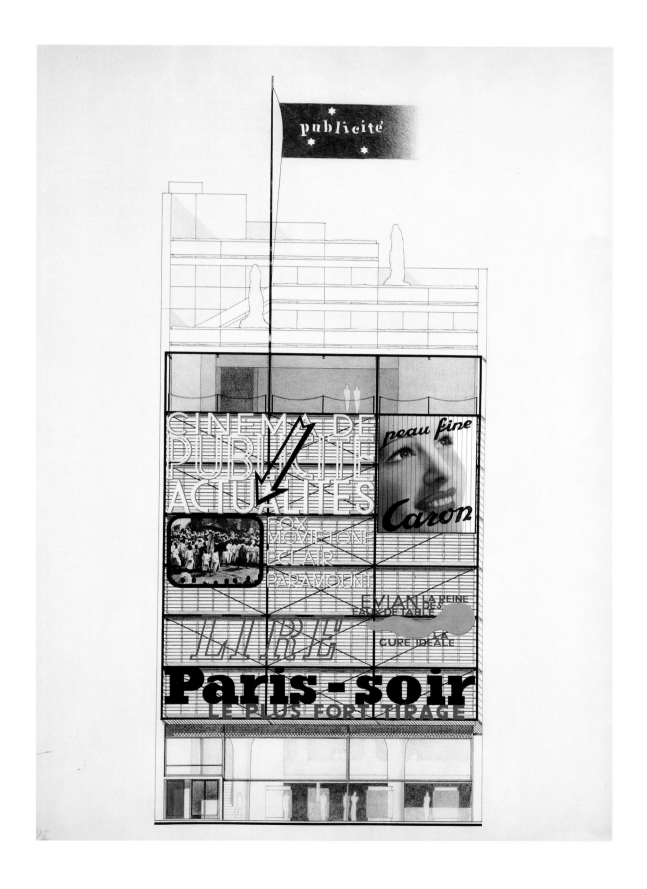

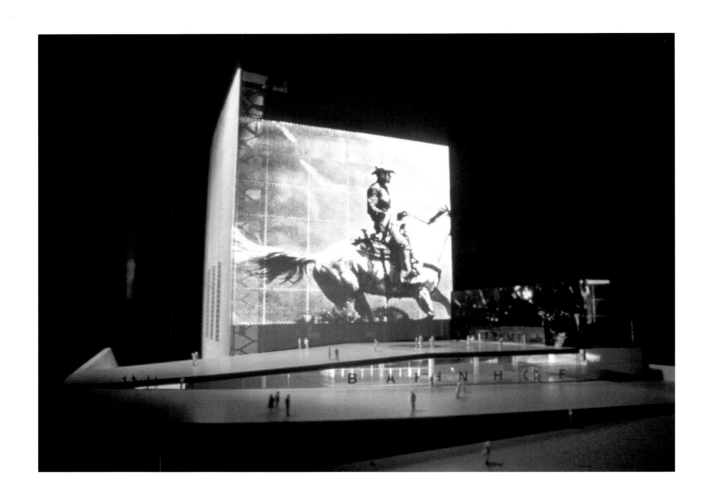

35 Oskar Nitschke, Maison de la Publicité, Paris, 1936, Entwurfszeichnung der Fassade, Museum of Modern Art (MoMA), New York
36 Rem Koolhaas, ZKM, Karlsruhe, 1989, Wettbewerbsmodell, Collection Netherlands Architecture Institute, Rotterdam

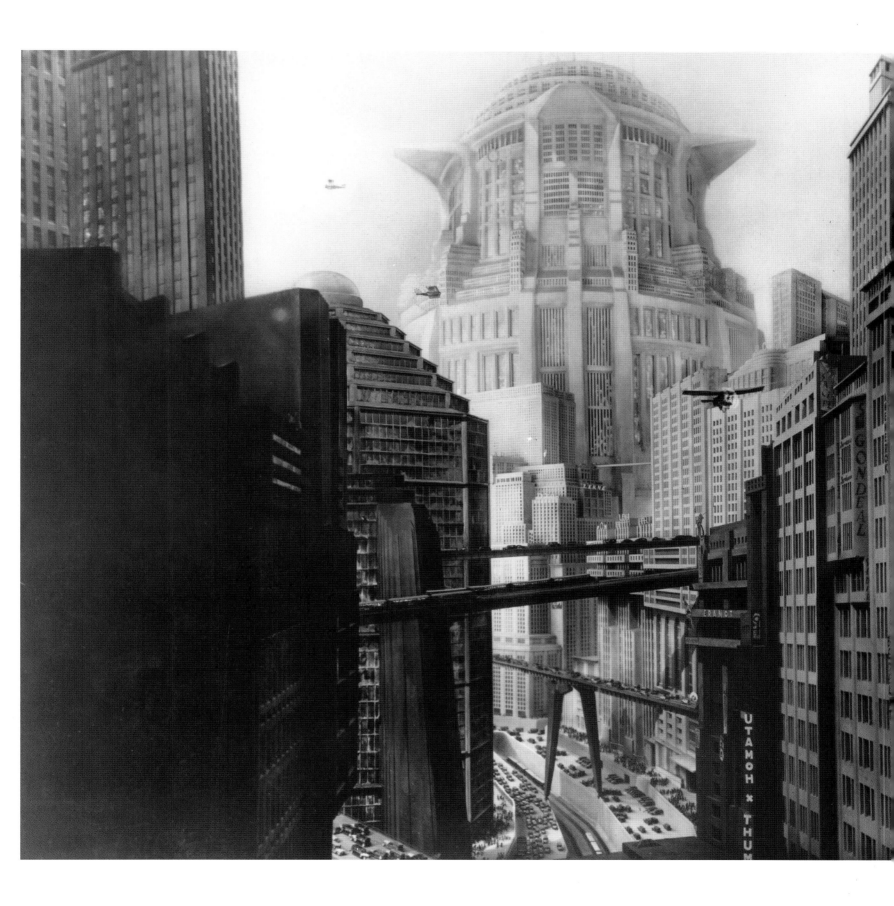

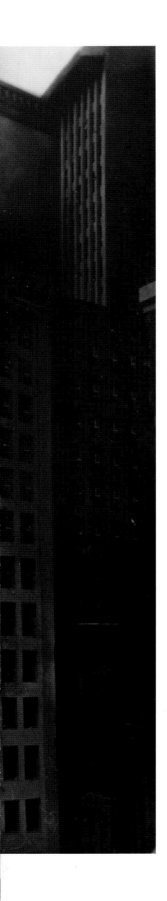

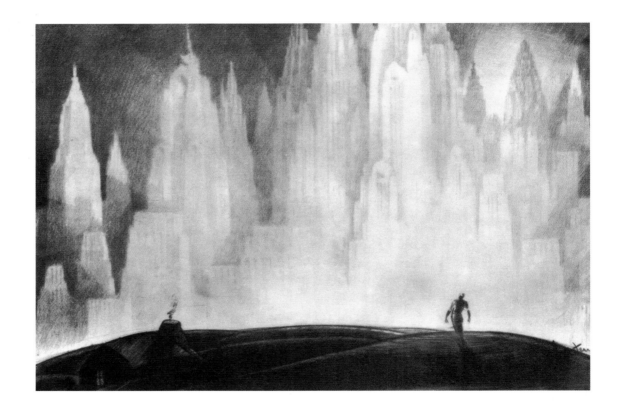

37 Fritz Lang, *Metropolis,* 1927 (Deutschland, UfA, 1927), Filmmuseum Berlin – Deutsche Kinemathek
38 Hugh Ferriss, »The Lure of the City«, Kohlezeichnung aus: *Metropolis of Tomorrow,* 1929, Columbia University, Avery Library, New York

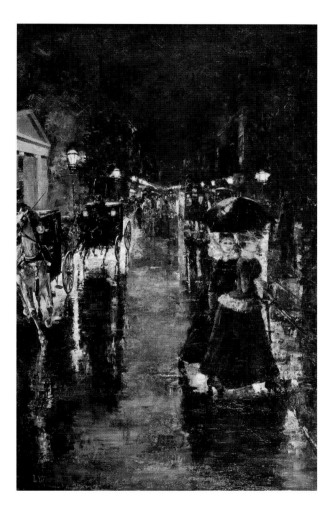

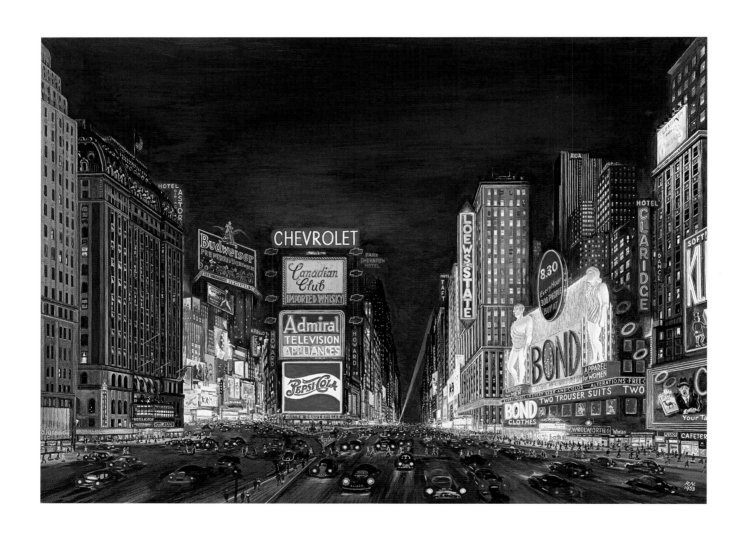

39　Lesser Ury, *Leipziger Straße (Berliner Straßenszene),* 1889, Öl auf Leinwand, Berlinische Galerie, Landesmuseum für Moderne Kunst, Fotografie und Architektur, Berlin
40　Reinhold Nägele, *Times Square,* 1953, Tempera auf Karton, Kunstmuseum Stuttgart

Leuchtfontänen   Für die Weltausstellung in New York 1939 konzipierte der Dekan der School of Architecture der Princeton University, Jean Labatut (1898 – 1986), ein ungewöhnliches Kunstwerk: Unter dem Titel *The Grown City (Die gewachsene Stadt)* sollte eine 15-minütige musikalische Choreografie für farbig beleuchtete Wasserfontänen die Geschichte Manhattans bildlich nacherzählen. Den abschließenden Höhepunkt des Spektakels bildete die Gegenwart: »… immer höhere Bauten – einer am Morgen fertig – der nächste übertrifft ihn am gleichen Abend – die Klänge von New York – das Einhämmern der Nieten durch Feuerwerk und Musik ausgedrückt – die Apotheose mit der Flagge New Yorks, der New Yorker Weltausstellung, und am Ende die Musik der Zukunft.«[1]
Labatut hatte für die Weltausstellung insgesamt 11 verschiedene Wasserspiele entworfen (denen zahlreiche Gouache-Skizzen und eigene Partituren zugrunde lagen) (Abb. 31; S. 124). Er beschrieb sie als eine aktive und ephemere »Architektur aus Licht, Wasser, Feuerwerk und Gasflammen«, als eine »Architekturoper« einer neuen Kunstform, »die von Hunderttausenden erlebt werden« könne und es erlaube, »mit Licht und Farbe so zu spielen, wie ein Musiker mit Klang spielen würde.«[2] Labatut wird Goethes Metapher von der Architektur als »erstarrter Musik«[3] sicher bekannt gewesen sein, und 1924 hatte Claude Bragdons (1866 – 1946) Publikation *The Frozen Fountain* den Vergleich wieder lebendig gemacht.
Für die Musik sorgte der Komponist Robert Russell Bennett (1894 – 1981) und die Belichtung wurde von Bassett Jones (1877 – 1960) übernommen, einem bekannten Lichtspezialisten an Broadway-Theatern. Letzterer war zusammen mit dem Architekten Raymond Hood auch für die Einführung einer »Architektur der Nacht« in der Mitte der 1920er Jahre verantwortlich gewesen und hatte dramatische, abstrakte Lichtspiele für die Spitzen der Hochhäuser entwickelt, die Hood erbaut hatte.
Labatut sah sein Werk als Höhepunkt einer langen Tradition, zu der unter anderem die großen Springbrunnen in Versailles zählten, aber auch vorausgegangene, zeitgenössische Projekte: so etwa die Riesenfontäne mit farbiger Wechselbeleuchtung, die der Chemiemagnat Pierre Dupont 1927 in Longwood Gardens, Delaware, angelegt hatte, oder der eindrucksvolle Buckingham-Brunnen in Chicago aus dem gleichen Jahr. Die Weltausstellungen hatten seit 1889 farbige Wasserkaskaden gezeigt, die 1929 ihren Höhepunkt in den sorgsam geplanten

Farbspielen von Carles Buigas (1898 – 1979) in Barcelona gefunden hatten (siehe S. 108). Für die »Exposition coloniale internationale«, die Kolonialausstellung 1931 in Paris, entwarfen die Architekten André Granet (1881 – 1974) und Roger-Henri Expert (1882 – 1955) Leuchtbrunnen, die aus Wasser farbig schimmernde Gewölbe und Arkaden bildeten (Abb. a und Abb. b) oder dramatische Unterkonstruktionen einbezogen, wie etwa das Théâtre de l'Eau, das jeden Abend Sequenzen aus Wasser und Farblicht darbot.[4]
Unmittelbarer Vorläufer von Labatuts Arbeit in New York waren die Entwürfe der Pariser Architekten Eugène Beaudouin (1898 bis 1983) und Marcel Lods (1891 – 1978) für das Licht- und Wasserspektakel auf der Seine während der Weltausstellung 1937. Die Musik war von modernen Komponisten, wie Arthur Honegger und Darius Milhaud, geschrieben und auf Grammofonplatten eingespielt worden. Vom Eiffelturm aus wurden während der Aufführungen Feuerwerk und Rauchwolken als Projektionsflächen für farbiges Licht beigesteuert, aber die Bildsequenzen blieben abstrakt.[5]
Auch auf der New Yorker Ausstellung von 1939 gab es Versuche, moderne Ideen von Abstraktion und Bewegung einzuführen – so entwarf etwa der Bildhauer Alexander Calder (1898 – 1976) ein Wasserballett, das vor der Fassade des Consolidated Edison Building das große Panorama »City of Light« im Innern ankündigte. Es wurde nur in sehr modifizierter Form ausgeführt.[6]
Jean Labatut wollte ein breites Publikum erreichen und ihm war der direkte Bezug zur Architektur in seiner Arbeit sehr wichtig. Er arbeitete mit populärer Musik, die live von einer Band gespielt wurde, er schuf konkrete, narrative Bildmetaphern, die dank neu-

Luminous Fountains   For the World's Fair in New York in 1939, the dean of the architecture school at Princeton University, Jean Labatut (1898 – 1986), designed an unusual work of art under the title *The Grown City,* a fifteen-minute musical choreography for illuminated fountains, depicting the history of Manhattan. The final climax of the spectacle was going to be the present time: "… buildings higher and higher, one finished (in the morning) is succeeded by one built higher (the same evening)—sounds of New York—riveting sounds etc. expressed by fireworks and music—apotheosis with the New York flag, the New York World's Fair … and a last call announcing the music of tomorrow."[1]
Labatut had designed eleven different water performances for the World's Fair (and produced numerous gouache sketches and a complex score for each) (fig. 31; p. 124). He described it as an active and ephemeral "architecture of light, water, fireworks, and gas flames," an "architectural opera," a new form of art, which "hundreds of thousands could experience" and which allowed "to play with light and color, as a musician would play with sound." [2] In all likelihood Labatut was familiar with Goethe's metaphor of architecture as "solidified music"[3] and in 1924 Claude Bragdon's (1866 – 1946) publication *The Frozen Fountain* had suggested the application of the same metaphor to the vision of a future New York City.
The music was composed by Robert Russell Bennett (1894 – 1981) and Basset Jones (1877 – 1960) was responsible for the lighting installation. Jones was one of the best-known lighting designers on Broadway, who had been responsible, together with Raymond Hood, for the introduction of an "architecture of the night" in the mid nineteen-twenties, when he had created dramatic lighting installations for the crowns of Hood's skyscraper designs.
Labatut considered his work the climax of a long tradition, to which belonged, among others, the large fountains in Versailles, but also recent contemporary projects, such as the gigantic fountain that Pierre S. Dupont (chairman of the board of the Dupont Company) had installed in 1927 at Longwood Gardens, Delaware, or the Clarence Buckingham Fountain in Chicago of the same year.
Since 1889, the World's Fairs had shown colored illumination of water cascades and fountains, which found their culmination at the 1929 Barcelona fair, in the carefully planned color sequences by Carles Buigas (1898 – 1979) (see p. 108). For the *Exposition coloniale interna-*

tionale, the 1931 Colonial Exposition in Paris, the architects André Granet (1881 – 1974) and Roger-Henri Expert (1882 – 1955) designed fountains, which presented colorful luminous vaults and arcades out of water, (fig. a and fig. b) or dramatic substructures, such as the Théâtre de l'Eau, which offered sequences of water and colored light every night. [4]
The immediate predecessor of Labatut's work in New York were the designs of the Parisian architects Eugène Beaudouin (1898 – 1983) and Marcel Lods (1891 – 1978) for the spectacle of water and light in the middle of the Seine River, during the 1937 World's Fair. The music had been created by modern composers, such as Arthur Honegger and Darius Milhaud, and recorded on gramophone records. During the nightly performances, fireworks and clouds of smoke as projection screens for colorful light were released from the Eiffel Tower but the imagery remained abstract.[5]
At the New York Fair of 1939 there also had been attempts made to realize modern ideas of abstraction and movement—the sculptor Alexander Calder (1898 – 1976), for example, designed a water ballet, announcing in front of the Consolidated Edison Building the *City of Light* panorama inside. It was executed only in a much simplified version.[6]
Jean Labatut wanted to reach a wide audience and he found the direct relationship to architecture very important. He worked with popular music, played live by a big band, and he created concrete, visual narratives, which, thanks to newest technologies, could be controlled with great precision. He considered this abstract, colorful, and ephemeral architecture a kind of gas station, at which, he hoped, the batteries of architecture could be

ester Technologie separat und mit großer Präzision gesteuert werden konnten. Diese abstrakte, farbige und ephemere Baukunst war, wie er schrieb, eine Art Tankstelle, an der, so seine Hoffnung, die Batterien der Architektur wieder aufgeladen werden konnten.[7] Dies lässt an Bruno Tauts Architekturschauspiel *Der Weltbaumeister* von 1920 denken, das auf einer ähnlich theatralischen Umsetzung von farbigem Licht, Musik und Architektur basiert hatte.[8] Letztendlich wurden nur 6 der 11 von Labatut konzipierten Bild- und Tonfolgen in New York aufgeführt, darunter »Dance of Life«, »The World and the Cathedral« und »From Clay to Steel«, wo die Wasserfontänen zum Stakkato-Rhythmus der begleitenden Musik abstrakte Bilder industrieller Produktion darstellten.

In den 1950er Jahren war es unter anderem der Maler und Aktionskünstler Yves Klein (1928 bis 1962), der, zuweilen in Zusammenarbeit mit den Architekten Claude Parent oder Werner Ruhnau, das Ideal einer immateriellen Architektur wieder aufgriff. Er erklärte seinen Zuhörern bei einem Vortrag an der Sorbonne im Juni 1959: »Meine Wände aus Feuer und meine Wände aus Wasser bilden, zusammen mit den Dächern aus Luft, das Material für eine neue Architektur. Aus diesen drei klassischen Elementen, Feuer, Wasser und Luft, wird die Stadt der Zukunft konstruiert werden: sie wird endlich flexibel sein, spirituell und unmateriell.«[9]

Der Einsatz von präzise gesteuerten Wasserfontänen im Zusammenspiel mit Licht und Musik setzt sich heute in dem allnächtlichen Schauspiel mächtiger Wassergebilde vor dem Hotel Bellagio in Las Vegas fort, aber auch in dem kurzlebigen *Blur*-Gebilde der New Yorker Architekten Elizabeth Diller (geb. 1954) und Ricardo Scofidio (geb. 1935). Für die Schweizerische Landesausstellung schufen sie im Jahre 2002 eine begehbare Struktur im Neuenburger See (Lac de Neuchâtel) bei Yverdon-les-Bains, die dank Tausender feiner Düsen und Hochdruckwasserpumpen ständig in einen Wassernebel eingehüllt war. Nachts wurde sie von Scheinwerfern hell erleuchtet (Abb. 32; S. 125). Der Traum einer ephemeren Architektur aus Wasser und Licht war der Wirklichkeit näher gerückt als je zuvor. Jean Labatuts Erkenntnis während der Arbeit an der New Yorker Weltausstellung hatte auch hier noch Bestand: »Hier war die Architektur zumindest ein einziges Mal fragiler und ephemerer als die Musik.«[10]

Dietrich Neumann

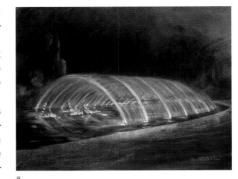

a

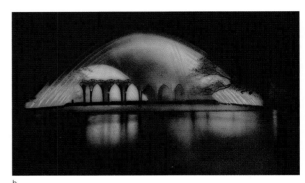

b

recharged.[7] His concept of an architectural opera is reminiscent of Bruno Taut's architecture spectacle *Der Weltbaumeister* (The World Creator) of 1920, which had been based on a similar theatrical rendering of colored light, music and architecture.[8]

In the end, only six out of the eleven image-and-sound sequences that Labatut had composed were performed, among them *Dance of Life, The World and the Cathedral,* and *From Clay to Steel,* where the fountains followed the staccato rhythm of the music in order to present abstract images of industrial production.

In the nineteen-fifties it was among others the painter and performance artist Yves Klein (1928–1962), who, sometimes in collaboration with the architects Claude Parent or Werner Ruhnau, pursued again the ideal of an immaterial architecture. He told his audience during a lecture at the Sorbonne in June 1959: "My walls of fire and my walls of water are, with the roofs of air, materials for a new architecture. With these three classical elements, fire, air, and water, the city of tomorrow will be constructed; it will at last be flexible, spiritual, and immaterial."[9]

The use of precisely controlled water fountains together with light and music continues today in the nightly spectacle of enormous moving water constellations in front of the Bellagio Hotel in Las Vegas, but also in the short-lived Blur Building by the New York architects Elizabeth Diller (born 1954) and Ricardo Scofidio (born 1935). For the Swiss State Fair in 2002 they created an accessible structure in Lake Neuchâtel near Yverdon-les-Bains, which, thanks to thousands of small water jets and high-pressure pumps, was constantly engulfed in a cloud of watery mist. At night it was brightly illuminated by floodlights (fig. 32; p. 125). The dream of an ephemeral architecture of water and light had come closer to reality than ever before. Jean Labatut's observation during the work on the New York World's Fair here too seemed valid "For once, architecture was more fragile, more ephemeral than music."[10]

Dietrich Neumann

a   André Granet, Entwurf für leuchtenden Wasserbogen, Exposition coloniale internationale, Paris, 1931, Gouache auf schwarzem Karton, Institut Français d'Architecture, DAF / CAP, Paris
b   André Granet, Leuchtender Wasserbogen, Exposition coloniale internationale, Paris, 1931, zeitgenössische Postkarte

1   Jean Labatut, »Synopsis of and Suggestions for Spectacle No. 8. ›The Grown City‹«, Manuskript, 10. Juli 1939. Labatut Collection, Princeton University, Architecture School.
2   Labatut Papers, Princeton University Library, Special Collections, Box 35, Folder 4.
3   Johann Wolfgang von Goethe, 23. März 1829, in: Johann Peter Eckermann, *Gespräche mit Goethe in den letzten Jahren seines Lebens,* München 1988, S. 284.
4   Patricia A. Morton, *Hybrid Modernities. Architecture and Representation at the 1931 Colonial Exposition, Paris,* Massachusetts 2000, S. 65.
5   Jean Prévost, *The Feasts of Light,* ca. 1937, Manuskript. Labatut Papers, Princeton University, Special Collections, Box 35, Folder 5 (Call No. CO709).
6   James Johnson Sweeney, »Alexander Calder: Movement as Plastic Element«, in: *Plus,* Februar 1939, S. 25 – 29 (Nachdruck in: *Architectural Forum,* Bd. 70, Nr. 2, Februar 1939, S. 137 ff.); Marilyn Symmes, *Brunnen von der Renaissance bis zur Gegenwart,* Stuttgart 1999, S. 118.
7   Jean Labatut, Vortragsmanuskript, ca. 1939. Labatut Papers, Princeton University Library, Special Collections, Box 35, Folder 5 (Call No. CO709).
8   Bruno Taut, *Der Weltbaumeister,* Hagen 1920.
9   Yves Klein, »The Evolution of Art towards the Immaterial Lecture at the Sorbonne«, 3. Juni 1959, in: Peter Noever und François Perrin (Hrsg.), *Yves Klein: Air Architecture,* Ausst.-Kat. MAK Center for Art and Architecture, Los Angeles, Ostfildern 2004, S. 35 – 45.
10   Jean Labatut, Vortragsmanuskript, ca. 1939. Labatut Papers, Princeton University Library, Special Collections, Box 35, Folder 5 (Call No. CO709), S. 33.

Kristalle   Kultur, meinte Wenzel Hablik (1881 – 1934), darf nicht billig sein. Um die »richtige« Haltung potenzieller Museumsbesucher bereits auf deren Weg hin zur Institution auf die Probe zu stellen, verlegte der an der Wiener Kunstgewerbeschule ausgebildete Künstler sein *Museum im Hochgebirge* (Abb. 33; S. 126) auf eine Bergkuppe. Auf einem Karton von 1920, der den Entwurf in Aquarellfarben und Tusche festhält, kommentiert er die außergewöhnliche Ortswahl mit dem Leitspruch: »Nur wirkliches Interesse findet den Weg«. In wenigen schwarzen Linien skizziert Hablik eine kahle Felslandschaft. Über einen Steilhang erreichen sportliche Museumsbesucher eine Plattform, auf der sich ein monumentales Gebäude in Form eines funkelnden Kristalls erhebt. Nicht nur der Berghang erschwert den Zugang zur Architektur; ein Eingangsportal oder gar eine schlichte Tür fehlen, was den Reiz, auch das Innere des Baus zu ergründen, noch steigert. Gelbe und blaue Strahlen strömen aus der opaken gläsernen Kristallhülle und versprechen eine besondere ästhetische Erfahrung. Aus Glas, Silber, Gold und Kupfer sollte das Gebäude errichtet werden, wie der Künstler am unteren Rand der Zeichnung vermerkt. Mittels dieser Kombination von Text und Bild potenziert Hablik assoziativ die Leuchtkraft seines Kristallhauses.

Der Künstler behauptete, die Gebirgslandschaft seiner böhmischen Heimat habe ihn schon als Kind für Kristalle begeistert. Seine Faszination für diese anorganischen Gebilde der Natur, deren prismatische Formungen und Symmetrien mit mathematischer Genauigkeit gewachsen zu sein scheinen, spiegelt sich in fantastischen Architektur- und Technikzeichnungen, Gemälden und Designarbeiten wider. Hablik zeichnete erstmals 1903 Kristallbauten, die damit zu den frühesten bislang bekannten Entwürfen kristalliner Architektur der europäischen Kunstgeschichte zählen.[1] Einem Märchenschloss gleich, symbolisierte der Kristall für den Utopisten eine Synthese von künstlerischem Schaffen und Natur. Zugleich verband Hablik mit seiner Idee, die bisweilen beängstigend totalitäre Formen annahm, die Vorstellung, die Menschheit könne durch die gemeinsame Arbeit an monumentalen Kristallarchitekturen eine neue Gemeinschaft schaffen und eine Symbiose mit der »göttlichen« Natur eingehen.[2]

Die konspirative Künstlergruppe Gläserne Kette, deren Mitglied Hablik seit 1919 war und in deren Kontext auch der Entwurf für das hochalpine Museum entstand, strebte die Kreation einer neuen Zivilisation mit Hilfe utopischer kristalliner Architekturentwürfe an. Ihr Konzept orientierte sich dabei an den Visionen des expressionistischen Schriftstellers Paul Scheerbart, der gläserne Architekturfantasien verfasst hatte. Unter Decknamen tauschten die Künstler, vor allem Architekten, ab 1919 über den Zeitraum eines Jahres hinweg in klandestinen Briefen fantastische Architekturzeichnungen aus. Ihre Texte vermitteln vor allem einen Eindruck von einer intensiven Auseinandersetzung mit der gesellschaftlichen Stellung von Künstlern und der Funktion künstlerischen Schaffens.[3] Die Gruppe plante hauptsächlich Kulturbauten; wohl weil diesen Gebäuden die angestrebte Vereinigung von Kunst und Leben bereits immanent zu sein schien.

Bruno Taut (1880 – 1938) und Wenzel Hablik teilten die Faszination für das Kristalline und Erhabene der Gebirge. Die Wirkung kristalliner Bauten bei Nacht hatte Taut bereits für sein 1914 auf der Kölner Werkbundausstellung präsentiertes Glashaus bedacht.[4] In den Entwürfen eines weiteren utopischen Projekts von 1919 betonte Taut die Effekte leuchtender Bauten noch stärker, als ihm dies beim Kölner Glashaus möglich gewesen war. So zeigt das Schlussblatt des dritten Teils der Bilderreihe *Alpine Architektur* eine »Bergnacht« (Abb. a). Die alpine Landschaft verschwindet auf diesem Werk nahezu völlig. Scheinwerfer, die farbige Leuchtkegel werfen, und kristalline Bauten, die wie Kronleuchter bunt strahlen, sind optisch wahrnehmbar. Landschaft und Architektur

Crystals   Culture, averred Wenzel Hablik (1884 – 1934), should not come cheap. To put the "correct" attitude of potential museum visitors to the test even on their way to the institution, the Viennese arts-and-crafts-trained artist placed his *Museum im Hochgebirge* (Museum in the Mountains, fig. 33; p. 126) on a mountain top. In 1920, on a piece of cardboard containing the design for it in watercolors and ink, he comments on the unusual choice of venue with the remark: "Only real interest will find the way there." In a few black lines, Hablik sketches in a bare rocky landscape. Sporty museum visitors have to master a steep slope to reach a platform on which stands a monumental building in the shape of a sparkling crystal. Not only the mountain slope makes the architecture difficult to access. There seems to be no entrance doorway nor even a simple door, which makes the desire to penetrate the interior of the building even stronger. Yellow and blue light radiates from the translucent glass crystal exterior, promising a special aesthetic experience. The building needed to be built of glass, silver, gold, and copper, remarks the artist on the lower edge of the drawing. By means of this combination of text and picture, Hablik enhances the luminosity of his crystal building by association.

The artist claimed that the mountain landscape of his Bohemian homeland stimulated his interest in crystal. His fascination for this inorganic natural structure, whose prismatic formations and symmetries always seem to have grown with mathematical precision, is reflected in fantastic architectural and technical drawings, paintings, and designs. Hablik drew his first crystal buildings in 1903, and these therefore count among the earliest designs for crystalline buildings so far known in European art history.[1] Like a fairy-tale castle, crystal symbolizes for utopians a synthesis of artistic creation and nature. At the same time, Hablik linked to his idea, which occasionally took on worryingly totalitarian shapes, the notion that people could create a new community through joint labor on monumental crystal architecture and enter into a symbiosis with "divine" nature.[2]

The conspiratorial Gläserne Kette (Glass Chain) group of artists, which Hablik joined in 1919 and which was thus vicariously involved in the design of Hablik's lofty museum, aimed at creating a new civilization with the help of utopian crystalline architectural designs. Their ideas were inspired by the visions of Expressionist writer Paul Scheerbart who had published fantastical novellas about glass architecture. For a period of a year, using assumed names, the artists, particularly architects, sent each other clandestine letters swapping fantastic

architectural drawings. Their letters convey principally the impression of a self-absorbed debate about the social position of artists and the function of artistic effort immediately after the First World War.[3] The group mainly planned cultural buildings, probably because the unity of life and art they were striving after already appeared to be an inherent feature of such buildings. Bruno Taut (1880 – 1938) and Wenzel Hablik shared a fascination for the crystalline and the sublimity of mountains. Taut had already commented upon the effect of crystalline buildings at night when he built the pavilion at the Werkbund exhibition in Cologne in 1914.[4] In the further utopian designs of 1919, he emphasized the effects of luminous buildings even more than had been possible in the Cologne glasshouse. The final drawing of the third part of the *Alpine Architektur* series of pictures features a *Bergnacht* (Mountain Night, fig. a). In this work, the Alpine landscape disappears almost completely. Floodlights projecting beams of colored light and crystalline buildings shining in bright colors like chandeliers can be made out. Landscape and architecture blur into a flat, abstract color composition. Floodlit by night, the fantastic glass buildings are transformed into ornaments in which the mystic meaning of crystal typical of Expressionism shows at its best. Hablik seems to have been aiming for a comparable nocturnal effect for his crystalline mountain-top museum.

A building in crystalline form, featured in Amsterdam architects Claus & Kaan's competition model (2004) for a theater in Ghent (fig. 34; p. 127), adopts the fantastic ideas of the Gläserne Kette. The team's first completely transparent façade, this is quite different from previous designs by the firm. The transparency of the façade is playfully varied by combinations of patterned and frosted glass providing protection against sunlight and mobile golden

verschwimmen zu einer flächigen abstrakten Farbkomposition. In nächtlicher Beleuchtung verwandeln sich die fantastischen, gläsernen Gebäude in Ornamente, in denen sich die für den Expressionismus typische mystische Bedeutung des Kristalls optimal manifestiert. Eine vergleichbare nächtliche Wirkung scheint auch Wenzel Hablik für sein kristallines *Museum im Gebirge* kalkuliert zu haben.

Eine Fassade in kristalliner Form, die das Wettbewerbsmodell (2004) des Amsterdamer Architektenbüros Claus & Kaan (Abb. 34; S. 127) für den Bau eines Genter Theaters vorsieht, rezipiert die fantastischen Ideen der Gläsernen Kette. Dieser Entwurf, für den das Team erstmals eine gänzlich gläserne Fassade geplant hatte, unterscheidet sich von bisher realisierten Objekten des Büros. Die Transparenz der Fassade wird durch eine Kombination aus bedrucktem, vor Sonneneinstrahlung schützendem Glas und mobilem, goldenem Batist, der im Inneren hinter die Glashülle gespannt ist, spielerisch variiert. Die goldglänzenden Effekte der Fassade demonstrieren zwei Computersimulationen, die das Gebäude bei Nacht zeigen. In beiden Bildern erstrahlt der Bau wie ein leuchtender Edelstein. In einer Simulation (Abb. b) fingieren Claus & Kaan eine mystische Atmosphäre; der schwarze Umriss eines Baumes, die Andeutung eines Flusses, in dessen Wasser sich die bunte Glasfassade spiegelt, und eine hell erleuchtete Straßenlaterne vor dem Gebäude versetzen nächtliche Flaneure in eine Stimmung, wie sie die Gemälde des belgischen Surrealisten René Magritte (1898 – 1967) evozieren.

In der Projektbeschreibung betonen die Architekten, ihr Entwurf reagiere auf die Kirchturmspitzen der Genter Altstadt und auf den natürlichen Flusslauf der Schelde; er passe sich damit dem historisch gewachsenen städtischen Umfeld und der natürlichen Umgebung an. Die Konzeption des Inneren mit Bühnen, Probe- und Technikräumen antwortet allerdings formal nicht auf die spitzen prismatischen Formungen der Glasfassade. Dieser Baukörper fungiert als vollkommen autonome Zone. Wie in ihren bisherigen Projekten gehen Claus & Kaan programmatisch und ganz im Sinne der Postmoderne frei mit Referenzen auf Bauten der Moderne um. Waren es vormals etwa Anlehnungen an Mies van der Rohes Barcelona-Pavillon[5], so sind es für das Genter Theater die Utopien der Gläsernen Kette. Trotz des verloren gegangenen Glaubens an die erlösende Kraft der Kunst, der den fantastischen Kristallhäusern der Gläsernen Kette anhaftete, scheint bei zeitgenössischen Visionen zumindest die zu erwartende spektakuläre Wirkung kristalliner Bauten dafür zu sorgen, dass solche Architektur vor allem für die Planung von Kulturbauten weiterhin aktuell ist.[6] Ein neueres Beispiel dafür bietet das Modell der vom Schweizer Büro Herzog & de Meuron geplanten Hamburger Elbphilharmonie (Abb. c).   Cara Schweitzer

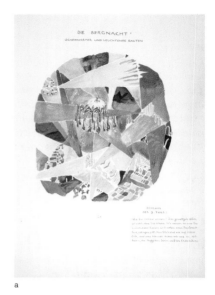

a

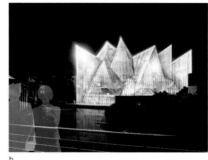

b

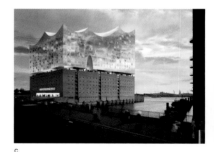

c

batiste put up in the interior behind the glass shell. The resulting gleaming-gold-façade effects are demonstrated by two computer simulations of the building at night. In both pictures, the building glows like a luminous precious stone. A simulation (fig. b) prepared by Claus & Kaan creates a mystic atmosphere: the black outline of a tree, the suggestion of a river whose surface reflects the colorful glass façade, and a brightly lit street lamp outside the building set up a mood for night strollers that is reminiscent of the paintings of Belgian Surrealist René Magritte (1898 – 1967).

In their description of the project, the architects stress that their design is a reaction to the church spires of Ghent's old town and the natural course of the Schelde river, and that it therefore fits in well with the historically evolved urban environment and the natural surroundings. However, the interior with its stages, rehearsal rooms, and technical fittings is formally quite different from the pointed prismatic formations of the glass façade. The main structure of the building functions as a completely autonomous zone. As in their previous projects, Claus & Kaan adopt a postmodern approach, programmatically introducing liberal references to modernist buildings. Whereas in earlier buildings their borrowings were for example from Mies van der Rohe's Barcelona pavilion,[5] in the Ghent theater they refer to the utopias of the Gläserne Kette. Despite the general loss of belief in the redeeming power of art that still informed the fantastic crystal designs of the Gläserne Kette, the expected spectacular effects of crystalline buildings in contemporary visions will at least ensure that architecture of this kind continues to be relevant in planning cultural buildings.[6] A more recent example of this is the model of the Hamburg Elbphilharmonie planned by Swiss architects Herzog & de Meuron (fig. c).   Cara Schweitzer

a   Bruno Taut, »Die Bergnacht«, aus: *Alpine Architektur*, Blatt 21, 1919, Farbdruck auf Karton, Deutsches Architektur Museum, Frankfurt a. M.
b   Claus & Kaan, Entwurf für das Opernhaus, Gent, 2004, Computersimulation
c   Herzog & de Meuron, Projekt Elbphilharmonie, Hamburg, 2005, Computersimulation

1   Axel Feuß, »Wenzel Hablik. Stationen des Gesamtwerks«, in: *Wenzel Hablik. Architekturvisionen 1903 – 1920*, hrsg. von Gerda Breuer, Ausst.-Kat. Ateliers im Museum Künstlerkolonie. Institut Mathildenhöhe Darmstadt, Darmstadt 1995, S. 25.
2   Regine Prange, *Das Kristalline als Kunstsymbol. Bruno Taut und Paul Klee*, Hildesheim u. a. 1991, S. 48 ff.; Gerda Breuer, »Expressionismus und Politik. Aspekte einer Architekturmoderne zwischen Sozialismus und Nationalsozialismus«, in: *Bau einer neuen Welt. Architektonische Visionen des Expressionismus*, hrsg. von Rainer Stamm, Ausst.-Kat. Kunstsammlungen Böttcherstraße, Bremen und Bauhaus-Archiv Museum für Gestaltung, Berlin, Köln 2003, S. 154.
3   Prange 1991 (wie Anm. 2), S. 188.
4   Dietrich Neumann, »Kunstlicht und Avantgarde«, in: Dietrich Neumann, *Architektur der Nacht*, München und New York 2002, S. 36.
5   Hans Ibeling, »Hard and Soft. The Work of Claus en Kaan«, in: *Hans Ibeling, Claus en Kaan. Building*, Rotterdam 2001, S. 10.
6   Wolfgang Pehnt, »Expressionistische Architektur damals und heute. Vom ›großen Allgemeingefühl‹ zur kleinen Sensation«, in: *Bau einer neuen Welt. Architektonische Visionen des Expressionismus*, hrsg. von Rainer Stamm, Ausst.-Kat. Kunstsammlungen Böttcherstraße, Bremen und Bauhaus-Archiv Museum für Gestaltung, Berlin, Köln 2003, S. 17.

Die Leuchtende Stadt In der Zeit nach dem Ersten Weltkrieg wandelte sich im Zuge der Begegnung mit der neuen Architektur das Stadtbild von Paris. Sobald auf der viel beachteten Weltausstellung von 1925, der »Exposition internationale des arts décoratifs et industriels modernes«, die Lampions erloschen, schien der nächtliche Schauplatz von Gebäuden gegliedert zu werden, deren Neonbeleuchtung nun mit reinen Linien aufwarten konnte. Das Ford-Gebäude (1929; Abb. a) von Michel Roux-Spitz (1888–1957) und die Wochenschaukinos von Adrienne Gorska und Pierre de Montaut waren die auffälligsten unter ihnen, und Oskar Nitschke (1900–1991) plante, in diesem Kontext seine Maison de la Publicité zu errichten.[1]
Geboren in Hamburg-Altona, lernte Nitschke bei Auguste Perret und arbeitete mit Theo van Doesburg an der Raumgestaltung des »Café Aubette« in Straßburg, ehe er sich mit seinem Ateliergenossen Paul Nelson zusammentat. Auf dessen Vermittlung hin sollte er später seine Laufbahn in den Vereinigten Staaten beginnen.[2] Sein Projekt nun siedelte an der breitesten Avenue von Paris an, die mit Beginn der 1920er Jahre ein neues Gesicht erhielt, und zwar namentlich auf Betreiben des Kaufmannes und Perlenhändlers Léonard Rosenthal, des Gründers der Arcades du Lido. Auf dieser prestigeträchtigen Straße (den Champs-Elysées, Anm. d. Üb.) sollte ein Lichtschauspiel geschaffen werden, das jenem der Grands Boulevards in nichts nachstand und dem die vertikalen Beschilderungen der Kinos bereits den Rhythmus vorgaben.
Nitschkes in den 1980er Jahren von Joseph Abram aufgezeichneten Erinnerungen zufolge entstand der Entwurf im Auftrag des Werbefachmanns und Verlegers Paul Martial, den er über den Gründer der Zeitschrift *Cahiers d'art,* Christian Zervos, kennen gelernt hatte. Durch Letzteren war er auch mit vielen Pariser Künstlern in Kontakt gekommen. Da nach Aussagen Nitschkes infolge des »Fortgangs« des Kunden das Projekt ins Wasser fiel, entwickelte er die Studie alleine weiter und stellte die Entwurfszeichnungen fertig; sie werden heute im Museum of Modern Art in New York bewahrt (Abb. 35; S. 130).[3]
Das Gebäude ist als Stahlbetonskelett konzipiert, in dessen Innern sich die einzelnen Bestandteile recht frei auf acht Ebenen entfalten können, und zwar rund um einen Hof, von dem sie über Glasbausteine Licht beziehen. Zu den Champs-Elysées hin war eine große Halle angelegt. Die beiden von der Straße her erreichbaren Ebenen waren am stärksten auf die Öffentlichkeit ausgerichtet. Sie umfassten im Untergeschoss ein Wochenschaukino auf ovalem Grundriss, das diagonal in das Rechteck der Parzelle eingebettet war, und im Mezzanin eine Café-Bar.[4] Die außergewöhnliche Nachtperspektive, die Nitschke zeichnete, verdeutlicht die Ausrichtung des Projekts. Im Unterschied zu Perrets Konzept, das eine Veranschaulichung des Betongerippes auf der Fassade anstrebte, erdachte er eine dreidimensionale Leuchtkonstruktion. Diese hob das Haus auch von den angrenzenden dunklen Gebäuden ab (Abb. b), welche wiederum Beschilderungen trugen, deren Flächen den Straßenraum gliederten. Nitschkes Konzept lief den damaligen Pariser Lösungen zuwider; er beschritt damit gewissermaßen Neuland, auch etwa hinsichtlich Projekten wie Mies van der Rohes Stuttgarter Bankgebäude von 1928. Auf dessen Leuchtfassade wäre der Schriftzug des darin angesiedelten Unternehmens in einem Ausschnitt lesbar gewesen (siehe S. 82).
Nitschke wandelte die Vorrichtungen, mit Hilfe derer die Filmankündigungen auf den Anzeigetafeln der Kinos ausgewechselt werden konnten, in ein freies Kompositionsmittel. Über sechs Ebenen des Baus war ein Raster angelegt, ein dreidimensionales Gerüst aus schmalen Profilen, das durch Sprossen versteift wurde – wie 40 Jahre später bei der Fassade des Centre Georges Pompidou in Paris, die wie unmittelbar daraus abgeleitet erscheinen könnte. Es erlaubte durch seine Tiefe die Anbringung ganz unterschiedlicher Elemente. Dank der im Raster eingelassenen durchbrochenen Querstege konnten Werbeslogans, Bilder und Projektionsflächen eingefügt werden. Die mit der Herstellung des Werbematerials beauftragte Werkstatt befand sich in der siebten Etage und konnte die zum Nachrichtenticker gewordene Fassa-

City of Light In the years following the First World War, the Paris landscape was transformed by its encounter with the new architecture. Once the lights had gone out at the International Exposition of Modern Decorative and Industrial Arts—the cynosure of all eyes in 1925—the nocturnal scene began to be punctuated with buildings whose greater purity of line was skillfully set off with neon. Michel Roux-Spitz's (1888–1957) Ford Building (fig. a) and the newsreel cinemas designed by Adrienne de Gorska and Pierre de Montaut were the most eye-catching of the structures among which Oscar Nitzchke (1900–1991) intended to set his Maison de la Publicité.[1]
Born in Altona in Germany, Nitzchke, who had trained under Auguste Perret and worked with Theo van Doesburg on the Aubette ballroom in Strasbourg, would be helped by his studio partner Paul Nelson to begin a career in the United States.[2] His project was set on the broadest of Paris's boulevards, whose transformation had begun in the early nineteen-twenties, notably at the instigation of pearl dealer Léonard Rosenthal, creator of the Galeries du Lido. The plan for this thoroughfare, already punctuated by vertical cinema signs, was to create illuminations in no wise inferior to those of the grand boulevards.
According to Nitzchke's own memories, as noted by Joseph Abram in the nineteen-eighties, the project was commissioned by advertising man and publisher Paul Martial, whom Nitzchke had met through Christian Zervos, founder of the review *Cahiers d'art.* Zervos had already introduced him to many Paris artists. When the project was abandoned after what he termed the "disappearance" of his client, Nitzchke completed the design alone, polishing the presentation drawings now held by MoMA in New York (fig. 35; p. 130).[3] The building was conceived as a reinforced concrete skeleton, with the elements of the program spread freely over eight levels around a courtyard from which light entered via glass blocks. The two levels served by the boulevard—onto which gave a large lobby—were the most public: in the basement an ovoid newsreel cinema was set diagonally across the straight lines of the plot, and on the mezzanine was a café.[4]
The extraordinary nocturnal perspective drawn by Nitzchke speaks eloquently of the project's purpose. In contrast with Perret's approach, with its emphasis on the highlighting of the skeleton on the façade, and in opposition to the adjacent buildings, which remain dark supports for signs at right angles to the boulevard, he offers a luminously three-dimensional structure (fig. b). Contrary to the Paris methods of the time, it also marks a threshold in relation to such projects as Mies van der Rohe's bank building in Stuttgart in 1928, whose lit façade allowed for the reading of the occupier's sign in cut-out (see p. 82).
Nitzchke made a tool for free composition out of the systems for changing the names of films on cinema signs. A grid corresponding to six levels of the building—a spaceframe of slender cross-braced sections as used, forty years later, on the façade of the Centre Pompidou, which seems to derive directly from it—enabled insertion of all sorts of different elements. Advertising slogans, images, and projection screens could be attached using open decking within the depth of the grid. The workshop that made the advertisements was on the seventh floor and had direct access to the "message machine"—the grid—via lateral ladders. Thus communication could be permanently and easily renewed. As Zervos later wrote, Nitzchke had come up with "a completely new form of display façade, allowing new kinds of design, and above all a very rapid and frequent renewal of the imagery."[5] This project, in fact, matched the program sketched out in *L'Architecture d'aujourd'hui* three years before, with its stipulation that the neon sign "be appropriate to the general aspect of the street" and "emphasize the shapes" of the buildings instead of "detracing from them." Architecture was to play "an organizing role."[6]
For a time the postwar rise of advertising left architects perplexed. It was when popular culture became a project motor in the nineteen-sixties that the ideas Nitzchke put so elegantly to work found new formulations. Robert Venturi's (born 1925) 1967

denstruktur über seitlich angebrachte Leitern direkt bestücken. Mitteilungen waren so problemlos ständig erneuerbar. Nitschke entwarf nach Zervos damit »eine völlig neue Form von Schaufassade, die neue Gestaltungsweisen und vor allem ein sehr schnelles und häufiges Auswechseln von Bildern möglich machte«.[5] Tatsächlich entsprach Nitschkes Projekt der drei Jahre zuvor in *L'Architecture d'aujourd'hui* skizzierten Programmatik, wonach ein Leuchtschild der allgemeinen Erscheinung der Straße angemessen zu sein habe; es »unterstreiche die Formen« der Gebäude, »anstatt ihnen zu schaden«, wobei der Architektur eine »Koordinatorenrolle« zuerkannt wurde.[6]

Den Aufschwung der Werbung in der Nachkriegszeit konnten die Architekten zunächst kaum umsetzen. Als jedoch in den 1960er Jahren die Pop-Kultur in den Kreis projektwürdiger Inspirationsquellen aufrückte, fanden die von Nitschke mit so viel Eleganz umgesetzten Ideen neue Formulierungen. Im Vorgriff auf die gemeinsam mit Steven Izenour und Denise Scott Brown erstellte Veröffentlichung über Las Vegas *(Learning from Las Vegas)* stellte Robert Venturis (geb. 1925) Football Hall of Fame, die er 1967 für einen Standort in New Jersey entwarf, im Wesentlichen ein hinter der vertikalen Fläche eines Billboards kaschiertes Volumen dar. Das Billboard erinnert an die Anzeigetafel, die in den Stadien hoch aufgehängt den Spielstand dokumentiert, und zugleich an Werbetafeln. Allerdings wurde in dieser extremen Ausprägung des von Venturi favorisierten »decorated shelter« der enge Zusammenhang zwischen Gebäude und Beschilderung, wie er bei der Maison de la Publicité bestand, ganz bewusst verworfen.
Mehrere Entwürfe Jean Nouvels (geb. 1945), insbesondere die erste Version jenes für die Galeries Lafayette in Berlin von 1991, griffen die signal- oder zeichentragende Fassade wieder auf, ein Prinzip, das Renzo Piano (geb. 1937) und Richard Rogers (geb. 1933) in ihrem ersten Entwurf für das Centre Georges Pompidou in Paris 1971 reaktiviert hatten. Er schlug ein komplexes Spiel mit Transparenzen vor, das zum Teil Einblick in den inneren Betrieb

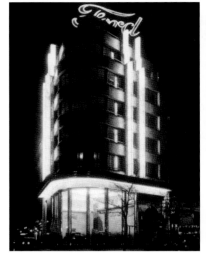
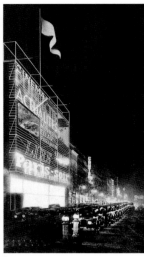
a
b

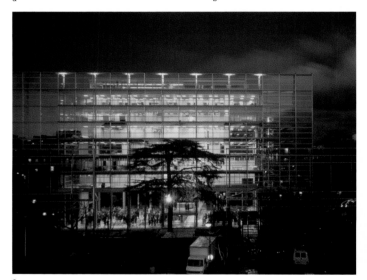
c

Football Hall of Fame in New Jersey—a forerunner of his survey of Las Vegas with Denise Scott Brown and Steven Izenour *(Learning from Las Vegas)*—is basically a volume hidden behind a vertical plane combining the look of both a stadium scoreboard and an advertising hoarding. But in this extreme version of the "decorated shed" so dear to Venturi, the Maison de la Publicité's close rapport between building and signs was deliberately rejected.
In many of his projects, and notably the first version of his initial proposition for the Galeries Lafayette in Berlin, in 1991, Jean Nouvel (born 1945) returned to the principle of the semaphore façade—the façade as a bearer of signs—that had been jump-started by the first Renzo Piano (born 1937) / Richard Rogers (born 1933) project for the Centre Pompidou in 1971. Nouvel suggested a complex play with transparency that would partly reveal what was going on inside, with superposition of advertising material. Caught up in the lugubrious atmosphere of the new Friedrichstrasse, his building, completed in 1996, has failed to keep its promises. The Fondation Cartier in Paris, dating from 1995, is a more complete realization of the *façade parlante* (speaking façade) ideal, but settles for revealing its internal activity without any added, external messages (fig. c).
With his Center for Art and Media in Karlsruhe, for which he won the competition in 1989, Rem Koolhaas (born 1944) explores ideas similar to Nouvel's (fig. 36; p. 131). The section of this unrealized building, with its ramps, was part of a set of projects widely studied at the time, notably for libraries, and seems to offer a discreet echo of the section of the Maison de la Publicité. However, the communicative façade, oriented towards the suburbs, took the form of an enormous screen almost as high as the building itself. It would have been used for urban-scale screenings in a place that—much more than the castle at the center of the radial plan of the city founded in 1715—has become the true center of Karlsruhe: the Bahnhofplatz.[7]
In spite of these attempts, it is not in the field of experimental or radical architecture that the most surprising examples of the encounter between buildings and (now digital) advertising are to be found. As at other moments in more than a hundred years of contemporary history, it is on Times Square, at Shinjuku, and on Nanjing Lu in Shanghai that sheathes of light (fig. d) are transfiguring buildings to the point of becoming, in their own architectural right, often more beautiful and always more moving than the recent structures they cover.
Jean-Louis Cohen

a   Michel Roux-Spitz, Ford-Gebäude, Paris, 1929
b   Oskar Nitschke, Maison de la Publicité, Paris, 1936, Fotocollage, Museum of Modern Art, New York
c   Jean Nouvel, Fondation Cartier, Paris, 1995

gewähren und dabei gleichzeitig vom Netz der Werbungen überlagert werden sollte. Der düsteren Atmosphäre der neuen Friedrichstraße verhaftet, hat das von Nouvel 1996 fertig gestellte Bauwerk sein Versprechen freilich nicht eingelöst. Die 1995 in Paris vollendete Fondation Cartier dagegen verwirklicht das Ideal der »sprechenden« Fassade auf umfassendere Weise, begnügt sich allerdings damit, ihr Innenleben nach außen darzustellen, ohne weitere Aussagen einzublenden (Abb. c).

Beim Wettbewerb für das Zentrum für Kunst und Medientechnologie (ZKM) in Karlsruhe, aus dem er 1989 mit dem Ersten Preis hervorging, lotete der niederländische Architekt Rem Koolhaas (geb. 1944) ähnliche Ideen wie Jean Nouvel aus (Abb. 36; S. 131). Der Schnitt des Gebäudes fügt sich mit seinen Rampen in die Gesamtheit weiterer zu diesem Zeitpunkt unternommener Projekte – insbesondere für Bibliotheken – und scheint diskret den Schnitt der Maison de la Publicité widerzuspiegeln. Doch die »kommunizierende« Fassade dieses sich in die Peripherie erstreckenden Gebäudes wurde als ein großer, gewissermaßen auf Bauhöhe angelegter Schirm konzipiert, der dem Stadtbild gemäße Projektionen hätte empfangen können – zumal es sich an einem Standort im Zentrum befunden hätte, am Bahnhofsplatz.[7] Denn dieser Platz ist weit mehr Mittelpunkt der Stadt als das Schloss, das ursprünglich den Kern der fächerförmigen Anlage bildete, die 1715 gegründet worden war. Koolhaas' Entwurf wurde jedoch nicht verwirklicht.

Ungeachtet solcher Versuche findet die Begegnung zwischen Bauwerken und Werbebotschaften (Letztere heutzutage in digitaler Gestalt) nicht auf Seiten der experimentellen oder radikalen Architektur ihren erstaunlichsten Niederschlag. Wie schon zu anderen Zeitpunkten einer nunmehr über hundert Jahre währenden Geschichte urbaner elektrischer Schauspiele verklären am Times Square, New York, im Tokioter Stadtviertel Shinjuku und an der Nanjing Lu in Schanghai Lichtverkleidungen (Abb. d) die Gebäude, und zwar in einem solchen Maße, dass sie ihrerseits eine oftmals schönere und stets aufregendere Architektur hervorbringen als die der Neubauten, die sie bedecken.   Jean-Louis Cohen

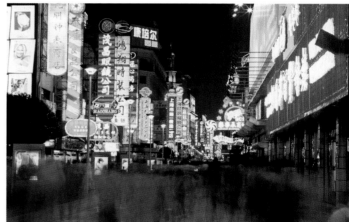

d

d   Schanghai, zeitgenössische Fotografie

1   »L'Esthétique de la rue«, *L'Architecture d'aujourd'hui*, April 1933, S. 21 – 84.
2   Gus Dudley (Hrsg.), *Oscar Nitzchke, Architect,* New York, Irwin S. Chanin School of Architecture of the Cooper Union, 1985.
3   Oskar Nitschke im Gespräch mit Joseph Abram, in: *AMC,* Nr. 6, Dezember 1984, S. 75.
4   Joseph Abram, »Paris, 1935: La Maison de la Publicité«, in: *AMC,* Nr. 6, Dezember 1984, S. 76 –79.
5   Christian Zervos, »Architecture et publicité«, in: *Les Cahiers d'art,* Nr. 6 –7, 1936, englische Übersetzung bei Dudley 1985 (wie Anm. 2), S. 43.
6   »Les Enseignes lumineuses«, in: *L'Architecture d'aujourd'hui,* April 1933, S. 67.
7   Vgl. Richard C. Levene und Fernando Márquez Cecilia, *OMA/Rem Koolhaas,* 1987 – 1998, Madrid 1998, S. 84 –101.

Dunkle Aussichten   Im Jahre 1927 sorgte ein deutscher Film in New York für eine Sensation: Fritz Langs (1890–1976) *Metropolis* (Abb. 37; S. 132) hatte einen für eine ausländische Produktion ganz erstaunlichen Erfolg: Zuschauer standen zu Tausenden Schlange am Broadway und die *New York Times* allein druckte sieben Besprechungen. Der Stummfilm verdankte seine Anziehungskraft sowohl dem ungewöhnlichen, kühnen Drehbuch als auch seinen atemberaubenden Sets. Die düstere sozialistische Parabel zeigt die Menschheit der Zukunft in einer gigantischen babylonischen Stadt, die von einem brutalen Herrscher regiert wird. Die Wohlhabenden wohnen in den besten Etagen riesiger Hochhäuser, wo sie sich einem sorgenfreien und haltlosen Leben widmen. Die Armen arbeiten in unterirdischen Hallen an den Maschinen, die die Energie für die Stadt über ihren Köpfen liefern. Eine Arbeiterrevolte zerstört schließlich die Stadt und ihre verführerischen Lichtspiele und führt zu einer wohl eher unglaubwürdigen Versöhnung: Der Sohn des Herrschers hat sich in die Arbeiterführerin Maria verliebt und fungiert als Vermittler zwischen dem brutalen Herrscher und den Arbeitern.

Im Film und seiner beeindruckenden Stadtkulisse spiegeln sich Ängste, die im Deutschland jener Zeit vor einem Amerikanismus herrschten – vor der Dominanz auf industriellem Gebiet und den Hochhäusern –, sowie eine tief sitzende Furcht vor dem revolutionären und zerstörerischen Potenzial großer Städte. Die Großstadt der Zukunft, brillant von den Set Designern Erich Kettelhut, Karl Vollbrecht und Otto Hunte in Szene gesetzt, wird vom Tageslicht kaum berührt. Thea von Harbou, Fritz Langs Frau, aber hatte in ihrem Drehbuch beschrieben, wie wichtig das künstliche Licht bei Nacht in ihrer Dystopie war: »Wenn die Sonne in den Rücken von Metropolis sank, dass die Häuser zu Gebirgen wurden und die Straßen zu Tälern, dann brachen Ströme eines Lichts, das vor Kälte zu knistern schien, aus allen Fenstern, von den Häusermauern, von den Dächern und aus dem Bauch der Stadt hervor, das lautlose Gezeter der Lichtreklamen erhob sich und die Scheinwerfer begannen in allen Farben des Regenbogens um den Neuen Turmbau zu Babel zu spielen ...«[1] Thea von Harbou, auf deren Buch der Film basierte, hatte hier sicherlich die amerikanische »Mode« der farbigen Flutlichtbeleuchtung rezipiert sowie Bilder von New York, die Fritz Lang ihr 1924 von einer Reise dorthin mitgebracht hatte.

Zwei Jahre nach dem Erfolg des Films in New York veröffentlichte der für die Vereinigten Staaten so bedeutende Architekturzeichner Hugh Ferriss (1889–1962) einen Band mit Zeichnungen, dessen Titel *The Metropolis of Tomorrow* eine Antwort auf Fritz Langs Meisterwerk zu sein schien.

Ferriss war ursprünglich damit bekannt geworden, dass er die neue »Setback«-Vorschrift für Hochhäuser in der New Yorker Staffelbauordnung von 1916 illustriert hatte. Während dieser »Zoning Code« in den einzelnen Stadtbezirken die erlaubte Nutzung, die Höhe und Materialien der Bauten festlegte, sorgte er auch dafür, dass die Gebäude im Stadtzentrum in der Höhe terrassenförmig zurückspringen mussten. Auf diese Weise sollte mehr Licht in die Straße und die Nachbarbauten gelangen. In einer Sequenz von vier sich steigernden Zeichnungen von 1922 demonstrierte Ferriss, wie unter dem Einfluss des »set back law« eine rohe Steinmasse sich in die kristalline Formation eines zurückgestaffelten Hochhauses verwandelte. Die letzte Version zeigt das Ende des Tages, in völliger Dunkelheit, mit Flutlicht von unten beleuchtet – geradezu ironisch bei der Darstellung einer Entwurfsmethodik, die für mehr Tageslicht sorgen sollte.

Mancher Kritiker bemerkte, dass Hugh Ferriss die Stadt der Zukunft fast ausschließlich nachts zeigte: Der Architekt Philip Johnson beschrieb die Zeichnungen trocken als »falsch belichtet«,[2] doch der Kritiker Douglas Haskell erkannte hier begeistert eine symbolische Darstellung der amerikanischen Moderne: »Die Europäer sollen den Tag haben, wir bekommen die Nacht. Hier ist die wirkliche Moderne [...] die unsrige.«[3] Die Dunkelheit von Ferriss' Zeichnungen ist gelegentlich als Vorahnung auf die Zeiten,

Dark Visions   In 1927, a German film had created a sensation in New York: Fritz Lang's (1890–1976) *Metropolis* (fig. 37; p. 132) was an unusual success for a foreign production, causing long lines on Broadway and receiving seven different reviews in the *New York Times* alone. The film's attraction stemmed both from its daring Futurist premise and its impressive set. It was, in part, a socialist parable, painting a dark view of mankind in a gigantic Babylonian city, ruled by a brutal industrialist. The wealthy few are housed in spacious high-rises and enjoy an abundant and sinful nightlife, and the poor work on machines in deep caves underground, providing the energy for the city above. At the end, a workers' revolt destroys the city and its luring lights to bring about an unlikely reconciliation between the working class and the city's ruler. The film and its impressive set brought together current German notions of the dangers of Americanism, its industrial power, and skyscrapers as well as the latent fear of the revolutionary and destructive potential of big cities. The film's future metropolis, brilliantly designed by Erich Kettelhut, Karl Vollbrecht, and Otto Hunte, seems dark and threatening, its artificial lights an important part of its dystopian quality. Thea von Harbou, Fritz Lang's wife, had described this luminous cityscape in her screenplay: "When the sun sank behind Metropolis, so that the houses became mountains and the streets valleys, ... streams of a light that was so cold it seemed to crackle burst out of all the windows, from the walls of the houses, from the roofs, and out of the belly of the city, ... the silent blaring of the advertising lights arose, ... the spotlights began to play on the New Tower of Babel in all the colors of the rainbow ... "[1]

Clearly, Thea von Harbou had reflected here on the American fashion for color floodlighting and images of New York City that Fritz Lang had brought back from his trip there in 1924. Two years after the film's success in New York, America's foremost architectural renderer, Hugh Ferriss (1889–1962), published a volume of collected drawings whose title *A Metropolis of Tomorrow* seemed to answer to Fritz Lang's masterpiece.

Ferriss had first become known for illustrating the Zoning Commission's 1916 "setback code" for skyscrapers. While the "zoning law" defined and attributed "zones" in the city for various urban activities, business, manufacturing, dwelling, it also regulated the shape of the skyscraper in the center by suggesting a stepped-back "envelope," in order to allow more light into the street and neighboring buildings. In a series of four evocative drawings of 1922, Hugh

Ferriss showed the setback code at work like some supernatural force, shaping step-by-step the crystalline mass of a future skyscraper. At the end of the day, the final version is shown in complete darkness with floodlights streaming up from below—somewhat ironic for a design tool supposedly securing more daylight. Critics noticed that most of the drawings in Ferriss's book showed the city of the future at night: the architect Philip Johnson described them dryly as "falsely lighted"[2] but the critic Douglas Haskell credited Ferriss with creating a symbolic depiction of American modernity: "The Europeans get the Day; we get the Night ... . Here is modernism indeed ... . This is us."[3]

The darkness of Ferriss's drawings is often explained as a prediction of the dark times that were at hand. After all, *The Metropolis of Tomorrow,* showing his continuing efforts to bring order to the jungle of unrestrained capitalism, was published in 1929, the year of the Wall Street crash. It was in line with Fate's subtle "dark" humor, that the publication of such an optimistic work would have to coincide with the beginning of the darkest period in modern history.

In Ferriss's drawings light is not for modeling, it is for drama. It does not fall in from above; it strikes upwards from below. Ferriss's light is not daylight. It does not derive from the sun. It is stage light, flood light, foot light. Take any of *Metropolis of Tomorrow*'s drawings. *Philosophy* (fig. a), for example, a typical morphology from the last section of the book, is a tower of Babylonian proportions, seen against the darkest of skies, caught in a bundle of light hitting the building from below at waist height. The idea is to give the building lift, to make it taller, but also to add a sublime, fearsome presence. It is like holding a torch under one's chin in order to scare the children. In the world of theater

die da kommen sollten, interpretiert worden. Denn *The Metropolis of Tomorrow* wurde im Jahre 1929 veröffentlicht, als der Börsenkrach an der Wall Street die Weltwirtschaftskrise einläutete. Doch Ferriss ging es in erster Linie darum, dem städtischen Dschungel des ungebremsten Kapitalismus eine Ordnung aufzuerlegen, und seine Zeichnungen sind ein durchaus optimistischer Blick voraus – was am Vorabend der dunkelsten Epoche des 20. Jahrhunderts in der Tat ohne eine gewisse Ironie ist.

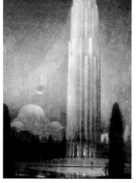

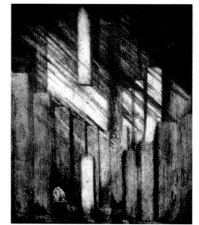

a

Ferriss benutzt das Licht nicht in erster Linie, um seinen Bauten Plastizität zu verleihen, sondern um sie dramatisch in Szene zu setzen. Das Licht fällt eben nicht mehr wie das Sonnenlicht von oben her ein, sondern strahlt von unten nach oben aus. Es kommt nicht von der Sonne, sondern ist Bühnenlicht, Flutlicht, Rampenlicht. Aufschlussreich ist die Zeichnung »Philosophie« (Abb. a) am Ende des Buches: Ein Turm von babylonischen Ausmaßen hebt sich vom Nachthimmel ab und wird durch Bündel von Lichtstrahlen erhellt. Der Bau wird auf diese Weise erhöht, wirkt aufstrebend und erhaben, gar Furcht einflößend. Etwa so, wie wenn man eine Taschenlampe unter das eigene Kinn hält, um Kinder zu erschrecken. Im Theater hatte die Kunst der Bühnenbeleuchtung kurz zuvor neue Impulse von Adolphe Appia (1862–1928) und Edward Gordon Craig (1872–1966) bekommen. Im Vergleich von Gordon Craigs *Arrangement of Screens* (London 1922) mit Ferriss' Buch wird der Zusammenhang ganz deutlich (Abb. b).

Der Architekt und Theoretiker Claude Bragdon (1866–1946) war ebenfalls eine wichtige Inspirationsquelle. Er vertrat eine theoretische Variante der Theosophie, die »organische« und »mystische« Ideen miteinander verband und auf diese Weise zu einer anthropomorphen Architektur fand, die gewissermaßen wie eine menschliche Figur wirken konnte. Ab 1915 experimentierte Claude Bragdon mit Licht-und-Musik-Festivals im Central Park in Manhattan, bei denen er etwa eine »Kathedrale ohne Wände«[4] inszenierte, die durchaus mit den zeitgleichen Experimenten von Appia und Craig in Europa verglichen werden kann. Die geistige Verwandtschaft von Bragdon und Ferriss wird durch die Gegenüberstellung zweier Zeichnungen auf den Punkt gebracht, *The Lure of the City (Die Verheißung der Stadt,* 1925; Abb. 38; S. 133) von Hugh Ferriss und Bragdons *Sinbad, from the Roof of the Metropolis Views the City of Frozen Fountains (Vom Dach der Metropole blickt Sindbad über die Stadt der Eisfontänen,* 1916/32; Abb. c). In The *Lure of the City* übernimmt Ferriss die romantische Tradition, im Bild eine Figur als Vermittler zwischen dem Betrachter und der grandiosen Landschaft zu positionieren. Ein Mann steht gebannt im Anblick der Bergkette kristalliner Wolkenkratzer, die von blendendem Bühnenlicht von unten bestrahlt werden. Bragdon präsentiert seine Version einer kristallinen Stadt von einem ähnlichen Blickpunkt, doch in einer kontrollierten Umrisszeichnung – statt in der Kohletechnik eines Hugh Ferriss, der damit eine ganz besondere Atmosphäre schuf. Während seine gefrorenen Fontänen nicht steinerne, sondern gläserne Wolkenkratzer nahe legen, die von innen leuchten – wie es ja viele Brunnenlichtspiele jener Zeit taten –, erzwingen in beiden Fällen rationale Baugesetze ein organisches Wachstum. Und das Licht spielt immer eine zentrale Rolle im visuellen Drama der Stadt der Zukunft.
Thomas A. P. van Leeuwen

b

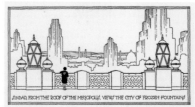

c

design, the art of "lighting" had been given new impulses in Europe by Adolphe Appia (1862–1928) and, in the English-speaking world, by Gordon Craig (1872–1966). Hold Craig's *Arrangement of Screens,* London 1922, next to any of Ferriss's skyscraper ensembles and the relationship becomes clear at once (fig. b).

Architect-theorist Claude Bragdon (1866–1946) was another important source of inspiration for Ferriss. He advocated a theoretical strain of Theosophy that combined "organicist" and "esoteric" ideas, leading to what one might call an "anthropomorphic" architecture, architecture that looks like and acts like man. From 1915 on Bragdon had experimented with Song and Light Festivals in New York City's Central Park, such as the *Cathedral without Walls,*[4] which were clearly in line with European experiments of the same time by Adolphe Appia and Gordon Craig. The Bragdon–Ferriss relationship in terms of a theatrical/spectacular interpretation could be best illustrated by two pictures, one by Ferriss, *The Lure of the City,* 1925 (fig. 38; p. 133) and one by Bragdon, *Sinbad, from the Roof of the Metropolis Views the City of Frozen Fountains,* 1916/1932 (fig. c). *The Lure of the City* was Ferriss's continuation of the Romantic tradition of positioning an intermediary between the viewer and the, usually sublime, landscape. A man looks in awe at a mountainous concentration of crystal-shaped skyscrapers, exploding in white light coming from the "pit." Bragdon pictured the "crystalline" city from the same viewpoint, but in geometrical delineation rather than the

picturesque brushing Ferriss had applied. But the *Frozen Fountains* are thought in the same spirit: organic growth shaped as Zoning Law setbacks.

Light played the leading role in the urban drama of the future—both in the dystopian view of the film set for *Metropolis* and the utopian vistas in Ferriss's drawings.   Thomas A. P. van Leeuwen

a   Hugh Ferriss, »Philosophy«, aus: *Metropolis of Tomorrow,* 1929, Columbia University, Avery Library, New York
b   E. Gordon Craig, »Arrangements of Screens«, 1922, Zeichnung aus: E. Gordon Craig, *The Theatre – Advancing* (1923)
c   Claude Bragdon, »Sinbad, from the Roof of the Metropolis Views the City of Frozen Fountains«, 1932. Illustration aus: Claude Bragdon, *The Frozen Fountain* (New York 1932), S. 8

1   Thea von Harbou, *Metropolis,* Berlin (1926) 1984, S. 18.
2   Philip Johnson, »The Skyscraper School of the Modern Architecture«, in: *The Arts,* 17/8, Mai 1931, S. 433–435.
3   Douglas Haskell, »Architecture: The Bright Lights«, in: *The Nation,* 132, Nr. 3419, 14. Januar 1931, S. 55 f.
4   »60,000 in Park hear Community Chorus«, in: *New York Times,* 14. September 1916, S. 5.

Leuchtende Straßen   Paris war lange – und ist immer noch – als Stadt des Lichts bekannt,[1] doch ist eine großzügige nächtliche Beleuchtung charakteristisch für alle Städte, die als modern gelten. In den bedeutenden Metropolen der transatlantischen Welt des späten 19. und des 20. Jahrhunderts – Paris, London, Berlin und New York – entwickelte sich die nächtliche Stadt erst durch die Einführung der künstlichen Beleuchtung zu einer diskursiven und soziologischen Kategorie.[2] Gaslicht in der Großstadt war die erste Technologie, die zur Industrialisierung der Nacht führte und zu dem, was Wolfgang Schivelbusch treffend als »Entauratisierung« bezeichnete.[3] Mit der Ausbreitung des Gaslichts, vor allem in London und Paris in den 1840er und 1850er Jahren, bürgerte sich der Ausdruck »Nachtleben« ein, der für den Abend typische Vergnügungen und Aktivitäten bezeichnete.

Gegen Ende des 19. Jahrhunderts war die Elektrifizierung eben dieser Metropolen in vollem Gang. Ob Gaslicht oder elektrisches Licht – Hauptsache war, dass der Tag dank der Straßenbeleuchtung (ein Geschenk des Staates) und der kommerziellen Beleuchtung (in gewissem Sinne eines der Industrie) in die Nacht hinein fortdauerte. Als die Städte hell wurden, nahmen ihre Bewohner die Nacht zum ersten Mal als Zeit des Vergnügens und nicht der Gefahr wahr. Tatsächlich ist die Verbindung von Nacht und Amüsement sowohl von der Ideologie als auch von den Fakten her ein charakteristisches Merkmal der urbanen Modernität. Der Sieg über die Angst oder gar die Ausrottung der Gefahr gelang keineswegs überall – die Topografie der Beleuchtung variierte räumlich und im sozialen Bereich –, doch der Beginn des »Nachtlebens« ist ein Grundelement der Modernität.

Mit der Ausbreitung des neuen Lichts wurde die glitzernde nächtliche Metropole gleichzeitig zu einem Thema in der Malerei des modernen Stadtlebens. Allerdings variierten die Paradigmen je nach Künstler und von Stadt zu Stadt.[4] Während manche Künstler die hell erleuchtete Metropole als grellen, vulgären Ort darstellten, zeigt Lesser Ury (1861–1931) in seiner *Leipziger Straße (Berliner Straßenszene)* von 1889 die Leipziger Straße nahe dem Potsdamer Platz – eine lichte Ecke im allmählich elektrifizierten Berlin – als schattenreiche, aber in eine freundliche Atmosphäre getauchte Kreuzung von Licht, Verkehr und Menschen (Abb. 39; S. 134). In seinem Frühwerk konzentrierte sich Ury, der später viele Nachtszenen malte,[5] auf das visuelle Muster von Straßenlichtern, die sich auf dem nassen Pflaster spiegeln – eine zeitgenössische Umgebung für abendliche gesellschaftliche Unternehmungen in der Großstadt. Fahrzeuge sind aufgereiht, um die Nachtschwärmer von Ort zu Ort zu bringen. Auch der Topos attraktiver junger Frauen, die ohne männliche Begleitung in der Stadt unterwegs sind, hat einen scheinbar unwiderstehlichen Reiz ausgeübt.

In Paris, der »ville lumière«, waren die Maler der Avantgarde wenig daran interessiert, die berühmten hell erleuchteten Straßen und Boulevards darzustellen. Weit mehr reizten sie die schäbigen, grell beleuchteten Innenräume kommerzieller Vergnügungsetablissements. Auswärtige Maler, zum Beispiel aus den Vereinigten Staaten, gaben jedoch häufig ein funkelndes nächtliches Paris wieder, das sich durch Lebensqualität und Vitalität auszeichnete. Damit verwandelten sie die Stadt des Lasters in eine Stadt der Tugend. Was die Verbindungen zwischen den Stadtbildern und der »Lichterstadt« angeht, so birgt die Beziehung zwischen Paris und dem Licht im Kern jedoch einen Widerspruch. Im 19. Jahrhundert konsolidierte sich zwar der Ruf der Stadt als Ort des Lichts. Doch die Beleuchtungstechnik entwickelte sich in dieser Zeit schneller als jeder andere Zweig der kapitalistischen Wirtschaft, sodass der Pariser Anspruch auf Überlegenheit im Bereich des Lichts ständig in Frage gestellt war. Obwohl Paris in der Geschichte der künstlichen Beleuchtung[6] ein aktives Zentrum darstellte, zählte es unter allen Großstädten Europas und

---

Luminous Streets   Paris has long been known—and still is—as the City of Light,[1] but abundant nocturnal illumination is a characteristic of every city considered modern. In the signature metropolises of the transatlantic world of the later nineteenth and twentieth centuries—Paris, London, Berlin, and New York—it was only with the provision of artificial lighting that the nocturnal city emerged as a discursive and sociological category.[2] Metropolitan gaslight was the first technology that brought about the industrialization of the night, and what Wolfgang Schivelbusch memorably called its disenchantment.[3] With the proliferation of gaslight, especially in the eighteen-forties and eighteen-fifties in London and Paris, "night life" arose as a term which designated pleasures and pursuits distinctive to the evening.

By the end of the nineteenth century, the electrification of the same metropolises was well underway. Whether illuminated by gas or electricity, the key thing was that day continued into night thanks to street light (the gift of the state) and commercial light (the benefit of industry). As cities lit up, their inhabitants began for the first time to conceptualize the night as a time of delight, rather than danger. Indeed linking the nocturnal with enjoyment is a distinctive feature of urban modernity in the registers of both ideology and fact. The conquest of fear, let alone the eradication of danger, was far from universal—the topographies of illumination varied spatially and socially—but the arrival of "night life" is a constituent element of modernity.

The glittering nocturnal metropolis arose as a subject in the painting of modern urban life in synch with the proliferation of the new light itself, but patterns varied from city to city and from one artist's practice to another.[4] While some artists insisted upon the lit-up metropolis as a garish and vulgar space, *Leipziger Straße (Berliner Straßenszene)* (Berlin Street Scene), 1889, by Lesser Ury (1861–1931), shows the Leipziger Strasse close to Potsdamer Platz, a brightly lit corner of gradually electrifying Berlin, as a shadowy but benign convergence of light, traffic, and people (fig. 39; p. 134). In this early work, Ury, who painted numerous night scenes thereafter,[5] focused upon the visual patterns of street lights reflected upon wet pavement which create an up-to-date environment for evening urban social activity. Lines of carriages are poised to ferry denizens of the night from place to place, and the topos of attractive young women out on the town without male escorts has exercised its apparently indispensable allure.

In Paris, *"la ville lumière,"* painters of the avant-garde were not often interested in representing the city's famous brightly illuminated streets and boulevards, or rather they were more interested in figuring the brashness of garishly lit interior spaces of commercialized recreation. Visitor-painters, from the United States, for example, however, frequently painted a twinkling nocturnal Paris characterized by its congeniality and salubriousness changing the City of Vice into a City of Virtue. When considering the links between city painting and the City of Light, it is well to recall that the connection between Paris and Light has a contradiction at its core. While the nineteenth century saw the consolidation of its light-based nickname, light production in the eighteen-hundreds changed more quickly than any other area of the capitalist economy and constantly problematized the claims of Paris to superiority in the sphere of Light. While Paris was an active center in the history of artificial lighting,[6] in fact, of all the major cities in Europe and the United States, Paris was one of the slowest to adopt gas street lighting. (London was far ahead.) Paris was one of the first cities to experiment with electric arc lighting[7] (indeed the Place de la Concorde was lit with blinding enormous scale arc lights as early as 1844).

But the *Exposition internationale de l'électricité,* held in 1881 at the Palais de l'Industrie, established the commercial dominance of the American Thomas Edison's incandescent electric light already announced in the U.S. in 1879. Thus the torch of modernity indexed by night light passed across the Atlantic Ocean in the eighteen-hundreds, for New York City was the first in the world to install a central electric power-generating plant for municipal lighting. In the field of lamps and lighting in general, Americans were considered the world's leading innovators.[8] According to historian Jacques Portes, "The omnipresence of electricity as

der Vereinigten Staaten zu den letzten, die Straßenbeleuchtung mit Gaslicht einführten. (London besaß in dieser Hinsicht einen großen Vorsprung.) Dagegen war Paris eine der ersten Städte, die mit elektrischem Bogenlicht experimentierte.[7] (So wurde die Place de la Concorde schon 1844 mit riesigen, blendend hellen Bogenlichtanlagen beleuchtet.)

Doch die »Exposition internationale de l'électricité«, die 1881 im Palais de l'Industrie stattfand, führte zur kommerziellen Dominanz der Kohlenfadenlampe, die der Amerikaner Thomas Alva Edison schon 1879 in den USA vorgestellt und bekannt gemacht hatte. So gelangte die Fackel der Modernität im Bereich der Nachtbeleuchtung im 19. Jahrhundert über den Atlantik. Denn New York City war die erste Stadt der Welt, die ein zentrales Kraftwerk für die städtische Beleuchtung installierte. Auf dem Gebiet der Lampen und der Beleuchtung im Allgemeinen galten die Amerikaner als weltweit führende Neuerer.[8] Der Historiker Jacques Portes schreibt: »Die Allgegenwart der Elektrizität [in amerikanischen Städten] schon im 19. Jahrhundert ließ dem nach Europa zurückkehrenden Reisenden alle europäischen Städte dunkel erscheinen.«[9] Und zum Thema der wachsenden Energielücke zwischen Europa und den Vereinigten Staaten merkt David E. Nye an, dass das Ausstellungsgelände der »World's Columbian Exposition« in Chicago 1893 elfmal mehr Licht entfaltete als Paris auf der Weltausstellung 1889.[10]

Das lebendige, nahezu Schwindel erregende Bild *Times Square* (Abb. 40; S. 135) des deutschen Malers Reinhold Nägele (1884 – 1972) verweist auf den Ruf, den New York City in der Zeit nach dem Zweiten Weltkrieg genoss: eine Stadt von technologischer Modernität und des nächtlichen Trubels zu sein. Elektrische Reklame war zwar nicht in New York entstanden (sie trat zuerst in Paris und London auf). Doch auf dem Broadway, dem »Great White Way«, und dem Times Square erreichte die Verwendung von Lichtreklame ihre exzessivste Form.[11] Nägele arbeitete in Stuttgart, bis er 1937 in die Vereinigten Staaten emigrierte. In starken Farben zelebriert er die architektonischen Neonlichter einschließlich der riesigen Reklametafeln und des Stroms dicht fahrender, schneller Autos und setzt jene klassische Form der Erregung bildlich um, die einen Außenstehenden häufig beim Erleben einer fremden Stadt befällt.   Hollis Clayson

early as the eighteen-hundreds [in American cities] made all the European cities look dark to the returning European traveler."[9] And further to the growing electricity gap between Europe and the U.S., David E. Nye notes that the fairgrounds of the 1893 World Columbian Exposition in Chicago deployed eleven times more light than had been used in Paris at the 1889 *Exposition Universelle.*[10]

The animated almost vertiginous painting of *Times Square* (fig. 40; p. 135) by the German painter Reinhold Nägele (1884 – 1972) speaks and responds to New York City's post-Second World War reputation for technological modernity and nocturnal pizzazz. Electric signs did not originate in New York (they started in Paris and London), but on Broadway, the "Great White Way," and in Times Square, the use of electricity-powered advertising along the street rose to its most exaggerated form.[11] Nägele worked in Stuttgart until 1937 when he moved to the U.S.A. In his brightly colored celebration of the architectonic neon lights comprising huge-scale advertising signs, and the river of densely packed speeding automobiles, he shows the classic kind of excitement often associated with an outsider's experience of a foreign city.   Hollis Clayson

1   Hollis Clayson, *Paris in Despair: Art and Everyday Life under Siege (1870 – 1871)*, Chicago 2002, S. 51 f.
2   Joachim Schlör, *Nachts in der großen Stadt. Paris, Berlin, London. 1840 – 1930*, München 1991, S. 60 – 71.
3   Wolfgang Schivelbusch, *Lichtblicke. Zur Geschichte der künstlichen Helligkeit im 19. Jahrhundert*, München 1983 [hier zit. nach: Frankfurt a. M. 1986, S. 170].
4   Stephanie Rosenthal, »Großstadtnächte grell geschminkt«, in: *Die Nacht*, hrsg. von Stephanie Rosenthal, Ausst.-Kat. Haus der Kunst München, Bern 1998, S. 135 – 152; Bruno Foucart, »Histoire de l'art et histoire de l'Électricité«, in: *L'Électricité dans l'histoire: problèmes et méthodes. Actes du colloque Paris 11. – 13.10.1983*, hrsg. von Fabienne Cardot, Paris 1985, S. 147 – 154.
5   Ausst.-Kat. München 1998 (wie Anm. 4), S. 530.
6   Schivelbusch 1983 (wie Anm. 3), [S. 3].
7   *Light! The Industrial Age 1750 – 1900. Art & Science, Technology & Society*, hrsg. von Andreas Blühm und Louise Lippincott, Amsterdam und Pittsburgh 2000, S. 182.
8   Ebd., S. 186 und 204.
9   Jacques Portes, *Fascination and Misgivings: The United States in French Opinion, 1870 – 1914*, New York 2000, S. 138.
10   David E. Nye, *Electrifying America: Social Meanings of a New Technology, 1880 – 1940*, Cambridge 1990, S. 38. Vgl. David E. Nye, »Electrifying Positions, 1880 – 1939«, in: *Fair Representations: World's Fairs and the Modern World*, hrsg. von Robert Rydell und Nancy E. Gwinn, Amsterdam 1994, S. 144 – 156.
11   John A. Jakle, *City Lights: Illuminating the American Light*, Baltimore 2001, S. 195.

Quellen der Zitate **Quotation References**

Autoren **Authors**

S. 15
Max Osborn, *Berlins Aufstieg zur Weltstadt,* Berlin 1929, S. 206.
S. 22
Erich Mendelsohn, *Amerika. Bilderbuch eines Architekten,* Berlin 1926, S. 25.
S. 23
Fernand Léger, »New York«, in: *Cahiers d'Art,* Paris 1931, zit. nach: Edward F. Frey (Hrsg.), *Functions of Painting by Fernand Léger,* London 1973, S. 84 – 90.
S. 39
Gerhard Rosenberg, »The Architectural Use of External Lighting of Buildings«, in: *Light and Lighting,* 46, Nr. 7, Juli 1953, S. 270 – 272.
S. 56
Hans H. Reinsch, »Psychologie der Lichtreklame«, in: *Das neue Berlin,* 1, Heft 8, 1929, Nachdruck Basel 1988, S. 154.
S. 57
Edwin A. Cochran, *The Cathedral of Commerce,* New York 1917, S. 8.
S. 66
Gio Ponti, *In Praise of Architecture,* New York 1960.
S. 67
James Coonly, »Interview with James Turrell: Adventures in Perception«, in: *Architectural Lighting,* März 2001.
S. 78
Douglas Haskell, »Architecture: the Bright Lights«, in: *The Nation,* 132, Nr. 3419, 14. Januar 1931, S. 55 f.
S. 79
Lajos Kassák, »Die Lichtreklame«, in: *Das Werk,* 13, 1926, 7, S. 205 ff.
S. 98
Zdeněk Pešánek, »Licht und Bildende Kunst«, in: *Das Licht,* 1, 1930 / 31, S. 282 f.
S. 99
László Moholy-Nagy, »Light Architecture«, in: *Industrial Arts,* I / 1, 1936.
S. 114
Paul Goldberger, »Busy Buildings«, in: *New Yorker,* 76, 4. September 2000, S. 90–93.
S. 115
Martin Wagner, »Das Formproblem eines Weltstadtplatzes«, in: *Das neue Berlin,* 1, Heft 8, 1929, Nachdruck Basel 1988, S. 33 – 38.
S. 128
Hugo Häring, »Lichtreklame und Architektur«, in: *Architektur und Schaufenster,* 24. Jg., H. 8, 1927, S. 5 – 8.
S. 129
Dr. Gamma, »Bau und Licht«, in: *Deutsche Bauzeitung,* 1934, 1001 / 1003.

Marion Ackermann
Direktorin des Kunstmuseum Stuttgart

Hollis Clayson
Professorin für Kunstgeschichte, University of Chicago

Jean-Louis Cohen
Professor für Architekturgeschichte, Institute of Fine Arts, New York University

Sandy Isenstadt
Professor für Architekturgeschichte, Yale University

Julian LaVerdiere
Künstler, New York

Thomas A. P. van Leeuwen
Professor für Architekturgeschichte, Berlage Institute, Rotterdam

Dietrich Neumann
Professor für Architekturgeschichte, Brown University

Margaret Maile Petty
Dozentin an Parsons the New School for Design und Doktorandin am Bard Graduate Center in New York City

Simone Schimpf
Kuratorin, Kunstmuseum Stuttgart

Cara Schweitzer
Wissenschaftliche Assistentin, Kunstmuseum Stuttgart

Wolf Tegethoff
Direktor des Zentralinstituts für Kunstgeschichte, München

Hervé Vanel
Professor für Kunstgeschichte, Brown University

Leuchtende Bauten: Architektur der Nacht
Luminous Buildings: Architecture of the Night

Hrsg. **Eds.** Marion Ackermann und **and** Dietrich Neumann

Texte von **Texts by**
Marion Ackermann, Hollis Clayson, Jean-Louis Cohen, Sandy Isenstadt,
Julian LaVerdiere, Thomas A. P. van Leeuwen, Dietrich Neumann, Margaret Maile Petty,
Simone Schimpf, Cara Schweitzer, Wolf Tegethoff, Hervé Vanel

Kunstmuseum Stuttgart
HATJE CANTZ

Diese Publikation erscheint anlässlich der Ausstellung
This catalogue is published in conjunction with the exhibition
Leuchtende Bauten: Architektur der Nacht
Luminous Buildings: Architecture of the Night
Kunstmuseum Stuttgart
9. Juni bis 1. Oktober 2006
NAI Netherlands Architecture Institute, Rotterdam
27. Januar bis 6. Mai 2007

Erschienen im **Published by**

Hatje Cantz Verlag
Zeppelinstraße 32
73760 Ostfildern
Deutschland / Germany
Tel. + 49 711 4405-0
Fax + 49 711 4405-220
www.hatjecantz.de

Hatje Cantz books are available internationally at selected book-
stores and from the following distribution partners:
USA / North America – D.A.P., Distributed Art Publishers,
New York, www.artbook.com
UK – Art Books International, London, www.art-bks.com
Australia – Tower Books, Frenchs Forest (Sydney),
www.towerbooks.com.au
France – Interart, Paris, www.interart.fr
Belgium – Exhibitions International, Leuven,
www.exhibitionsinternational.be
Switzerland – Scheidegger, Affoltern am Albis, www.ava.ch
For Asia, Japan, South America, and Africa, as well as for general
questions, please contact Hatje Cantz directly at
sales@hatjecantz.de, or visit our homepage www.hatjecantz.com
for further information.

Buchhandelsausgabe **Trade edition:**
Hardcover, ISBN-10: 3-7757-1757-9, ISBN-13: 978-3-7757-1757-1
Museumsausgabe **Museum edition:** Softcover
Printed in Germany

Katalog **Catalogue**

Herausgeber **Editors:** Marion Ackermann und **and** Dietrich Neumann

Redaktion **Editing:** Simone Schimpf

Bildredaktion **Image editing:** Monika Strzelecka

Verlagslektorat **Copyediting:**
Konzeption & Redaktion, Leinfelden-Echterdingen (Deutsch **German**),
Ingrid Bell (Englisch **English**)

Übersetzungen ins Deutsche **German translations:** Stefan Barmann, Antje Pehnt

Übersetzungen ins Englische **English translations:**
Paul Aston, Dietrich Neumann, Allison Plath-Moseley, John S. Southard, John Tittensor

Grafische Gestaltung und Satz **Graphic design and typesetting:**
L2M3 Kommunikationsdesign, Stuttgart, Sascha Lobe, Kathrin Löser

Schrift **Typeface:** Akkurat

Papier **Paper:** Hello Silk, 170 g/m²

Buchbinderei **Binding:**
Conzella Verlagsbuchbinderei, Urban Meister GmbH, Aschheim-Dornach bei München

Reproduktionen und Gesamtherstellung **Reproductions and printing:**
Dr. Cantz'sche Druckerei, Ostfildern

Jean Schormans, S. 88
Uwe H. Seyl, Stuttgart, S. 135
Staatsgalerie Stuttgart, S. 33, 41
Stadtarchiv Stuttgart, S. 71, 113
Stadtmuseum Göhre, Jena, S. 121
Sprengel Museum, Hannover, S. 119
Lars Spuybroek, S. 19
ullstein bild, S. 90, 111, 119, 132
Thierry Volpi, Paris, S. 105
Wenzel Hablik Museum, Itzehoe, S. 126
Hans Werlemann (Hectic Pictures), S. 131
Beat Widmer, S. 125
Württembergische Landesbibliothek, Stuttgart, S. 33, 49

Ausstellung **Exhibition**

Hauptkurator **Chief curator**
Dietrich Neumann

Ausstellungskonzeption **Exhibition concept**
Marion Ackermann, Dietrich Neumann, Simone Schimpf

Ausstellungsarchitektur **Exhibition design**
Ulrich Zickler

Ausstellungsgrafik **Exhibition graphics**
L2M3 Kommunikationsdesign, Stuttgart

Kunstmuseum Stuttgart
Kleiner Schlossplatz 13
70173 Stuttgart
www.kunstmuseum-stuttgart.de

Direktorin **Director**
Marion Ackermann

Sekretariat **Secretaries**
Susanne Braschoss, Sabine Kirsammer

Kuratorinnen **Curators**
Karin Schick, Simone Schimpf

Wissenschaftliche Assistentin **Research assistant**
Cara Schweitzer

Registrar
Nicole Tonnier

Verwaltung **Administration**
Axel Winkler, Ines Wunsch

Restaurierung **Conservation**
Birgit Kurz, Heide Skowranek

Sammlungsverwaltung **Collection administration**
Sabine Gruber, Isabell Krüger

Presse- und Öffentlichkeitsarbeit **Press and public relations**
Eva Klingenstein

Kunstvermittlung **Art communication**
Julia Hagenberg

Sponsoring und **and Marketing**
Katharina Henkel

Führungen und Veranstaltungen **Tours and events**
Astrid Eberlein

Depotverwaltung **Storage administration**
Axel Koch, Roger Bitterer

Ausstellungstechnik **Exhibition technicians**
Tobias Fleck, Jochen Irion, Holger Fleck, Achim Schnauffer-Hagedorn, Isabella Ambrozinska, Edgar Ziehl

Haustechnik **Building technicians**
Rudi Schweizer, Erich Krohmer, Michael Große

Kasse und Information **Ticket and information desk**
Harriet Herrmann, Karen Jacob, Markus Klein, Elke Kuethe

Bibliothek **Library**
Reginald König

Archiv Baumeister **Willy Baumeister Archive**
Hadwig Goez

Ein herzlicher Dank an **Our thanks go to**
Ken Adam, Donald Albrecht, Jim Baney, Corinne Belier, Theodor Böll, Botond Bognar, Brigitte Borchhardt-Bierbaumer, Karen Bouchard, Eric Brightfield, Jennifer Broady, Vincent J. Buonanno, Anne-Laure Carre, Larry Cohn, Kathryn Crawford, Martin Dexel, Greg Dreicer, Monique Faulhaber, Matthias Feser, Roland Foitzik, Mirja Giebler, Brigida Gonzalez, Alexander Gorlin, Juliet Grey, Jutta Hobbiebrunken, Dagmar Hugk, Lauren Iorizzo, Nina Jakob, Lea Kamecke, Heidi Kang, Uwe Knappschneider, Wilfried Krings, Jenny Lee, Andres Lepik, Rafael Lozano-Hemmer, Peter Mänz, Laure Marchaut, Victor Margolin, Floramae McCarron-Cates, Mariana Narváez, Norbert Nobis, Keith Palmer, Annette Pehnt, Emilie Regnault, Pascale Rihouet, Terence Riley, Daves Rossell, Inga Saffron, Matthias Schirren, Wolfgang Schivelbusch, Michael Schnabel, Robert Shook, Howard Shubert, Regina Stephan, Clara Stille, Jean M. Sundin, Anthony Tischhauser, Kristin Triff, Franz van der Grinten, Walter Vitt, Klaus Volkmer, Markus von Stetten, Debbie Vaughan, Irina Verona, Wilfried Wang, Mark Wakely, Claude Welty, Sloane K. Whidden, Claire Wüest.

CW00546808